D1692236

FiDES FiDES treuhand GmbH & Co. KG
       Wirtschaftsprüfungsgesellschaft
       Steuerberatungsgesellschaft

Bibliothek 4. OG
Prüfung

Graf von Bernstorff · Finanzinnovationen

Christoph Graf von Bernstorff

Finanzinnovationen

Anwendungsmöglichkeiten, Strategien, Beispiele

Die Deutsche Bibliothek – CIP-Einheitsaufnahme

> **Bernstorff, Christoph** Graf von:
> Finanzinnovationen : Anwendungsmöglichkeiten, Strategien,
> Beispiele / Christoph Graf von Bernstorff. – Wiesbaden :
> Gabler, 1996
>   ISBN 3-409-14168-5

Der Gabler Verlag ist ein Unternehmen der Bertelsmann Fachinformation.

© Betriebswirtschaftlicher Verlag Dr. Th. Gabler GmbH, Wiesbaden 1996
Lektorat: Silke Strauß

Das Werk einschließlich aller seiner Teile ist urheberrechtlich geschützt. Jede Verwertung außerhalb der engen Grenzen des Urheberrechtsgesetzes ist ohne Zustimmung des Verlags unzulässig und strafbar. Das gilt insbesondere für Vervielfältigungen, Übersetzungen, Mikroverfilmungen und die Einspeicherung und Verarbeitung in elektronischen Systemen.

Höchste inhaltliche und technische Qualität unserer Produkte ist unser Ziel. Bei der Produktion und Verbreitung unserer Bücher wollen wir die Umwelt schonen: Dieses Buch ist auf säurefreiem und chlorarm gebleichtem Papier gedruckt. Die Einschweißfolie besteht aus Polyäthylen und damit aus organischen Grundstoffen, die weder bei der Herstellung noch bei der Verbrennung Schadstoffe freisetzen.

Die Wiedergabe von Gebrauchsnamen, Handelsnamen, Warenbezeichnungen usw. in diesem Werk berechtigt auch ohne besondere Kennzeichnung nicht zu der Annahme, daß solche Namen im Sinne der Warenzeichen- und Markenschutz-Gesetzgebung als frei zu betrachten wären und daher von jedermann benutzt werden dürften.

Satz: Publishing Service H. Schulz, Dreieich
Druck: Wilhelm & Adam, Heusenstamm
Bindung: Osswald & Co., Neustadt/Weinstraße
Printed in Germany

ISBN 3-409-14168-5

Inhaltsverzeichnis

Einführung 1

Teil 1: Entwicklung der Finanzinnovationen 3

    1 Ursprung der Finanzinnovationen 5
        1.1   Finanzinnovationen der 1. Generation 6
        1.1.1 Leasing 6
        1.1.2 Forfaitierung 6
        1.1.3 Exportfactoring 7
        1.1.4 Parallelkredite und Back-to-back-Finanzierungen 7
        1.2   Finanzinnovationen der 2. Generation 8
        1.2.1 Gründe für das Entstehen der Innovationen 8
        1.2.2 Veränderung der Ansprüche der Marktteilnehmer 11
        1.2.3 Finanzinnovationen und Risikomanagement 11
        1.3   Derivate 12

    2 Überblick über die Grundtypen der Innovationen 14
        2.1   Optionen 14
        2.2   Swaps 14
        2.3   Financial Futures 14

Teil 2: Grundtypen der Finanzinnovationen 17

    1 Optionen 19
        1.1   Call-Option und Put-Option 19
        1.2   Amerikanische und Europäische Option 19
        1.2.1 Amerikanische Optionen 20
        1.2.2 Europäische Optionen 20
        1.3   Verfalltag der Optionen 21
        1.4   Basispreis 21
        1.5   Optionspreis 21
        1.5.1 Innerer Wert 22
        1.5.2 Zeitwert 22
        1.6   Bewertung von Optionen 23
        1.6.1 Aufgeld und Leverage 23
        1.6.2 Black Scholes-Formel 23
        1.7   Optionsstrategien 24
        1.7.1 Hedging 25
        1.7.2 Spread 26
        1.7.3 Straddle 26
        1.8   Strangle 27
        1.9   Zusammenfassender Überblick über Optionsstrategien 28
        1.10 Der Handel von Optionen 30

	1.10.1 OTC-Optionen	30
	1.10.2 Börsennotierte Optionen	31
2	Financial Futures	33
	2.1 Terminmärkte und Terminhandel	33
	2.2 Futuresmärkte	34
	2.2.1 Teilnehmer am Futuresmarkt	36
	2.2.2 Grundgeschäftsarten	37
	2.2.3 Abwicklung der Future-Geschäfte	38
3	Swaps	40
	3.1 Begriff des Swap	40
	3.2 Marktteilnehmer	41
	3.3 Vorteile der Swaps	41
	3.3.1 Vorteile für Unternehmen	41
	3.3.2 Vorteile für Kreditinstitute	43
	3.4 Positionen der Banken im Swapgeschäft	43
	3.4.1 Banken als aktiver Swappartner	43
	3.4.2 Banken als Vermittler	44
	3.5 Risiken im Swapgeschäft	44
	3.5.1 Bonitätsrisiko	44
	3.5.2 Liquiditäts- und Transferrisiken	46
	3.5.3 Mismatch-Risiko	47
	3.5.4 Sicherheitenrisiko	48
	3.5.5 Betriebsrisiko	48
	3.5.6 Ergebnis	48
	3.6 Vertragsgestaltung im Swap-Geschäft	49
	3.6.1 ISDA-Code	50
	3.6.2 Die BBAIRS-Terms	50
	3.6.3 Musterrahmenverträge in Deutschland	50
	3.7 Handel von Swaps	51
	3.7.1 Quotierung von Swaps	51
	3.7.2 Spread	52

Teil 3: Innovationen im Zinsbereich 55

1	Instrumente zur Absicherung von Zinsänderungsrisiken	57
	1.1 Markterwartung	57
	1.2 Einstellung des Marktteilnehmers	58
2	Zinsswaps	58
	2.1 Definition	58
	2.2 Vorteile der Zinsswaps	60
	2.2.1 Verringerung von Finanzierungskosten	61
	2.2.2 Umstrukturierung von Forderungen und Verbindlichkeiten	61
	2.2.3 Erweiterung des Marktzugangs	61
	2.2.4 Weitere Vorteile	62

	2.2.5	Ablauf eines Zinsswap	62
	2.3	Risiken von Zinsswaps	63
	2.4	Arten von Zinsswaps	64
	2.4.1	Kuponswaps (Plain Vanilla Swap)	64
	2.4.2	Basisswaps	67
	2.5	Swapderivate	68
	2.5.1	Forward Swap	68
	2.5.2	Veränderliche Nominalbeträge	69
	2.5.3	Zero Coupon Swap	71
	2.5.4	Zinsswaps in Verbindung mit Optionen	71
	2.6	Weitere Anwendungsbereiche für Zinsswaps	74
	2.6.1	Asset Swap	74
	2.6.2	Loan Swap	74
	2.6.3	Debt-Equity-Swap	74
	2.7	Strategien mit Zinsswaps	75
	2.7.1	Hedging mit Swaps	75
	2.7.2	Arbitrage mit Zinsswaps	75
	2.8	Kalkulation von Zinsswaps	76
	2.8.1	Voraussetzungen für eine Kalkulation von Zinsswaps	76
	2.8.2	Rentabilitätsorientierte Steuerung von Swapgeschäften	78
	2.9	Buchung, Bilanzierung und Bewertung	80
	2.9.1	Verbuchung	80
	2.9.2	Bewertung	80
	2.9.3	Externes Meldewesen bei Banken	81
	2.9.4	Steuerliche Behandlung	82
3	Zinsoptionen		83
	3.1	Grundlagen	83
	3.1.1	Rechte und Pflichten in einer Option	83
	3.1.2	Positionen des Optionsinhabers	83
	3.2	Beispiel einer Zinsoption	84
	3.3	Vorteil der Zinsoption	84
	3.4	Kosten der Zinsoption	84
	3.4.1	Der „faire Preis" der Option	85
	3.4.2	Volatilität des Basiswertes	85
	3.5	Bilanzierung und Bewertung	86
	3.5.1	Bilanzierung	86
	3.5.2	Bewertung	88
	3.5.3	Externes Meldewesen bei Banken	89
	3.6	Steuerliche Behandlung der Option	89
	3.6.1	Kaufoption	89
	3.6.2	Verkaufsoption	90
4	Financial Futures		91
	4.1	Zinsfutures	91
	4.1.1	Wesen der Zinsfutures	91

4.1.2	Future-Kontrakte	93
4.2	Einsatz von Zinsfuture-Kontrakten	94
4.2.1	Trading	94
4.2.2	Hedging	95
4.2.3	Arbitrage	95
4.2.4	Zinsfuture anstelle von Zinsswap	96
4.3	Zinsfuture-Kontrakte	99
4.4	Kosten der Zinsfutures	99
4.4.1	Fair Value	100
4.4.2	Basis	100
4.4.3	Kostenberechnung eines Future	101
4.5	Abrechnungsverfahren	101
4.5.1	Settlement	101
4.5.2	Margins	102
4.6	Beispiele für die Berechnung der Futures	102
4.6.1	Absicherung von Geldmarktanlagen	102
4.6.2	Absicherung von Kreditaufnahmen	103
4.7	Bilanzierung und Bewertung	104
4.7.1	Bilanzierung	104
4.7.2	Bewertung	105
4.7.3	Steuerliche Behandlung	105
4.7.4	Externes Meldewesen	105

5 Forward Rate Agreements ... 106

5.1	Grundlagen	106
5.2	Definition des Forward Rate Agreement	107
5.3	Anwendungsbereich	108
5.3.1	Anwendungsstrategien	109
5.3.2	Voraussetzungen	110
5.4	Ablauf eines Forward Rate Agreement	110
5.5	Vorteile eines Forward Rate Agreement	111
5.6	Bilanzierung, Bewertung und Meldewesen	111
5.6.1	Zeitpunkt des Geschäfts	111
5.6.2	Feststellungstag	111
5.6.3	Externes Meldewesen	112

6 Zinscaps, Zinsfloors, Zinscollars ... 113

6.1	Definitionen	113
6.1.1	Zinscap	113
6.1.2	Zinsfloor	114
6.1.3	Zinscollar	115
6.2.1	Stripped Caps	117
6.2.2	Maßgeschneiderte Caps	117
6.2.3	Corridor	117
6.2.4	Weitere Cap-Varianten	118
6.3	Vorteile der Zinsbegrenzungsvereinbarungen	120

6.4		Ablauf eines Zinscap	120
6.5		Bilanzierung und Bewertung beim Erwerber	121
6.5.1		Caps und Floors	121
6.5.2		Collars und andere Cap-Varianten	121
6.5.3		Bewertung	122
6.6		Bilanzierung und Bewertung beim Stillhalter	122
6.7		Besteuerung	123
6.7.1		Käufer des Instruments	123
6.7.2		Stillhalter	123
6.7.3		Gewerbe-und Umsatzsteuer	123
6.8		Externes Meldewesen	124

Teil 4: Innovationen im Währungsbereich ... 125

1	Grundlagen der Methodik der Wechselkurssicherung	127
1.1	Risiken im Devisenhandel	127
1.1.1	Das Wechselkursrisiko	127
1.1.2	Das Swapsatzrisiko	127
1.1.3	Das Erfüllungsrisiko	128
1.1.4	Das Transferrisiko	128
1.2	Instrumente zur Absicherung von Währungsrisiken	129
1.2.1	Kursfeststellung an Devisenbörsen	129
1.2.2	Devisenkassageschäft	129
1.2.3	Devisentermingeschäft	130

2	Devisenoption	130
2.1	Handelsmöglichkeiten der Devisenoption	130
2.1.1	Börsenhandel	130
2.1.2	Freiverkehrshandel	132
2.2	Marktteilnehmer im Devisenoptionsgeschäft	134
2.2.1	Exporteure	134
2.2.2	Importeure	135
2.2.3	Spekulanten	135
2.3	Devisenoptionen im Überblick	135
2.4	Weitere aktuelle Optionsarten	137
2.4.1	Range Forward-Option	137
2.4.2	Reverse Range Forward-Option	138
2.4.3	Average Rate-Option	138
2.4.4	Compound-Option	138
2.4.5	Knock Out-Option	138

3	Währungsswaps	139
3.1	Begriff des „Währungsswap"	139
3.1.1	Grundstruktur des Währungsswap	140
3.1.2	Abgrenzung zum Devisenswap	141
3.2	Einsatzmöglichkeiten des Währungsswap	143

	3.2.1	Beispiel für einen Standardswap	143
	3.2.2	Emissionsgebundene Währungsswaps	144
	3.2.3	Gründe für den Einsatz von Währungsswaps	145
	3.3	Bilanzielle Bewertung	146

Teil 5: Neue Finanzdienstleistungen des Euromarktes 147

1	Neuere Entwicklung im Euromarkt		149
	1.1	Die Securitisation	149
	1.1.1	Entstehen der Securitisation	149
	1.1.2	Desintermediation	150
	1.1.3	Marktzugang	150
	1.1.4	Vorteile der Securitisation	154
	1.2	Innovationen im Eurogeldmarkt	154
	1.2.1	Euronotes	154
	1.3	Euro Certificates of Deposit	156
	1.3.1	Entstehen des CD	156
	1.3.2	Weiterentwicklung des CD	157
	1.3.3	Anwendungsbereich des Euro CD	157
	1.3.4	Vorteile der Euro Certificates of Deposit	158
	1.3.5	Floating Rate Certificate of Deposit	159
	1.4	Euro Commercial Papers	159
	1.4.1	Commercial Papers im US-Markt	159
	1.4.2	Wesen der Commercial Papers	160
	1.4.3	Plazierung am Markt	160
	1.4.4	DM-Commercial Papers	161
	1.4.5	Bedeutung des Euro Commercial Papers für die Marktteilnehmer	162
	1.5	Weitere Instrumente des Geldmarktes	163
	1.5.1	Treasury Bills	163
	1.5.2	Repurchase Agreements	164
2	Der Eurokapitalmarkt		165
	2.1	Entstehen des Euro-Kapitalmarktes	165
	2.2	Charakteristische Merkmale des Euro-Kapitalmarktes	165
	2.2.1	Vorteil der Euroanleihe	165
	2.2.2	Währungsanleihen	166
	2.2.3	Der Euro-DM-Kapitalmarkt	168
	2.3	Marktteilnehmer im Euro-Kapitalmarkt	168
	2.3.1	Emittenten	168
	2.3.2	Investoren	169
	2.4	Anleihearten	169
	2.4.1	Festverzinsliche Instrumente	169
	2.4.2	Sonderformen	173
	2.4.3	Optionsanleihen	175

		2.4.4	Weitere Anlageformen, die sich an verzinsliche Wertpapiere anlegen	180
		2.4.5	Anlageinstrumente mit Gestaltungsrechten	181
		2.4.6	Variabel verzinsliche Anleihen	182
3	Der Euro-Aktienmarkt			186
4	Weitere innovative Produkte des Euromarktes			186
	4.1	Euronotes		188
		4.1.1	Definition	188
		4.1.2	Emittenten	188
		4.1.3	Mittelbereitstellung	188
		4.1.4	Plazierung	189
		4.1.5	Mittelzusage	190
		4.1.6	Rolle der Banken	190
		4.1.7	Risiken der Euronote-Fazilität	191
		4.1.8	Vorteile der Euronotes	192
		4.1.9	Weiterentwicklung der Euronotes	193
	4.2	Revolving Underwriting Facilities		193
	4.3	Note Issuance Facilities		193
	4.4	Weitere Facilities		194
5	Die Wertpapierleihe			195
	5.1	Definition		195
	5.2	Hintergrund der Wertpapierleihe		196
		5.2.1	Rechtzeitige Lieferung	196
		5.2.2	Risikobegrenzung	196
		5.2.3	Wertpapierleihe und Arbitrage	197
	5.3	Abwicklung der Wertpapierleihe		197
		5.3.1	Internationale Wertpapierleihe	197
		5.3.2	Abwicklung über den Kassenverein	198
	5.4	Rechtsbeziehungen der Beteiligten		198
	5.5	Verbuchung der Wertpapierleihgeschäfte		199
6	Asset Backed Securities			201
	6.1	Begriffsbestimmung		201
	6.2	Voraussetzungen		201
		6.2.1	Geeignete Aktiva	202
		6.2.2	Rating	202
	6.3	Vorteile der Asset Backed Securities		202
	6.4	Kosten		203
7	Asset Securitisation			204
	7.1	Definition		204
	7.2	Anwendungsbereich		204
8	American Depositary Receipts (ADR)			205
	8.1	Entwicklung		205

XI

8.2	Definition	206
8.3	Übertragung	206
8.4	Anwendbarkeit der ADR	206
8.4.1	Sponsored ADR-Programm	206
8.4.2	Unsponsored ADR	207
8.5	Bedeutung für Marktteilnehmer	207

Anhang 209

Ausgewählte Fachbegriffe 211

Sachregister 213

Finanzinnovationen

Einführung

Finanzinnovationen sind aus dem heutigen Wirtschaftsleben nicht mehr wegzudenken. Sei es, daß umfangreiche Finanzierungen auf neuen Instrumenten aufbauen, sie es, daß Anlagestrategien unter Zuhilfenahme innovativer oder derivativer Instrumente entwickelt werden, stets werden im heutigen Markt Instrumente in vielfältiger Ausgestaltung mit einbezogen, die in dieser Form noch vor zwei Jahrzehnten kaum oder gar nicht bekannt waren

Die Entwicklung innovativer Finanzinstrumente ist derartig rasant verlaufen, daß das begleitende Schrifttum kaum Schritt halten konnte. Ununterbrochen werden neue „derivate" Instrumente erfunden, die oft nur eine Abwandlung bereits bekannter Grundstrukturen darstellen. Der „maßgeschneiderte" Einsatz dieser Instrumente, der sich am tatsächlichen Bedarf des Kreditnehmers, Investors oder sonstigen Marktteilnehmers orientiert, ist daher der Schlüssel zum Verständnis der Entwicklung dieser Instrumente. Fachaufsätze in periodisch erscheinenden Zeitschriften vertiefen einzelne Aspekte der grundlegenden Literatur.

Das vorliegende Buch will dem Anspruch der Wirtschaftspraxis gerecht werden, in einer übersichtlichen Darstellung die Entwicklung der innovativen Finanzinstrumente aufzuzeigen, vor allem die Zins- und Währungssicherungsinstrumente im Detail zu besprechen, auf ihre Rolle als Finanzierungs-, Anlage- und vor allem Risiko-Management-Produkte hinzuweisen und schließlich auch die grundlegenden Probleme der Rechnungslegung dieses Instrumentariums anzusprechen. Bei all diesen Informationen wird stets auch der Risikoaspekt berücksichtigt, der in der Anwendung der Produkte selbst grundsätzlich vorhanden ist. Insgesamt soll damit die hier vorliegende Darstellung der Finanzinnovationen ein Leitfaden für den Praktiker in der Wirtschaft wie auch für den privaten Investor sein.

Bremen, im Sommer 1996   Christoph Graf von Bernstorff

Teil 1:

Entwicklung der Finanzinnovationen

1 Ursprung der Finanzinnovationen

Finanzinnovationen hat es schon seit dem Mittelalter gegeben, als immer „neue" Methoden der Finanzierung entwickelt wurden. Eines der damals charakteristischen Instrumente war dabei der *Wechsel,* der in Italien „erfunden" wurde und sich rasch als weltweit bekanntes Zahlungs-, aber auch als Finanzierungsinstrument entwickelte. Die heute noch bekannten unterschiedlichen Finanzierungsformen, die auf dem Wechsel aufbauen[1], sind ein Beleg für die Beliebtheit dieses bereits damals „innovativen" Instruments.

Innovativ war dann zu Beginn des 20. Jahrhunderts die Entwicklung der Außenhandelsfinanzierung mit der Schaffung des *Rembourskredits*[2] als erster bekannter Form der grenzüberschreitenden Finanzierung von Warengeschäften. Diese Methode der Finanzierung im internationalen Kreditgeschäft ist auch heute noch, wenn auch oft in abgewandelter Form, bekannt. Es versteht sich von selbst, daß mit diesen Einzelprodukten noch keine Brücke zum eigentlichen Begriff der „Finanzinnovation" heutiger Prägung geschlagen ist. Aber die Entwicklung ging im 20. Jahrhundert immer schneller voran und ist derzeit rasant. Immerhin wurde als weitere Neuerung Mitte der 50er Jahre der „Euromarkt" entwickelt, der sich aus den Anfängen des Eurodollarmarktes heraus[3] zu einem heute[4] weltumspannenden Markt unterschiedlicher Formen von Finanzdienstleistungen entwickelt hat.

Nachdem der Euromarkt dann etwa zwei Jahrzehnte bestand, entwickelten sich erst *Finanzinnovationen der 1. Generation,* bevor dann mit den *Innovationen der 2. Generation* der neue Markt entstand, der heute als der Markt der „Finanzinnovationen und Derivate im engeren Sinne" verstanden wird.

---

1 Aus der umfangreichen Literatur vgl. etwa die Darstellungen bei *Graf von Bernstorff,* Die Außenhandelsfinanzierung, 4. Aufl. Stuttgart 1994; *ders.,* Internationales Firmenkundengeschäft, Wiesbaden 1993, S. 44 ff.
2 Zur Anwendung des Rembourskredits vgl. *Graf von Bernstorff,* Rechtsprobleme im Auslandsgeschäft, 3. Aufl. 1992, S. 31 ff.
3 Der Euromarkt entstand u.a., weil die damaligen Ostblockländer in der Zeit des kalten Krieges eine Blockierung ihrer Geldreserven, die in US-Dollar in den USA vorhanden waren, befürchteten und diese Gelder erstmals in der Geschichte im Ausland (hier in Europa, daher „Euro-Dollar-Markt") verzinslich anlegen konnten. Aus einer rein auf Europa gerichteten Sicht entwickelte sich der Markt bald weltumspannend. Hauptcharakteristikum war vor allem die Mindestreservefreiheit für Einlagen und Kreditaufnahmen im Euromarkt. Vgl. zur Entwicklung des Euromarktes u.a. die Darstellung von *Storck,* Neue Instrumente im Euromarkt, Die Bank 1984, S. 504 ff.; *ders.,* Umstrukturierungen im Eurokreditmarkt, Die Bank 1985, 56 ff.
4 Zu den Entwicklungstendenzen s. aus der Fülle der Literatur zuletzt etwa *Storck,* Euromarkt in robuster Verfassung, Die Bank 1996, S. 43 ff. mwN; sehr informativ auch der Jahresbericht der Bank für Internationalen Zahlungsausgleich (BIZ), zur „Entwicklung des internationalen Bankgeschäfts und der internationalen Finanzmärkte", Basel, Nov. 1995.

1.1 Finanzinnovationen der 1. Generation

Zu den Finanzinnovationen zählt man all diejenigen Instrumente, die im Bereich der Außenhandelsfinanzierung seit längerem eine große Rolle spielen. Zu nennen sind hier das *Leasing,* die *Forfaitierung,* das *Exportfactoring* sowie schließlich die *Back-to-back-Finanzierungen.* Diese Instrumente der Außenhandelsfinanzierung werden nachstehend nur kurz beschrieben.

1.1.1 Leasing

Das Leasing hat sich seit den 70er Jahren stärker entwickelt und wird heute national wie international genutzt. Es bietet viele wirtschaftliche Vorteile[5] für die am Leasinggeschäft Beteiligten. Der Hersteller eines Produktes kann mehr Umsatz erzielen; der Leasinggeber kann sein Kapital besser einsetzen. Der Leasingnehmer schließlich braucht nicht den vollen Kaufpreis für ein Produkt aufzubringen, sondern kann das Leasinggut in vollem Umfang nutzen, ohne es kaufen zu müssen. Zudem stellen die zu erbringenden Leasingraten Betriebsausgaben dar, so daß sich Leasing steuerlich günstig auswirken kann. Üblicherweise wird das „Finanzierungsleasing" in den Mittelpunkt des Interesses gerückt, doch ist daneben auch das Operatingleasing bekannt[6].

1.1.2 Forfaitierung

Ein für die Wirtschaftspraxis besonders wichtiges Instrument ist die sogenannte Forfaitierung[7]. Hierunter versteht man einen Ankauf von Forderungen aus Warengeschäften und Dienstleistungen, und zwar à forfait, also „in Bausch und Bogen", unter Ausschluß des Rückgriffs auf vorherige Forderungsinhaber. Die Forfaitierung hat sich deshalb als besonders wichtig herausgestellt, weil mit ihr (neben der Bankgarantie, dem Dokumentenakkreditiv und der [staatlichen] Kreditversicherung) das einzige im Auslandsgeschäft nutzbare Instrument der Forderungssicherung besteht, das einwendungsfrei durchsetzbar ist.

---

5 Ein guter Überblick über das Leasing findet sich bei *Hagemüller/Eckstein* (Bearb.), Leasinghandbuch für die betriebliche Praxis, 6. Auflage, Frankfurt 1992; *Seifert,* Rechtsfragen beim Leasingvertrag, DB 1983, Beilage 1; *Büschgen* (Bearb.), Praxishandbuch Leasing, München 1996; zum Leasing im internationalen Vertragsrecht vgl. *Graf von Bernstorff,* Vertragsgestaltung im Auslandsgeschäft, 3. Aufl. 1995, S. 220 ff.; *Martinek,* Moderne Vertragstypen, Band I, Leasing und Factoring, München 1991.
6 Auf weitere Ausführungen wird aus Platzgründen verzichtet. Es muß verwiesen werden auf die grundlegende Literatur zum Leasing (vgl. Fußnote 5).
7 Einen Überblick über die Forfaitierung gibt *Graf von Bernstorff,* Rechtsprobleme im Auslandsgeschäft, 3. Auflage 1992, S. 48 ff. mit Besprechung der Rechtsfragen, der Anwendungsbereiche, des Nutzens im Auslandsgeschäft und mit einer Abgrenzung zum Factoring.

1.1.3 Exportfactoring

Neben der Forfaitierung ist das Exportfactoring[8] bekannt, das sich ebenfalls als eine Art des Forderungsverkaufs (typischerweise für europaweite Geschäfte) darstellt und sich von der Forfaitierung dahingehend grundlegend unterscheidet, daß das Factoring auf den Ankauf einer Vielzahl von Buchforderungen gerichtet ist (die Forfaitierung basiert auf abstrakten Forderungen, üblicherweise auf Wechseln) und neben der Zahlungssicherungsfunktion vor allem auch eine Dienstleistungsfunktion (wie etwa Forderungsverwaltung, Mahnwesen, Inkasso) beinhaltet. Das Factoring hat sich in der Vergangenheit, vor allem wegen der nicht geringen Kosten, nur langsam entwickeln können.

1.1.4 Parallelkredite und Back-to-back-Finanzierungen

Auch die Back-to-back-Finanzierungen zählen zu den Finanzinnovationen der 1. Generation. Sie sind im Grunde die Vorgänger der „Swaps", die zu den Innovationen der 2. Generation zählen. Back-to-back-Kredite sind im Zusammenhang mit den Parallelfinanzierungen der 70er Jahre zu sehen.

Ursache dieser Finanzierungsformen waren Transferhemmnisse im internationalen Kapitalverkehr, insbesondere für multinational tätige Unternehmen mit ausländischen Tochterunternehmungen in devisenschwachen Ländern[9]. Bekannt wurden solche Transaktionen vor allem durch die Umgehung britischer Konvertibilitätsbeschränkungen. Britische Unternehmen mußten zu Beginn der 70er Jahre sämtliche ausländischen Investitionen in US-Dollar tätigen, die sie bei der Bank of England mit einem Aufschlag auf den jeweiligen Marktkurs beziehen mußten. Erst 1979 wurde diese Regulierung aufgehoben. „Erfunden" wurde in dieser Zeit zunächst der *Parallelkredit,* der beispielsweise wie folgt aussah: Eine amerikanische Muttergesellschaft gewährte dem britischen Unternehmen in den USA einen US-Dollar-Kredit, während *parallel* dazu die britische Muttergesellschaft dem amerikanischen Unternehmen in England in gleicher Höhe und Fälligkeit einen Pfund-Sterling-Kredit gewährte[10]. Die *Back-to-back-Kredite* stellten eine Weiterentwicklung der Parallelfinanzierung dar, denn hier ging es nicht mehr um konzernabhängige Unternehmen, sondern nur um zwei beliebige Marktteilnehmer, was einen Vorteil für Dokumentation und Risikobewertung der Geschäfte darstellte. Außerdem wurde grenzüberschreitender Kapital- und Zinstransfer mit eingebunden. Allerdings hatten beide Kreditformen den Nachteil, daß zwei separate Kreditvereinbarungen bestanden, so daß bei Ausfall eines

---

8 Zur Vertiefung empfiehlt sich *Hagenmüller/Stoppock,* Factoring Handbuch national – international, 2. Aufl., Frankfurt 1987; *Graf von Bernstorff,* Rechtsprobleme im Auslandsgeschäft, 3. Auflage Frankfurt 1992, S. 45 ff.; *Diehl-Leistner,* Internationales Factoring, München 1992 (mit Vertragsmustern); *Martinek,* Moderne Vertragstypen, Band I, Leasing und Factoring, München 1991.
9 *Knippschildt,* Controlling von Zins- und Währungsswaps in Kreditinstituten, Frankfurt 1991, S. 18; *Stein/Kirschner,* Kreditleistungen, in: Obst /Hintern (Hrsg.), Geld-, Bank- und Börsenwesen, 38. Aufl., Stuttgart 1988, 424.
10 Beispiel nach *Knippschildt* a.a.O. (Fußnote 9), S. 19; *Antl,* Swap financing techniques, London 1983, S. 3 (parallel loans, swaps and foreign exchange contracts).

Kreditnehmers der andere Kreditnehmer weiterhin seinen Verpflichtungen nachkommen mußte. Das Risiko wurde mit einer Aufrechnungsklausel[11] gemindert, die es einer Partei ermöglichte, bei Ausfall oder Zahlungsverzug der anderen Partei die ausstehenden Beträge durch Verrechnung mit den eigenen Zahlungspflichten ausgleichen zu können. Aufgrund der besonders umständlichen Abwicklung dieser Finanzierungsformen ließ das Interesse des Marktes daran zum Ende der 70er Jahre nach; kurz danach wurden die Swaps entwickelt. Erkennbar ist, daß sich in diesen beiden etwas ausführlicher dargestellten Instrumenten bereits die Vorläufer der Swaps herausbildeten.

1.2 Finanzinnovationen der 2. Generation

Als Innovationen der 2. Generation werden diejenigen Instrumente bezeichnet, die etwa seit Anfang der 80er Jahre entwickelt wurden und die in der noch jüngeren Fortführung über die weiter unten besprochenen „Derivate" (abgeleitete Finanzinstrumente) heute erst ein maßgeschneidertes Finanzmanagement ermöglichen. Innovationen der zweiten Generationen sind vor allem *Swaps, Optionen* und *Futures*, daneben aber auch einige auf Wertpapieren aufbauende Finanzinstrumente. Bevor diese Produkte im einzelnen[12] beschrieben werden, soll im nächsten Abschnitt zunächst auf die Gründe für das Entstehen der Innovationen der 2. Generation eingegangen werden.

1.2.1 Gründe für das Entstehen der Innovationen

Nachdem der Euromarkt sich immer rasanter entwickelte und seit Ende der 70er Jahre auch der nationale wie internationale Geld- und Kapitalverkehr rapide anwuchs, hat sich der Markt insgesamt immer stärker internationalisiert. Seit dieser Zeit kam es zu einer Verschiebung der Kapitalströme innerhalb der damaligen Industrieländer und zu einer Positionsveränderung von Japan[13] und den USA als führende Gläubigernationen der Welt. Gleichzeitig expandierten die Märkte, wuchs die Vernetzung der Einzelmärkte über die neuentwickelten Finanzprodukte, und es gab eine zunehmende Tendenz zur Verbriefung von Forderungen (Auskleidung in Wertpapierform, sogenannte Securitisation). Der Wettbewerb zwischen den Märkten verschärfte sich, bedingt durch neue international ausgerichtete Marktteilnehmer, neue Anbieter von Finanzdienstleistungen und eine veränderte Marktorientierung der Investoren.

---

11 Die sog. „right of offset"-Klausel; sie wurde meist ergänzt durch eine zusätzliche Kurssicherungsklausel („topping up clause"), bei der beide Parteien zu Beginn der Laufzeit der Kredite [die auf unterschiedliche Währungen lauten] vereinbaren, die Kapitalbeträge anzupassen, sobald der jeweilige Wechselkurs oder das Zinsniveau der Währungen sich nachteilig ändert, *Knippschildt* a.a.O., S. 21.
12 Unten, Teil 2.
13 Japan wurde 1985 weltweit führende Gläubigernation mit fast 80 Mrd. US$ Zahlungsbilanzüberschuß.

Dieser Umbruch des weltweiten Marktes ging einher mit der Schaffung der neuen Schlagworte Deregulierung, Securitisation und Globalisierung. Diese Begriffe stehen für eine Entwicklung zunehmender Öffnung nationaler (Beseitigung staatlicher Auflagen und Bindungen) und internationaler Märkte mit konsequenterweise steigendem Wettbewerb aufgrund größerer Angebote von Finanzdienstleistungen (*Deregulierung*), einer Verbriefung von Forderungen in Wertpapierform (*Securitisation*[14]), die auch die Bilanzierung der Banken seither stark verändert und schließlich der grenzüberschreitende Wettbewerb. Schließlich spielte auch die *Computerisierung*, also die stetig verbesserte technische Unterstützung der Marktteilnehmer, eine nicht zu unterschätzende wichtige Rolle für die Marktentwicklung.

Die Vereinheitlichung von Finanzinstrumenten und Produkten, die überwiegend im Euromarkt entstanden, bewirkten eine weitgehende *Standardisierung* dieser Produkte, was schließlich auch weltweit zu einer Vereinheitlichung der Finanzsysteme führte (*Globalisierung*)[15]. Als Konsequenz verwischten die bis dahin bekannten Grenzen zwischen Inlandsmärkten und Euromarkt, zwischen Devisen-, Geld- und Kapitalmärkten. Unterschiede wurden nur noch durch staatliche Eingriffe verursacht. Die Computerisierung schuf ein weltweites Kommunikationssystem, das Finanzentscheidungen rund um die Welt in kürzester Zeit transparent machte und vielen Instrumenten wie auch dem „24-Stunden-Rund-um-die-Welt-Handel" erst seine Existenz ermöglichte. Da dieser Markt möglichst fungible, handelbare Finanzinstrumente benötigte, verlagerte sich das traditionelle Kreditgeschäft zum Wertpapiergeschäft, was die Securitisation begünstigte.

Die Folgen der Entwicklung waren weltweit stärkere Schwankungen bei den Zinssätzen und den Wechselkursen der Währungen. Die sogenannte „*Volatilität*" der Märkte brachte seither die kaum noch überschaubare Fülle von Finanzinnovationen hervor, die allesamt zum Ziel haben, diese Änderungsrisiken berechenbar und damit auch beherrschbar zu machen[16] bis hin zu der Chance, auch spekulative Einstellungen hinsichtlich einer bestimmten Markterwartung in die Nutzung der Produkte mit eingehen zu lassen. In dieser Marktentwicklung spiegelt sich auch eine Veränderung im Bankgeschäft. Kreditinstitute wie Unternehmen wurden zu einem aktiven Risikomanagement gezwungen und erleichterten damit schließlich das Entstehen spezieller Risikoabsicherungs-Innovationen wie Swaps, Futures und Optionen hervor.

---

14 Dieser Begriff leitet sich her aus dem englischen Wort „securities", d.h. Wertpapiere. Die Verbriefung von Forderungen in Wertpapierform wird daher mit dem neuen Begriff „Securitisation" bezeichnet. Hierzu weiter *unten* ausführlich; einen Überblick gibt im übrigen u.a. *Dombret*, Die Verbriefung als innovative Finanzierungstechnik, 2. Aufl., Frankfurt 1988, S. 21 ff. sowie *Remsperger*, Folgen der Verbriefung für das Bankgeschäft, Die Bank 1987, S. 414 ff.; *ders.*, Wirtschaftspolitische Folgen der Securitisation, Die Bank 1987, S. 475 ff. In den 80er Jahren fiel beispielsweise der Anteil klassischer Euro-Konsortialkredite am gesamten Neugeschäft von 70 % (in 1981) auf nur noch etwa 10 % in 1986, während variabel- und festverzinsliche internationale Anleihen sowie Euronote-Fazilitäten um das dreifache auf 90 % Anteil am Gesamtfinanzierungsvolumen wuchsen.

15 Hierzu *Schneider-Gädicke*, Nutzen und Gefahren von Finanzinnovationen, in: Burger (Hrsg.), Finanzinnovationen, S. 6.

16 So *Knauth/Simmert*, Bedeutung derivater Finanzinstrumente für Versicherungsunternehmen, in: Schwebler/Knauth/Simmert, Einsatz von Finanzinnovationen in der Versicherungswirtschaft, Karlsruhe 1993, S. 8.

Weitere Erklärungsversuche für das Entstehen der Finanzinnovationen liegen unter anderem auch in den *Veränderungen der ökonomischen Rahmenbedingungen*. Die inflationäre Entwicklung in den Industrieländern führte zu einer stärkeren Bewegung der Zinssätze und Wechselkurse, als es zuvor der Fall war. Die Wechselkursschwankungen nahmen besonders stark zu, nachdem bereits zu Beginn der 70er Jahre das „Bretton-Woods-System" zusammenbrach[17] und ein Übergang der wichtigsten Weltwährungen von festen zu variablen Wechselkursen stattfand. Die heftige *Volatilität* von Zinssätzen und Wechselkursen förderte das Entstehen von Finanzinnovationen. Eine weitere Ursache war das nach wie vor in den USA bestehende *Trennbankensystem*[18], was die US-Banken nach Umgehungsmöglichkeiten suchen und einen Großteil der Innovationen in den USA entstehen ließ. Auch die *Schuldenkrise* der Entwicklungsländer in den 80er Jahren ist ein Grund für das Entstehen von Finanzinnovationen. Sie führte bei US-Banken zu notleidenden Krediten und zu einer Verschlechterung der internationalen Bonität der US-Kreditinstitute. Dies zwang einerseits zu Eigenkapitalerhöhungen, die insbesondere in Gestalt nachrangiger Darlehen in Wertpapierform (speziell in Form von Floating Rate Notes) erfolgten, während andererseits fehlendes Eigenkapital Veranlassung zu bilanzneutralen Geschäften gab: An die Stelle der direkten Kreditgewährung trat die indirekte in Form der Plazierung eigener Bond-Emissionen der Kreditkunden[19]. Schließlich wurde der Einsatz von Innovationen auch durch die *Verschärfung der Eigenkapitalvorschriften* durch die nationalen Währungshüter beziehungsweise Gesetzgeber begünstigt.

In Deutschland kam seit Mitte der 80er Jahre – mit gewisser Verspätung zum weltweiten Geschehen[20] – eine Entwicklung in Gang, die sich in herausragenden „deregulierenden" Ereignissen wie etwa der Aufhebung der Kuponsteuer 1984, der Öffnung des DM-Kapitalmarktes am 1.5.1985[21], der Eröffnung der DTB am 26.1.1990 und der Abschaffung der Börsenumsatzsteuer am 31.12.1990 zeigte.

---

17 Nachdem der Goldstandard der Weltwirtschaftskrise zum Opfer gefallen war, wurde 1944 in Bretton Woods vom internationalen Währungsfonds ein neues Währungssystem geschaffen, dessen Kern der US-Dollar mit einer Goldparität von 35 $ pro Feinunze Gold war. Alle übrigen Mitgliedswährungen wurden gegenüber dem US-Dollar festgelegt, und bei Abweichungen um + oder – 0,75 % mußte die betroffene Notenbank am Devisenmarkt intervenieren. Aufgrund immer stärkerer Wechselkursspannungen wurde die Bandbreite in 1971 auf + bzw. – 2,25 % vergrößert, doch war das System schließlich im März 1973 überholt. Zu dieser Zeit wurde in der EWG (ab 11.3.73) das „blockfloating" der EWG-Währungen mit denselben Bandbreiten (2,25 %) eingeführt, und ab 13.3.1979 folgte das EWS.
18 Dieses geht zurück auf die Zeit der Weltwirtschaftskrise und den bis heute in Kraft befindlichen Glass Steagall Act 1932, der Banken in Commercial Banks und Investment Banks trennt.
19 So *Güde,* Finanzinnovationen aus der Sicht der Sparkassen, Sparkasse 1987, S. 48.
20 In den USA war schon seit Ende der 70er Jahre eine Deregulierung im Gange, so 1979 die Aufhebung der Zinsreglementierung, 1981 die Schaffung der International Banking Facilities (Sonderstatus, der es internationalen Banken in New York seither gestattet, Depositen im Ausland hereinzunehmen und diese ohne Anrechnung auf die allgemeinen Reserve-und Zinsvorschriften, wieder für Ausleihungen an ausländische Schuldner zu verwenden) und 1984 die Aufhebung der Quellensteuer.
21 Unter dem Stichwort „Restliberalisierung" gab die Deutsche Bundesbank ihren bis dahin geübten Widerstand gegen bestimmte Innovationen auf (u.a. wurden einige bis dahin nicht zugelassene Anleiheformen gestattet sowie die Konsortialführerschaft bei DM-Auslandsanleihen für rechtlich selbständige inländische Banken im Auslandsbesitz erlaubt). Vgl. zu diesem Themenkreis u.a. *Kollar,* Kapitalmärkte im Zeichen von Innovation und Liberalisierung, in: Bruns (Hrsg), Innovationen an den Finanzmärkten, Frankfurt 1986, S. 66.

1.2.2 Veränderung der Ansprüche der Marktteilnehmer

Neben der Veränderung der rechtlichen, technologischen und ökonomischen Rahmenbedingungen veränderten sich auch die Ansprüche der Marktteilnehmer hinsichtlich ihres Finanz- und Anlagebedarfs. Wegen der internationalen Schuldenkrise nahm der Wettbewerb um bonitätsmäßig einwandfreie Schuldner zu, was schließlich zu einem Rückgang der erzielbaren Margen und Provisionen bei den Banken führte. Mit den Bemühungen der Banken, ihre Rentabilität und die Risikostruktur zu verbessern, wurden unter Berücksichtigung verschärfter Eigenkapitalbestimmungen neue Geschäftsbereiche außerhalb der Bilanzen (off-balance) erschlossen[22]. Banken verstärkten ihre Anstrengungen, zu Lasten traditioneller Buchforderungen handelbare Wertpapiere zu emittieren. Demgegenüber reagierten die Anleger auf die Bonitätsverschlechterung der Banken mit einer Substitution von Bankeinlagen durch Wertpapiere[23].

Um den Bankkunden wurde also immer heftiger geworben. Ihm gelang es angesichts dieser Entwicklung immer mehr, individuelle Finanzdienstleistungen zu fordern, die ihm auf seine Bedürfnisse hin maßgeschneidert aufbereitet und von ihm flexibel in Anspruch genommen werden konnten. Die vom Markt nunmehr geforderte Flexibilität, die die Banken beweisen mußten, bezog sich auf die Höhe der Kapitalbeträge, die attraktive Zinsgestaltung, die Einbindung unterschiedlicher Währungen und die Ausschöpfung der Potentiale, die in ausländischen Märkten (Zins- und Wechselkursentwicklung) geboten war. Zu einem erleichterten Eingehen auf die Kundenwünsche kamen die Kreditinstitute jedoch erst, als seit Beginn der 80er Jahre eine Standardisierung und Handelbarkeit der neuen Finanzinstrumente um sich griff.

1.2.3 Finanzinnovationen und Risikomanagement

Finanzinnovationen haben neben der nutzerfreundlichen Möglichkeit einer „maßgeschneiderten" und bedarfsgerechten Ausgestaltung eine wichtige Funktion darin, daß sie eine hohe Eignung zum Risikomanagement haben. Nachdem verdeutlicht worden ist, daß die Finanzinnovationen sich aus den Märkten heraus und den Bedürfnissen der Marktteilnehmer folgend entwickelt haben, ist es nur folgerichtig, daß nicht alle Ansprüche mit einem reinen Grundinstrument (*plain vanilla*) der Innovationen (insbesondere der 2. Generation) erfüllt werden können. Grundlage der Weiterentwicklung der Finanzmärkte ist, daß die traditionellen drei Komponenten der herkömmlichen Finanzmärkte (Markt, Institution, Währung) frei variierbar und austauschbar sind.

Der Markt beziehungsweise seine Regulierung zeigen das *politische Risiko* auf. Hinter der Währung und dem Geld verbergen sich das *Währungsrisiko* und das *Zinsrisiko*. Wer an den Finanzmärkten tätig ist, muß insbesondere auch das *institutionelle* beziehungsweise *Kreditrisiko* beachten, da an globalen Märkten große Abstufungen der Kreditrisi-

---

[22] *Knippschildt*, Controlling von Zins- und Währungsswaps in Kreditinstituten, Frankfurt 1991, S. 7.
[23] *Gleske*, Finanzinnovationen aus Sicht der Notenbanken und der Bankaufsichtsbehörden, Die Bank 1986, S. 280; *Knippschildt* a.a.O. (Fußnote 22).

ken bestehen. Der Kreditnehmer beziehungsweise der Anleger sucht im innovativen Markt heute eine freie Variation der Instrumente, die seinen Wünschen am ehesten entsprechen. Marktteilnehmer heute wissen, daß sie finanzielle Kontrakte in Einzelbestandteile aufspalten können, daß sie also einen finanziellen Kontrakt, gleichgültig, ob Kredit, Wertpapier oder Geldanlage, in eine Reihe von unterschiedlichen Instrumenten und Beziehungen aufbündeln können[24]. Dies wiederum ist Grund für das Entstehen der im nächsten Abschnitt beschriebenen „Derivate".

Es wird in den folgenden Abschnitten bei der Behandlung der einzelnen Produkte jeweils erkennbar, daß Innovationen des Zinssektors gleichzeitig auch eine *Absicherung gegen Zinsänderungsrisiken* darstellen. Ferner sind Instrumente des Währungsbereiches gleichzeit auch geeignet, eine *Absicherung gegen Wechselkursänderungen* vorzunehmen.

Wie oben bereits genannt, gehören zu den Innovationen der 2. Generation die Zins- oder Währungsswaps, die Zins- oder Währungsoptionen und die Zins- oder Währungs*futures*. Auf die Besonderheiten dieser Instrumente wird im folgenden Kapitel eingegangen.

Zu den Innovationen der 2. Generation, die auf Wertpapieren aufbauen, zählen die Euro*anleihen*, die Euro*notes*, *Certificates of Deposits* und die Euro *Commercial Papers*. Auf sie wird in einem dem Wertpapierbereich gewidmeten Kapitel eingegangen.

1.3 Derivate

Die neueste Generation von Finanzinnovationen wird heute mit *„Derivaten"* bezeichnet. Im Sprachgebrauch des Wirtschaftsalltags ist der Begriff *„Derivat"* inzwischen so geläufig, daß er inzwischen beinahe ausschließlich für alle Finanzinnovationen benutzt wird. Streng genommen bedeutet Derivat dagegen lediglich „abgewandeltes Produkt" (derivare = abwandeln). Im Sinne einer klaren Struktur ist daher an dieser Stelle darzustellen, was unter Derivat im eigentlichen Sinne zu verstehen ist.

Nachdem zu Beginn der 80er Jahre die Swaps, Futures und Optionsgeschäfte bekannt geworden waren, suchten Marktteilnehmer schon bald nach Methoden, diese noch wenig flexiblen Grundtypen der Innovationen durch Abwandlungen für den Markt interessanter zu gestalten. Man „erfand" daher abgewandelte Instrumente, wie sie in den folgenden Kapiteln dargestellt werden, etwa den Zinscap, Zinsfloor oder Zinscollar als Variante zur bloßen Zinsoption. Die Option selber erhielt neue Varianten wie etwa „zero cost-Optionen", „k.o.-Optionen" und so weiter, nur um einmal zwei Schlagworte zu nennen. Immer wieder werden neue Kombinationen entwickelt, so daß alle heute im Markt üblichen innovativen Instrumente im Grunde schon „abgewandelte", also „derivate" Produkte sind. Die Weiterentwicklung der Produkte hängt nur noch davon ab, ob die Instrumente „handelbar" sind, also einen „liquiden" Markt vorfinden, der diese Instrumente reichlich nutzt.

---

24 *Dufey,* Finanzinnovationen heute – Bestandsaufnahme und Ausblick, in: Burger (Hrsg.), Finanzinnovationen, Stuttgart 1989, S. 14 f.

Im folgenden Teil 2 des Buches wird zunächst auf die Grundtypen der 2. Generation im Zins- und Währungsbereich (Option, Swap, Future) eingegangen. In Teil 3 und 4 werden dann die Derivate im Zins- und Währungsbereich, soweit sie für die Tagespraxis von Bedeutung sind, dargestellt. Dem Wertpapiersektor ist schließlich ein eigener Teil des Buches gewidmet.

2 Überblick über die Grundtypen der Innovationen

Die Grundtypen der Finanzinnovationen sind, wie im vorherigen Abschnitt bereits erwähnt, die Optionen, die Swaps und die Futures. Ihnen ist im folgenden Teil 2 des Buches eine ausführliche Darstellung gewidmet. An dieser Stelle soll für den raschen Überblick nur eine kurze Beschreibung der Produkte erfolgen.

2.1 Optionen

Bei Optionen handelt es sich – unabhängig von der jeweiligen Ausgestaltung – um eine Vereinbarung zwischen einem Käufer (Inhaber) und einem Verkäufer (Stillhalter), wonach dem Käufer das Recht eingeräumt wird, an einem bestimmten Verfalltag oder während einer bestimmten Frist eine bestimmte Menge eines Finanztitels (Devisen, Zinsen, Wertpapiere, Edelmetall) zu einem vorher festgelegten Preis zu kaufen oder zu verkaufen. Für dieses Recht zahlt der Käufer der Option dem Verkäufer einen Preis (Optionsprämie). Der Käufer einer Option ist berechtigt, aber nicht verpflichtet, von seinem Recht Gebrauch zu machen. Der Verkäufer übernimmt seinerseits die Verpflichtung, einen Finanztitel entgegenzunehmen, sofern der Käufer von seiner Option Gebrauch macht. Optionen sind das wohl vielseitigste neue Finanzinstrument, und eine Fülle derivativer Produkte baut auf Optionen auf.

2.2 Swaps

Bei Swaps hingegen vereinbaren zwei Vertragspartner den Austausch von Zinsen oder Währungen während einer frei vereinbarten Vertragslaufzeit. Beim Swap (swap = Tausch) handelt es sich also stets um einen Austausch des Finanztitels Zins oder Währung und nicht, wie bei einer Option, um einen Kauf oder Verkauf. Der Swap hat nur wenige Ausgestaltungen erfahren. Von großer Bedeutung sind der Zins- und der Währungsswap. Sogar eine Kombination beider Swaps ist möglich. Ein bekanntes derivates Instrument ist die Verknüpfung eines Swap mit einer Option, genannt Swaption.

2.3 Financial Futures

Bei Financial Futures handelt es sich um vertragliche Vereinbarungen, standardisierte Mengen eines bestimmten Finanztitels zu einem im voraus ausgehandelten Kurs an einem späteren, standardisierten Fälligkeitstag zu kaufen oder zu verkaufen. Es handelt sich dabei um börsengehandelte Finanzterminkontrakte. Die Ausgestaltung der Financial Futures geschah in Form der Devisen-Terminkontrakte (Currency Futures), Zinsterminkontrakte (Interest Rate Futures), Edelmetall-Terminkontrakte und Aktienindex-Terminkontrakte. Die Handelsgrößen der Futures werden in Kontrakten ausgedrückt. Übliche Fälligkeitstermine der an Börsen gehandelten Futures sind vier Termine im Jahr (März, Juni, September und Dezember).

Die drei genannten Grundtypen werden im folgenden Teil 2 vertieft behandelt.

Literaturhinweise

Brandt/Meineke, Neue Instrumente an den internationalen Finanzmärkten, RIW 1987 Beilage 4
Burger (Hrsg.), Finanzinnovationen, Risiken und ihre Bewältigung, Stuttgart 1989
Carstensen, Finanzinnovationen in der praktischen Anwendung einer Geschäftsbank, Die Bank 1986, S. 352 ff.
Eller, Alles über Finanzinnovationen, München 1995
Eller/Spindler, Zins- und Währungsrisiken optimal managen, Wiesbaden 1994, S. 13 ff.
Graf von Bernstorff, Risiko Management im Auslandsgeschäft, 2. Aufl. Frankfurt 1995, S. 176 ff.
Kollmann, Der US-Kapitalmarkt, Instrumente, Finanzinnovationen, Wien 1988
Schminke, Die Rolle der Finanzinnovationen im Aktiv-Passivmanagement, Kreditwesen 1994, S. 215 ff.
Schwebler/Knauth/Simmert (Bearb.), Einsatz von Finanzinnovationen in der Versicherungswirtschaft, Schriftenreihe „Aktuelle Fragen der Vermögensanlagepraxis", Band 1, Karlsruhe 1993
Storck, Neue Instrumente im Euromarkt, Die Bank 1984, S. 504 ff.
ders., Auf dem Weg zum globalen Finanzmarkt, Die Bank 1987, S. 9 ff.

Teil 2:

Grundtypen der Finanzinnovationen

Wegen der großen Bedeutung der Grundtypen sollen nachfolgend die Option, die Swaps und die Futures besonders dargestellt werden. Von den Grundinstumenten abgeleitete (derivative) Formen werden in Teil 3 (Zinsinstrumente), Teil 4 (Währungsinstrumente) und Teil 5 (auf Wertpapieren aufbauende Derivate) behandelt.

1 Optionen

Zu Beginn der Beschreibung der Optionen soll nochmals die Grunddefinition wiederholt werden. Bei Optionen handelt es sich – unabhängig von der jeweiligen Ausgestaltung – um eine Vereinbarung zwischen einem Käufer (Inhaber) und einem Verkäufer (Stillhalter), wonach dem Käufer das Recht eingeräumt wird, an einem bestimmten Verfalltag oder während einer bestimmten Frist eine bestimmte Menge eines Finanztitels (Devisen, Zinsen, Wertpapiere, Edelmetall) zu einem vorher festgelegten Preis zu kaufen oder zu verkaufen. Für dieses Recht zahlt der Käufer der Option dem Verkäufer einen Preis (Optionsprämie). Der Käufer einer Option ist berechtigt, aber nicht verpflichtet, von seinem Recht Gebrauch zu machen. Der Verkäufer übernimmt seinerseits die Verpflichtung, einen Finanztitel entgegenzunehmen, sofern der Käufer von seiner Option Gebrauch macht. Zu unterscheiden sind zunächst die Call- und die Put-Option sowie die Amerikanische und die Europäische Option.

1.1 Call-Option und Put-Option

Wird eine Option gekauft, baut man damit eine Position auf (long position). Wird dagegen eine Option verkauft (oder „geschrieben"), entsteht eine *short position*. Beide Positionen entstehen bei den Vertragspartnern innerhalb eines Geschäfts: dem *Long Call* (Kauf einer Kaufoption) auf Seiten des Käufers steht der *Short Call* (Verkauf einer Kaufoption) auf Seiten des Kontrahenten (Stillhalters) gegenüber. Umgekehrt verhält es sich bei einer Verkaufsoption: dem *Long Put* (Kauf einer Verkaufsoption) steht der *Short Put* (Verkauf einer Verkaufsoption) gegenüber. Beide Optionsarten, nämlich der Kauf und der Verkauf, werden hierbei unter ihren englischen Bezeichnungen eingesetzt: die *Kauf*option als *Call*-Option, die *Verkaufs*option als *Put*-Option.

1.2 Amerikanische und Europäische Option

Daneben werden die europäische und die amerikanische Option unterschieden. Während amerikanische Optionen während der Optionslaufzeit zu jedem beliebigen Termin bis hin zum Verfallstag ausgeübt werden können, kann eine europäische Option nur bei Fälligkeit, also an einem vorher fest vereinbarten Tag, ausgeübt werden.

Art der Option	Inhaber	Stillhalter
Kaufoption (Call)	Er hat das Recht, zu einem vorher vereinbarten Preis zu kaufen. Hierfür bezahlt er eine Prämie an den Stillhalter.	Er hat die Pflicht, zu einem vorher vereinbarten Preis an den Inhaber zu verkaufen. Hierfür erhält er eine Prämie vom Inhaber.
Verkaufsoption (Put)	Er hat das Recht, zu einem vorher vereinbarten Preis zu verkaufen. Hierfür bezahlt er eine Prämie an den Stillhalter.	Er hat die Pflicht, zu einem vorher vereinbarten Preis vom Inhaber zu kaufen. Hierfür erhält er eine Prämie vom Inhaber.

Abbildung 1: Rechte und Pflichten bei Call- und Put-Optionen

1.2.1 Amerikanische Optionen

An den internationalen Finanzmärkten werden mehrheitlich amerikanische Optionen gehandelt. Der Käufer einer solchen Option hat zwei Möglichkeiten. Entweder er übt die Option während der Laufzeit aus, das heißt, er nimmt das Recht wahr, den Basiswert zu kaufen oder zu verkaufen, oder aber er kann diese Option jederzeit am Sekundärmarkt verkaufen. Die an der Deutschen Terminbörse gehandelten Optionen[25] auf deutsche Aktien werden beispielsweise als Optionen amerikanischen Rechts eingeführt.

1.2.2 Europäische Optionen

Bei der Europäischen Option kann eine Ausübung nur zu einem bestimmten Zeitpunkt – in der Regel am Verfalltag – erfolgen. Diese für den Optionskäufer nachteiligen Optionen wurden früher durch die European Options Exchange (EOE) in Amsterdam populär. Bei dieser Optionsform wird die Wahrscheinlichkeit einer profitablen Ausübung stark eingeschränkt. Sollte der Kurs des betroffenen Finanztitels während der Laufzeit der Option steigen oder fallen, so muß dies den Stillhalter nicht unbedingt beunruhigen, da er nur bei Fälligkeit der Option in Anspruch genommen werden kann. Allerdings hat auch der Verkäufer einer solchen europäischen Option dann die Möglichkeit, seine im Wert oder Kurs gestiegene Option während der Laufzeit jederzeit auf dem Sekundärmarkt oder gegebenenfalls über die Börse wieder zu verkaufen.

Wegen der für den Optionskäufer nachteiligen Regelung, die Option nur zu einem bestimmten Zeitpunkt ausüben zu können, werden europäische Optionen an Börsen in der Regel zu niedrigeren Prämien gehandelt als amerikanische Optionen.

---

25 An amerikanischen Börsen und der Deutschen Terminbörse handelt es sich mit Ausnahme der DAX-Option immer um amerikanische Optionen.

1.3 Verfalltag der Optionen

Der Verfalltag ist der Zeitpunkt, an dem die Option ausgeübt werden kann (aber nicht muß). Zu unterscheiden davon ist der „Deklarationstag", an dem die Entscheidung mitgeteilt wird, ob die Ausübung der Option erfolgen wird. Wird die Option nicht spätestens am Verfalltag ausgeübt, verfällt sie, und der Käufer hat dann aus der Option keine weiteren Rechte (und der Verkäufer keine weiteren Verpflichtungen).

1.4 Basispreis

Der Basispreis (Ausübungspreis, strike price) ist der festgelegte Preis[26], zu dem eine Option vom Käufer ausgeübt werden kann beziehungsweise der Preis, zu dem das zugrundeliegende Instrument vom Anbieter (dem Stillhalter) verkauft oder gekauft werden muß.

Übersicht

Amerikanische Option: Die Option kann während der gesamten Laufzeit ausgeübt (oder weiterverkauft) werden.

Europäische Option: Die Option kann nur am Verfalltag ausgeübt werden.

Basispreis: Preis, zu dem die Option ausgeübt werden kann.

1.5 Optionspreis

Der Optionspreis (Optionsprämie) ist der festgelegte Preis, den der Käufer der Option für das Instrument zu bezahlen hat. Dieser Preis richtet sich natürlich zum einen nach Angebot und Nachfrage, doch spielen diese Komponenten kaum eine große Rolle. Weitaus entscheidender sind zwei andere Faktoren. Die Preisbestimmung folgt aus einem *„inneren Wert"* (intrinsic value) und einem *„Zeitwert"* (time value) der Option. Die Grundregel lautet: *Der Optionspreis ist die Summe aus Zeitwert plus innerem Wert*. Hierzu sind folgende zusätzliche Erläuterungen notwendig.

---

[26] Bei Basispreisen sind je nach Finanztitel Preissprünge üblich. Wenn eine Aktie beispielsweise bei DM 100 notiert, sind Basispreise von DM 90, DM 100 und DM 110 denkbar. Für Aktien gilt im übrigen: Der Basiswert ist der Wert, der der Option zugrundeliegt. Bei einem Optionskontrakt auf Aktien ist dies die Aktie. Einem DTB-Kontrakt auf Aktien liegen immer 50 Aktien des Basiswertes zugrunde. Bei der Einführung von Optionen für einen neuen Verfallzeitpunkt werden immer die drei Basiswerte gewählt, die dem letzten Börsenkurs des Basiswertes am nächsten liegen, das heißt, es gibt einen Basiswert über, einen unter und einen an dem aktuellen Aktienkurs, vgl. hierzu *Beer/Goy*, Strategischer Einsatz von Optionen und Futures, Stuttgart 1991, S. 20 f.

1.5.1 Innerer Wert

Der innere Wert (intrinsic value) einer Option stellt die Differenz zwischen dem Basispreis (strike price) und dem aktuellen Marktpreis dar.

- ist der aktuelle Marktpreis identisch mit dem Basispreis, bezeichnet man die Option als „at the money" (am Geld plaziert);
- ist der aktuelle Marktpreis höher als der Basispreis, bezeichnet man die Option als „in the money" (im Geld);
- ist der aktuelle Marktpreis schließlich niedriger als der Basispreis, wird die Option als „out of the money" (aus dem Geld) bezeichnet.

Kauft man eine Option, dann ist der Wert, den die Option schon „im Geld" (in the money) ist, im Optionspreis zu berücksichtigen[27]. Der Betrag, um den die Option im Geld ist, wird als innerer Wert bezeichnet.

Alle Optionen mit Restlaufzeit haben damit automatisch einen Zeitwert (dazu nachstehend). Im Geld- (In the Money-)Optionen haben zusätzlich noch einen inneren Wert. At the money- und Out of the money-Optionen haben keinen inneren Wert.

1.5.2 Zeitwert

Unabhängig vom inneren Wert haben alle Varianten (at the money, in the money und out of the money) immer einen Zeitwert (time value). Dieser entspricht dem Betrag, den Marktteilnehmer in Erwartung von Preisänderungen des Basisinstruments (Zins, Wertpapier, Währung und so weiter) zu zahlen bereit sind. Der Zeitwert verringert sich während der Optionslaufzeit und erreicht zum Verfalltag den Wert Null. Umgekehrt kann gesagt werden, daß eine hohe (Rest-)Laufzeit der Option immer auch zu einem hohen Zeitwert führt. Und da der Zeitwert maßgeblichen Einfluß auf den Optionspreis hat, kann wiederum gefolgert werden, daß der Preis desto höher ist, je höher die Restlaufzeit der Option ist, da stets damit gerechnet werden muß, daß die Option auch ausgeübt wird. Der Zeitwert unterliegt folgenden Faktoren:

---

[27] Wird beispielsweise aktuell ein Call mit einer Restlaufzeit von drei Monaten und einem Basispreis von 100 US$ beschrieben, muß grundsätzlich auch der aktuelle Kurs des Basiswertes berücksichtigt werden. Dieser kann beispielsweise bei 150 US$ liegen. Wird die Option dann gekauft, kostet die Optionsprämie beispielsweise 55 US$, wie folgt errechnet: 50 US$ ist die Option im Geld (in the money), die Restlaufzeit kostet 5 US$, so daß die Prämie sich mit 55 US$ darstellt. Der Betrag, den die Option in the money ist, ist der innere Wert. Der innere Wert der Kaufoption berechnet sich aus dem Kurs des Basiswertes minus dem Basispreis. Wäre die Option nicht „in the money", wäre der innere Wert bei Null. Der innere Wert eines Put errechnet sich ebenfalls aus der Differenz zwischen dem Kurs des Basiswertes und dem Basispreis.

- der *Volatilität*[28] (erwartete Kurs- beziehungsweise Zinsschwankungen des Basisinstruments). Die Volätilität richtet sich nach den Erwartungen, Meinungen, Prognosen und ist eine Funktion von Angebots- und Nachfrageverhalten;
- der Laufzeit oder *Restlaufzeit* der Option;
- dem *Anlagezinssatz* der Optionsprämie.

> **Übersicht**
>
> Optionspreis: Summe aus Zeitwert plus innerem Wert
>
> Innerer Wert: Differenz zwischen Basispreis und dem aktuellen Marktpreis
>
> At the Money: Der aktuelle Marktpreis ist identisch mit dem Basispreis
>
> In the Money: Der aktuelle Marktpreis ist höher als der Basispreis.
>
> Out of the Money: Der aktuelle Marktpreis ist niedriger als der Basispreis.

1.6 Bewertung von Optionen

1.6.1 Aufgeld und Leverage

Das sogenannte *Aufgeld* und der sogenannte Hebel (*Leverage*) sind wichtige Maßstäbe für die Bewertung von Optionen. Das Aufgeld zeigt, um wieviele Prozentpunkte es teurer ist, wenn man in den Basiswert über die Option einsteigen will. Unterstellt wird dabei die sofortige Ausübung der Option. Der Hebel zeigt an, um wieviel der Optionspreis stärker schwankt als der Kurs des Basiswertes[29].

1.6.2 Black Scholes-Formel

Eine wichtige Aussage zur Bewertung von Optionen macht die sogenannte Black Scholes-Formel[30]. Im Jahre 1973 veröffentlichten die beiden Amerikaner Black und Scholes eine neuentwickelte Bewertungsformel für europäische Optionen auf Aktien, die bis heu-

---

28 Die Volatilität wird mit Hilfe der mathematischen Standardabweichungsberechnung (Standard Deviation) berechnet. Im Zusammenhang mit der Volatilität eines bestimmten Basiswertes unterscheidet man die historische Volatilität und die implizite (erwartete) Volatilität, *Dreesbach*, Terminhandel – Die Welt der Futures und Options, Wiesbaden 1994, S. 98 f. Hier findet sich auch ein Beispiel, in welchem der Kurs eines Basiswertes stagniert, also kaum historische Volatilität vorliegt. Der Zeitwert (und damit der Optionspreis) ist damit erheblich niedriger als der eines stark schwankenden Basiswertes. Zudem ist die implizite Volatilität (also die Erwartung starker Schwankungen) gering. Beides zusammen führt zu einem niedrigen Optionspreis.

29 *Beer/Goj*, Strategischer Einsatz von Optionen und Futures, Stuttgart 1991, S. 43.

30 Diese bekannte Formel ist sehr umfangreich und kompliziert. Sie wurde veröffentlicht in „The Pricing of Options and Corporate Liabilities" im Journal of Political Economy 1973, S. 637 ff.

te auch für Optionen auf andere Basisinstrumente herangezogen wird. Mit Hilfe dieser Formel läßt sich unter einer Reihe von Annahmen ein theoretisch richtiger Preis der Option ermitteln. Dieser ermittelte Wert wird als „fair value" bezeichnet. Liegt der Preis einer angebotenen Option über diesem „fair value", ist die Option zu teuer.

Um die komplizierte Black Scholes-Formel[31] analysieren zu können, muß man folgenden Komponenten für den Optionspreis Beachtung schenken. Neben der Laufzeit der Option spielen der risikolose Periodenzinssatz, die Volatilität des Basistitels, der Basispreis und der aktuelle Kurs eine Rolle. Bei der Volatilität geht die Black Scholes-Formel von der historischen Volatilität, also vom Schwankungsverhalten und den Kursveränderungen des Basisinstruments während der letzten 200 Handelstage aus, die ja bekannt sind. Entscheidende Bedeutung kommt dann für das zu beurteilende zukünftige Abweichungsverhalten der schon oben angesprochenen impliziten Volatilität zu, die letztlich den aktuellen Marktpreis verständlich macht, da Optionshändler der Volatilität sehr große Bedeutung beimessen .

Neben dem bekannten Black Scholes-Modell gibt es weitere Optionswertmodelle[32], insbesondere für die Einschätzung der künftigen Volatilität von Aktien und Devisenoptionen. Allen Optionswertmodellen ist gemeinsam, daß es sich um umfangreiche mathematische Formelansammlungen handelt, die einer finanzmathematischen Betrachtung und Analyse bedürfen. In der Bankpraxis stellt sich das Optionsgeschäft also nicht als leichte Rechenaufgabe dar, sondern wird mit computergestützter Rechnerleistung erbracht.

1.7 Optionsstrategien

Ein Überblick über die Grundformen der Optionsstrategien soll diesen Abschnitt abschließen. Grundsätzlich unterschieden werden die Methoden des *Hedging*, *Spread*, *Straddle* und *Strangle*. Weitere Optionsstrategien sind ebenfalls wichtig und werden zusammengefaßt dargestellt.

---

31 *Beer/Goj* a.a.O., S. 44 geben einen Einblick in die Philosophie hinter der umfangreichen Formel: „Ein Aktienportefeuille wird durch Optionen gegen Wertverluste abgesichert. Dadurch entsteht ein risikofreies Portefeuille. Die Rendite dieses Portefeuilles muß dem Zins für risikofreie Anlagen entsprechen. Der in diesem Modell entstandene Optionspreis ist ein Preis, der den Zins der risikofreien Anlage ermöglicht; Arbitrageprozesse halten diesen Preis im Gleichgewicht." Damit reduziert sich das komplizierte Formelgebilde auf einen leichtverständlichen Grundsatz.

32 So z.B. das Modell von *Cox/Ross/Rubinstein*, Option Pricing: A Simplified Approach, in: Journal of Financial Economics, 7/79, S. 232; ausführlich dargestellt bei *Mehl*, Devisenoptionen als Instrumente des Währungsrisikomanagements, Frankfurt 1991, S. 64 ff.; *Kruschwitz/Schöbel,* Eine Einführung in die Optionspreistheorie (I), in: Wirtschaftsstudium 2/84, S. 69. – Daneben gibt es ein weiteres Modell von *Garman/Kohlhagen,* Foreign Currency Option Values, in: Journal of International Money and Finance, 2/83, S. 231–237, ebenfalls dargestellt bei *Mehl* a.a.O., S. 101 ff.

1.7.1 Hedging

Grundsätzlich kann man Optionen einsetzen, um sich gegen Kursverluste zu sichern. Die erste Strategie ist eine konservative Handelsstrategie mit Beachtung des Sicherungsaspekts, das sogenannte *Hedging*. Um eine bestimmte Position zu sichern, kann man den sogenannten Protective Put einsetzen. Hier werden im gleichen Maße Verkaufsoptionen gekauft wie eine Long-Position im Basiswert vorhanden ist. Die gesamte Long-Position wird mit dem Protective Put abgesichert (Hedging). Wegen der stets möglichen Änderung des Optionspreises wird mit den Methoden des sogenannten Delta-Hedging und Gamma-Hedging gearbeitet, was ebenfalls zu komplizierten Rechenarbeiten zwingt. Hierzu soll daher auf die weiterführende Literatur[33] verwiesen werden. Möglich ist ferner die Anwendung eines Covered Call[34], also das verdeckte Schreiben einer Option (Verkauf von Kaufoptionen) bei einem existierenden Bestand des Finanztitels, um die Rendite eines Depots zu erhöhen beziehungsweise zusätzliche Erträge zu erwirtschaften.

Spread	Zwei Optionen gleichen Typs, mit unterschiedlichem Basispreis oder Verfalldatum werden gekauft und verkauft.
Time Spread	Zwei Optionen mit unterschiedlicher Laufzeit (auch: Horizontal Spread; Calendar Spread[35]).
Price Spread	Bei gleichen Verfalldaten unterscheiden sich die Basispreise (auch Money Spread bzw. Vertical Spread).
Diagonal Spread	Eine gekaufte (Long) und eine verkaufte (Short) Option haben unterschiedliche Basispreise und Verfalldaten.
Credit Spread	Ein Optionsverkauf deckt die Kosten eines Optionskaufs und erbringt zusätzlichen Ertrag.
Debit Spread	Die Kosten des Optionskaufs werden nicht durch den Optionsverkauf gedeckt.
Bull Spread	Auch „Hausse Spread" genannt, da hier der Anwender des Spread von einem Kursanstieg ausgeht[36].
Bear Spread	Auch „Baisse Spread", da man einen Kursverfall erwartet.

Abbildung 2: Unterscheidungsmerkmale verschiedener Spreads

---

33 Zur Beschreibung des Delta-Hedging und Gamma-Hedging mit Rechenbeispielen vgl. *Dreesbach*, Die Welt der Futures und Options, Wiesbaden 1994, S. 103 ff.
34 Beispiele bringt *Dreesbach* a.a.O., S. 108 ff.
35 Diese Namen stammen von der Anordnung der Verfalls-Kalendertage und -monate in horizontaler bzw. vertikaler Anordnung in den geschäftsüblichen Notierungslisten.
36 Die Markterwartung läßt sich hinsichtlich der vereinbarten Lage der Verfalldaten der beiden Optionen, der Optionspreise und der Basispreise einbringen. Beispiele zu Bull und Bear Spreads bei *Uszczapowski*, Optionen und Futures verstehen, 3. Aufl., München 1995, S. 159 ff.

1.7.2 Spread

Ein Spread liegt vor, wenn gleichzeitig zwei Optionen gleicher Art (Kauf oder Verkauf) gekauft *und* verkauft werden, wobei sich beide Optionen nur im Basispreis oder Verfalldatum unterscheiden. Ist der Optionspreis der verkauften Option größer als der der gekauften Option, entsteht ein Überschuß (eine „Spanne", *„spread"*). Der Verkauf der Option deckt damit die Kosten für den Kauf der anderen Option. Mit Hilfe eines Spread kann das Risiko gegenüber dem alleinigen Kauf (oder Verkauf) von Calls oder Puts stärker begrenzt werden, weil der maximale Verlust und Gewinn von vornherein feststehen.

Beim Spread werden vielerlei unterschiedliche Begriffe und Definitionen gebraucht. Abbildung 2 zeigt die wichtigsten Unterscheidungsmerkmale.

Zwei Optionen gleichen Typs, mit unterschiedlichem Basispreis oder Verfalldatum, werden gekauft und verkauft.

Mit diesen Spreads wird ein Investor in die Lage versetzt, seine Markteinschätzung durch die für ihn passende Form der beiden Optionen auszudrücken. Entscheidend ist dabei, daß mit zwei Optionen eine Position aufgebaut wird, die weniger riskant ist als bei nur einer Option.

Wird ein Spread gekauft, dann ist eine geringere Marktbewegung nötig, um in die Gewinnzone zu geraten, als es bei einer individuellen Option der Fall wäre. Umgekehrt gilt, daß der Verkauf eines Spread eine Fehleinschätzung der Marktentwicklung weniger teuer werden läßt, als es bei einer individuellen Option der Fall wäre[37]. Den geringeren Risiken der Spreads stehen aber auch geringere Gewinnchancen gegenüber – für Spekulation ist daher der Spread weniger geeignet.

1.7.3 Straddle

Während Spreads auch die Markterwartung des Nutzers von Optionen mit einbeziehen können (Bull Spread beziehungsweise Bear Spread[38]), gibt es weitere Instrumente, die immer dann zur Anwendung gelangen, wenn aufgrund hoher Volatilität eine klare Trendaussage nur schwer oder gar nicht möglich ist. Hier bietet es sich an, einen Straddle oder (den weiter unten beschriebenen) Strangle zu nutzen.

Ein Straddle ist die Kombination einer gleichen Anzahl von Call- und Put-Optionen eines Basiswertes mit gleichem Basispreis und Verfalldatum.

---

37 So *Uszczapowski* a.a.O. (Fußnote 36), S. 171.
38 Bull Spread (Erwartung steigender Kurse) und Bear Spread (Erwartung fallender Kurse) unterscheiden sich in den Basispreisen, mit denen die Optionen verkauft und gekauft werden. Wird der niedrigere Basispreis gekauft und der höhere verkauft, spricht man von einem Bull Spread, andernfalls von einem Bear Spread.

1.7.3.1 Long Straddle

Diese Strategie ist angebracht, wenn die Marktvolatilität steigt. Dies ergibt sich leicht aus wirtschaftlichen oder politischen Umständen, die die Märkte beeinflussen (beispielsweise G7-Treffen, US-Wahlen und so weiter). Beim Long Straddle (Kauf von Call- und Put-Optionen in gleicher Menge, mit gleichem Basiswert, Verfalldaten und Basispreis) ist das Gewinnpotential unbegrenzt, während das Verlustpotential begrenzt ist. Der Verlust ist beschränkt auf die gezahlten Optionspreise, während das Gewinnpotential oberhalb der Gewinnschwelle (oberhalb gezahltem Optionspreis plus Basispreis) offen ist.

1.7.3.2 Short Straddle

Auch hier werden Puts und Calls gleicher Basiswerte mit gleichem Verfalldatum und Basispreis eingesetzt, allerdings verkauft (geschrieben). Hintergrund dieser Strategie ist eine Erwartung hinsichtlich sinkender Volatilität des Marktes. Der Gewinn ist begrenzt auf die erhaltene Optionsprämie; das Verlustpotential ist unbegrenzt.

1.8 Strangle

Strangles entsprechen den Straddles, doch liegt der Unterschied zum vorher besprochenen Instrument darin, daß sich bei Strangles die Puts und Calls hinsichtlich des Basispreises oder der Verfalldaten unterscheiden[39]. Die Verlustmöglichkeiten sind beim Long Strangle durch unterschiedliche Basispreise größer als beim Straddle. Beim Short Strangle ist das Risikopotential wie bei allen ungedeckten Short-Positionen im Optionsbereich unbegrenzt[40].

Die bisher genannten Optionsstrategien lassen sich nun hinsichtlich einer sinkenden oder steigenden Markterwartung in Abbildung 3 dargestellt zusammenfassen[41]:

---

39 Zu Straddle und Strangle *Dreesbach* a.a.O., S. 112 ff. mit graphischer Darstellung; *Beer/Goj*, Strategischer Einsatz von Optionen und Futures, Stuttgart 1991, S. 30 ff. und 51 ff.
40 *Dreesbach* a.a.O., S. 114 f.
41 Zusammenfassung nach *Beer/Goj* a.a.O. (Fußnote 40), S. 51 ff. (dort mit graphischer Darstellung und Rechenbeispielen für Aktienkurse).

1.9 Zusammenfassender Überblick über Optionsstrategien

Strategien für sinkende Kurse	
Kauf einer Verkaufsoption (Long Put)	Markteinschätzung: fallend Maximaler Gewinn: Basispreis minus Optionspreis Risiko: Optionspreis
Verkauf einer Kaufoption (Short Call)	Markteinschätzung: (leicht) fallend, niedrige Volatilität Maximaler Gewinn: Optionspreis Risiko: unbegrenzt
Bear Call Spread	(Kauf Call hoher Basispreis, Verkauf Call niedriger Basispreis) Markteinschätzung: leicht fallend Maximaler Gewinn: Optionspreissaldo Risiko: Differenz der Basispreise abzüglich erhaltener Optionsprämien
Bear Put Spread	(Kauf Put hoher Basispreis, Verkauf Put niedriger Basispreis) Markteinschätzung: (leicht) fallend Maximaler Gewinn: Differenz der Basispreise abzüglich Optionspreissaldo Risiko: Verlust Optionspreissaldo

Abbildung 3: Optionsstrategien und Markterwartung (sinkende Kurse)

Zu Abbildung 3 ist anzumerken: Beim Long Put erwartet der Käufer fallende Kurse, so daß er mit der Option das Recht erwirbt, zu einem festgelegten Kurs zu verkaufen. Seine Erwartung ist dabei, daß der aktuelle Kurs unter den Basispreis sinkt. Die Gewinnmöglichkeiten sind begrenzt, da der Preis des Basiswertes nur bis Null sinken kann. Der denkbare Verlust beschränkt sich auf die bezahlte Optionsprämie.

Beim Short Call erwartet der Verkäufer dieser Option einen stagnierenden Markt mit leicht sinkenden Kursen. Sinkt der Kurs des Finanztitels tatsächlich, hat der Verkäufer der Kaufoption einen Gewinn in Höhe der Optionsprämie, da der Optionsinhaber nicht ausüben wird. Steigt dagegen der Kurs, muß der Verkäufer einen Verlust hinnehmen, da er den Basiswert zum vereinbarten Basispreis (der niedriger als der aktuelle Marktkurs ist) liefern muß. Daher ist das Risiko nach oben unbegrenzt[42].

Bei den *Bear Spreads* liegt ebenfalls eine Markterwartung vor, die von sinkenden Kursen ausgeht. Das Gewinn- und auch das Verlustpotential ist in beiden Fällen beschränkt; mit dem Bear Put Spread kann mit geringem Kapitaleinsatz auf fallende Kurse spekuliert werden. *Bear* (und bei steigender Markterwartung auch *Bull*) *Spreads* lassen sich im übrigen mit Verkaufs- und Kaufoption (Put beziehungsweise Call) verknüpfen, wobei das Gewinn- und Verlustrisiko von der Größe des Spread, also der Differenz zwischen den Basispreisen und den Kursen der Basiswerte abhängen.

---

[42] Dieser theoretische Ansatz ist wie folgt zu berechnen: Wenn der Stillhalter (der Verkäufer der Kaufoption) seine Position nicht gehedgt hat, also den Finanztitel nicht eingedeckt hat, dann muß er zum höheren Kurs einkaufen, um zum in der Option vereinbarten Wert liefern zu können. Sein Verlustrisiko ist also konkret der (durchaus hoch ausfallende) Unterschiedsbetrag zwischen aktuellem Kurs und dem Basiswert.

Geht man dagegen von steigenden Kursen aus, ergeben sich die in Abbildung 4 dargestellten Strategien.

Strategien für steigende Kurse	
Kauf einer Kaufoption (Long Call)	Markteinschätzung: steigend Maximaler Gewinn: Unbegrenzt Risiko: Optionspreis
Verkauf einer Verkaufsoption (Short Put)	Markteinschätzung: steigend, sinkende Volatilität Gewinn: erhaltener Optionspreis Risiko: auf Basispreis begrenzt
Bull Call Spread	(Kauf Call niedriger Basispreis, Verkauf Call hoher Basispreis) Markteinschätzung: leicht steigend Gewinn: Differenz beider Basispreise abzüglich Optionspreisaufwand
Bull Put Spread	(Kauf Put niedriger Basispreis, Verkauf Put hoher Basispreis) Markteinschätzung: begrenzter Anstieg Gewinn: maximal Optionspreissaldo Risiko: Differenz der Basispreise abzüglich Optionspreissaldo

Abbildung 4: Optionsstrategien und Markterwartung (steigende Kurse)

Beim *Long Call* profitiert der Optionskäufer nur von steigenden Kursen, da er grundsätzlich zu einem niedrigen Kurs kaufen kann. Nur wenn der Kurs des Basiswertes größer ist als die Summe von Basispreis und gezahlter Optionsprämie, kann die Option (damit „unbegrenzt") gewinnbringend ausgeübt werden. Steigt der Kurs nicht, ist die Option nutzlos; der realisierte Verlust ist damit die eingesetzte Optionsprämie.

Beim *Short Put* hat der Optionskäufer das Recht, an den Verkäufer zu einem bestimmten Basispreis zu verkaufen, und der Stillhalter (Verkäufer der Verkaufsoption) ist zur Abnahme verpflichtet. Für den Stillhalter ist diese Option wertvoll, wenn der Marktkurs steigt, da dann die Option nicht ausgeübt wird; der maximal erzielbare Gewinn ist daher die erhaltene Optionsprämie. Fällt dagegen entgegen der Erwartung der Kurs und wird die Option ausgeübt, dann ist das Verlustrisiko nach unten bis zum Wert des Basispreises begrenzt, zu dem der Stillhalter aktuell abnehmen muß.

Straddle und *Strangle* sind schließlich die beiden Instrumente, die eine Strategie für Kurs- beziehungsweise Marktbewegungen in beide Richtungen[43] unterstützen können. Der Phantasie sind hinsichtlich der Optionsstrategien kaum Grenzen gesetzt, so daß man auch beispielsweise einen *Butterfly*[44], einen *Guts* (Kauf eines Call und Kauf eines Put mit

---

43 Beispiele bei *Beer/Goj* a.a.O., S. 77 ff.
44 Zu einer weiteren Übersicht vgl. *Dreesbach* a.a.O., S. 116 ff.; dem die nachfolgenden Definitionen der zusätzlichen Strategien entnommen sind; ein *Butterfly* ist ein Kauf eines Put (oder Call) und der Verkauf von zwei Puts (oder Calls) mit höherem Basispreis, und der Kauf eines Put (oder Call) mit um denselben Betrag höherem Basispreis.

höherem Basispreis), eines *Iron Butterfly* (Kauf eines Straddle, Verkauf eines Strangle), *Combo* (Verkauf eines Call, Kauf eines Put mit tieferem Basispreis, *Ladder* (Kauf eines Call, Verkauf eines Call mit höherem Basispreis, Verkauf eines Call mit einem um denselben Betrag höheren Basispreis), eines *Condor* (Kauf eines Put, Verkauf von Puts mit zwei um denselben Betrag höheren Basispreisen, Kauf eines Put mit einem noch höheren Basispreis) und so weiter einsetzen kann. Ausschlaggebend für die Wahl der richtigen Strategie sind

- die grundsätzliche Markterwartung (bullish = steigend; bearish = sinkend)
- die Erwartung hinsichtlich der *Volatilität* des Marktes, soweit die Volatilität die jeweilige Optionsstrategie beeinflussen kann
- sowie die Beurteilung der (maximalen) *Gewinn-* und *Verlust*situation.

1.10 Der Handel von Optionen

Beim Handel von Optionen ist zunächst von Bedeutung, daß der Markt hier insgesamt sehr liquide ist. Wichtig ist dies deshalb, weil ein Inhaber, der sich in seiner Markterwartung geirrt hat, jederzeit versuchen könnte, durch den Aufbau einer Gegenposition „das Schlimmste zu vermeiden", also entstehende Risiken durch eine Glattstellung schnell zu begrenzen. Die Optionsbörsen (soweit es börsengehandelte Produkte sind) und die OTC-Geschäfte kommen diesem Bedürfnis entgegen und ermöglichen es dem Marktteilnehmer, Optionen zu handeln.

1.10.1 OTC-Optionen

Gehandelt werden können Optionen zunächst im Freiverkehr („over the counter", abgekürzt „OTC"). Dieser hochliquide Markt ermöglicht einen 24stündigen Optionshandel zwischen den Marktteilnehmern, die in der Regel international agierende Commercial-, Investment- und Merchant-Banks, daneben aber auch Kapitalanlagegesellschaften und Brokerhäuser, sind und ihren Geschäftssitz an allen wichtigen internationalen Finanzzentren[45] haben. Zwar ist auch das Geschäft der Banken mit ihren Kunden (zum Beispiel bei Devisenoptionen) OTC-Geschäft, doch liegt der Schwerpunkt der OTC-Geschäfte im Interbankensektor.

Ein Vorzug der OTC-Geschäfte (im direkten Vergleich zu börsengehandelten Optionen) liegt darin, daß OTC-Optionen maßgeschneidert und entsprechend den individuellen Wünschen der Marktteilnehmer gestaltet werden können. So kann eine Option für jede beliebige Frist vereinbart werden, doch ist der Markt für Fristigkeiten von bis zu einem Jahr sehr liquide und tief, für Fristigkeiten bis zu fünf Jahren noch rege und für alle weiteren Laufzeiten mit höheren Aufschlägen auf die Optionspreise noch darstellbar.

---

45 Angeführt von London und New York, mit Abstand gefolgt von Zürich und auch Paris.

1.10.2 Börsennotierte Optionen

Demgegenüber haben börsennotierte Optionen folgende Besonderheiten: Stets geht es um eine Standardisierung der Kontraktmerkmale, eine hohe Erfüllungssicherheit für den Optionskäufer und schließlich um eine effiziente Abwicklung, die bei großen Handelsvolumina zu niedrigeren Transaktionskosten führt. Der weltweit weitaus überwiegende Teil aller börsenmäßig gehandelten Optionen wird an den Börsen von Philadelphia, Chicago und London gehandelt[46]. Alle Börsenhandelsplätze haben einige gemeinsame Charakteristika.

Eine erste Gemeinsamkeit ist die weitgehende *Standardisierung* der Kontrakte, was die vereinbarte Währung, Höhe des Betrages[47], das Ausübungspreisintervall sowie die Vertragslaufzeiten, Verfall- und Abrechnungstage und die letztmöglichen Handelstage betrifft. Üblicherweise werden die Monate März, Juni, September und Dezember sowie die auf den Monat des Kontraktschlusses folgenden zwei Monate gehandelt[48]. Abgerechnet wird jeweils über die Abrechnungsstelle der Optionsbörse, über das sogenannte Clearing House.

Die hohe *Erfüllungssicherheit* der börsengehandelten Optionen beruht auf dem Umstand, daß Geschäfte an Optionsbörsen nur durch Clearingmitglieder möglich sind, die allerdings auch Außenstehenden (gegen Gebühr und Stellung von Sicherheiten) Zugang zur Börse verschaffen können. Clearingmitglieder müssen eine ausreichend hohe Eigenkapitalausstattung nachweisen können, bei der Clearingstelle Kapital und andere Sicherheiten hinterlegen, um das Erfüllungsrisiko gegenüber dem Geschäftspartner dadurch auszuschließen.

Zu Beginn des Handels an einer Börse muß der Kunde entsprechend dem Umfang der Transaktion eine Kaution auf einem bei seiner Bank oder seinem Makler dafür eingerichteten Konto (margin account) leisten. Diese Kaution (margin[49]) wird als Geldbetrag oder in Form von Wertpapieren geleistet. Die Höhe der Kaution entspricht beispielsweise beim Optionskauf der Höhe der zu zahlenden Optionsprämie.

---

46 Philadelphia Stock Exchange (PHLX), Chicago Mercantile Exchange (CME) und London Stock Exchange (LSE) – weitere Börsenhandelsplätze (an denen in geringerem Umfang z.B. Devisenoptionen gehandelt werden) sind die London International Financial Futures Exchange, LIFFE, die Montreal Exchange, ME, die European Options Exchange, EOE in Amsterdam und die Sydney Futures Exchange, SFE.
47 Bei Aktienoptionen bezieht sich ein Kontrakt in Deutschland immer auf 50, in den USA auf 100 zugrundeliegende Aktien; der Optionspreis versteht sich dann immer auf eine Aktie bezogen, so daß für einen Kontrakt das Vielfache errechnet werden muß.
48 Für die PHLX gilt, daß Verfalltag und letzter Handelstag jeweils der Samstag vor dem dritten Mittwoch eines Verfallmonats ist; als Abrechnungstag gilt der dritte Mittwoch eines Verfallmonats.
49 Dazu auch unten, 2.2.3.2 Die *„initial margin"* (einige Prozentpunkte des Kontraktwertes) ist stets ein Mindestbetrag, der vor dem Eingehen einer Optionsposition durch das Clearing House in Rechnung gestellt wird, und der sich nach der Volatilität des Basiswertes und nach dem Risiko der Position richtet. Kursgewinne und Verluste werden vom Clearing House täglich abgerechnet; die *„variation margin"* ist der Betrag, der für das Halten der Option abgerechnet wird. Um ein tägliches Ein- und Auszahlen möglichst zu vermeiden und den Aufwand gering zu halten, gibt es die sogenannte *„maintenance margin"*, die eine Art Pauschale etwa in Höhe der initial margin ist. Nur bei Unterschreiten der maintenance margin (bei Kursverlusten) muß dann nachgeleistet werden.

Die Abwicklung von Optionsgeschäften über eine Börse kann *effizienter* gestaltet werden, weil durch die Standardisierung der Kontrakte die gesamte Abwicklung stark vereinfacht werden kann. Durch hohe Handelsvolumina, computerunterstützte Abwicklung und rasche Bewältigung der Transaktionen können die Transaktionskosten niedrig gehalten werden.

2 Financial Futures

Financial Futures stellen eine Weiterentwicklung der schon längere Zeit bestehenden Terminmärkte dar (dazu nachstehend). Bei Termingeschäften ist lediglich festgelegt, daß der Zeitpunkt von Vertragsabschluß und -erfüllung zeitlich auseinanderfallen. Sinn der Termingeschäfte ist es, zum jetzigen Zeitpunkt auf einen zukünftigen Zeitpunkt eine Kurs oder Preissicherung vorzunehmen.

Die Weiterentwicklung der Terminmärkte hin zu den Financial Futures besteht darin, daß es bei Financial Futures um standardisierte Verträge (Kontrakte) geht, die an zentralen Märkten (Börsen) gehandelt und über eine Clearing-Organisation abgewickelt werden. Dies ist nachfolgend noch zu präzisieren.

2.1 Terminmärkte und Terminhandel

Terminmärkte entstanden etwa Mitte des vorigen Jahrhunderts. So wurde im Jahre 1848 die Chicago Board of Trade (CBT) gegründet[50], die damit die älteste und heute eine der wichtigsten Börsen der Welt für Termingeschäfte ist, und seit Gründung die Möglichkeit schuf, Angebot und Nachfrage für sofort zu tätigende Geschäfte (Kassa-, Loco- beziehungsweise Spotgeschäfte) und für Termingeschäfte zu kanalisieren. Seit Börsengründung gab es damit die Möglichkeit, Kaufverträge über Warengeschäfte abzuschließen, die auf einen erst weiter in der Zukunft gerichteten Lieferzeitpunkt gingen. Außerdem konnten an der Börse einheitliche Lieferbedingungen für die erst „forward" (in der Zukunft beziehungsweise auf Termin) zu erfüllenden Geschäfte über Warenmenge, Qualität und Preis festgelegt werden.

Grundlage des Terminhandels ist es seither, daß Risiken fungibel[51] gemacht werden, also dem Bedürfnis nach *Absicherung von Risiken* Rechnung getragen wird. Für den jeweiligen Vertragspartner eines solchen Sicherungsgeschäfts, der möglicherwesie eine andere Markterwartung hat, gibt es daneben das spekulative Element, da ein Sicherungsgeschäft stets auch deshalb abgeschlossen wird, weil der Übernehmer des Risikos hofft, daß die Risikoübernahme für ihn profitabel ist.

Die *Finanzmärkte* ermöglichen es heute, Geschäfte im Kassa- oder Terminmarkt abzuschließen. Während im *Kassamarkt* sofort (beziehungsweise mit zweiwerktäglicher Valuta)

---

50 Ein gute Einführung hierzu findet sich bei *Dreesbach,* Terminhandel, Wiesbaden 1994, S. 22 ff. Hintergrund dieser Börsengründung war es, daß amerikanische Getreidefarmer ihre Ernteerträge zum Verkauf nach Chicago brachten. Zur Erntezeit gab es ein Überangebot an Getreide (und niedrige Preise), während später im Jahre mit knapperen Beständen die Preise wieder anzogen. Die Börsengründung ermöglichte einen geregelten Handel mit standardisierten Maßeinheiten und festgelegten Qualitätsmerkmalen. Die neue Börse ermöglichte eine optimale Markttransparenz, und es konnten die großen saisonalen Preisunterschiede zwischen den einzelnen Lieferterminen für die Zukunft vermieden werden. Außerdem konnten an diesem neuen Terminmarkt Geschäftsabschlüsse für die Zukunft ermöglicht werden.
51 Austauschbar, ersetzbar, (gegen Entgelt) transferierbar.

geliefert wird und jede einzelne Absprache des Geschäfts frei verhandelt wird, hat der *Terminmarkt* nur den Preis als einzige variable Komponente, während die gehandelten Waren beziehungsweise Finanztitel weitgehend standardisert sind. Im Terminmarkt wird weiter danach unterschieden, ob die Termingeschäfte erfüllt werden müssen (Futures, Forwards), oder ob es eine Möglichkeit gibt, nur erfüllen zu dürfen, ohne es zu müssen (Optionen).

	Finanzmärkte		
Kassamarkt	Markt für sofortige Lieferung bzw. Erfüllung		
Terminmarkt	Erfüllung zu einem festgelegten Zeitpunkt in der Zukunft	Unbedingte Termingeschäfte	Futures – Financial F. – Commodity F. Forwards
		Bedingte Termingeschäfte	Optionen – OTC – börsennotiert

Abbildung 5: Kassa- und Terminmarkt

Der Terminhandel ermöglichte es seit Mitte des vorigen Jahrhunderts, sich gegen Preis- beziehungsweise Kursveränderungen zu schützen und schon zum jetzigen Zeitpunkt den Preis für einen zukünftigen Termin im voraus festzulegen. Durch die Globalisierung der Terminmärkte gibt es heute an allen wichtigen Finanzplätzen der Welt Terminbörsen für Waren[52], Devisen und sonstige Finanzinstrumente.

2.2 Futuresmärkte

Futuresmärkte sind aus den Forwardmärkten entstanden. Während Forwards die Unsicherheiten über eine zukünftige Preisentwicklung ausschalten und eine sichere Kalkulationsbasis schaffen, zudem individuell abgesprochen auf Bedürfnisse der Marktteilnehmer

---

52 Bei Warenbörsen (ausgehend von Chicago) geht es wie bei allen Börsen um einen Ort der Zusammenkunft von Marktteilnehmern, die an den Börsen Waren (gleicher Beschaffenheit, nur nach Zahl, Maß oder Gewicht bestimmt) handeln. Börsen werden regelmäßig bei zeitlicher und räumlicher Konzentration von Angebot und Nachfrage abgehalten. Die nach bestimmten Regeln abgewickelten Geschäfte führen zu einer Preisbildung, die der Marktlage am besten gerecht wird. An Warenbörsen werden zudem Standardqualitäten in Kontrakteinheiten gehandelt, wobei ein Kontrakt eine bestimmte und zugleich kleinste handelbare Menge darstellt. So beispielsweise für Baumwolle als Kontraktmenge 50.000 lbs, für Gold 100 troy ounces (Feinunzen) zu $/ troy oz; für Kupfer 25.000 lb, Sojabohnen 5.000 bushels usw. Die wichtigsten Warenbörsen befinden sich in New York (Baumwolle, Gold, Kaffee, Kakao, Kartoffeln, Platin, Silber, Wolle, Zucker), Chicago (Holz, Mais, Sojabohnen usw.) und London (Kaffee, Zink, Zinn). Eine deutsche Warenbörse ist beispielsweise die Baumwollbörse in Bremen.

hin maßgeschneidert eingesetzt werden können, ist die Fungibilität (freie Austauschbarkeit), Standardisierung und das Handeln der Forwards an einer mit einer Clearingstelle ausgestatteten Börse als „Futures" zu verstehen.

Anders als beim Terminhandel der Forwards (individuell) sind die Handelsbedingungen im Futuresmarkt standardisiert. Die Handelszeiten sind beim Futuresmarkt auf die Börsenzeiten beschränkt, während es beim Terminhandel einen weltumspannenden 24-Stunden-Handel gibt. Handelsort der Futures ist die Börse, während der Terminhandel (meist über Telefon) zwischen den Vertragspartnern direkt oder über Makler erfolgt.

Sind die Liefergegenstände, auf die sich Futures beziehen, Finanztitel[53] oder Währungen, spricht man von *Financial Futures*. Sind die Liefergegenstände dagegen Waren oder Rohstoffe[54], dann spricht man bei diesen Warentermingeschäften von *Commodity Futures*. Im nachhinein wird der Vereinfachung wegen grundsätzlich nur der Bereich der Financial Futures angesprochen.

Die an den Futures-Börsen gehandelten Finanzinstrumente können untergliedert werden in Futures auf „konkreter" und solche auf „abstrakter" Basis. Financial Futures auf *konkreter* Basis haben echte Handelsobjekte zum Gegenstand, so daß die physische Lieferung des dem Kontrakt zugrundeliegenden Handelsobjekts in der Regel möglich ist. Hierzu zählen die unter den entsprechenden Überschriften weiter unten noch näher behandelten Währungsfutures[55] und die Zinsfutures[56]. Zu den Financial Futures auf *abstrakter* Basis, bei denen die physische Andienung des Handelsobjekts des Kontrakts nicht möglich ist, zählen die Aktienindex-Futures[57] (Stock Index Futures).

---

53 Der Handel mit *Währungen* (Currency Futures), vor allem an der Chicago Mercantile Exchange, Zinsen (Interest Rate Futures), vor allem an der London International Financial Futures Exchange LIFFE, und *Aktienindex*, z.B. DAX, Nikkei usw. (Index Futures).

54 Ursprünglich konzentrierten sich die Futures-Märkte nur auf Rohwaren (Schweinebäuche, Baumwolle usw.). Heute zählen zu den Commoditiy Futures vor allem Baumwolle, Kaffee, Mais, Weizen, Zucker, Sojabohnen, Sojamehl und -öl, Schlachtvieh, Benzin, Roh- und Heizöl sowie Edelmetalle.

55 Währungsfutures beinhalten die vertragliche Vereinbarung, eine standardisierte Menge einer bestimmten Währung zu einem im voraus ausgehandelten Kurs an einem späteren, standardisierten Fälligkeitstag zu übernehmen (zu kaufen) oder zu liefern (zu verkaufen). Währungsfutures gehören zu den ersten Financial Futures, die seit 1972 am International Monetary Market (IMM) der Chicago Mercantile Exchange (CME) angeboten wurden.

56 Zinsfutures beinhalten die vertragliche Vereinbarung, ein dem im Kontrakt festgelegten Zinsinstrument in bezug auf Laufzeit und Verzinsung entsprechendes Zinsinstrument zu einem im voraus ausgehandelten Kurs an einem späteren, standardisierten Fälligkeitstag zu übernehmen (zu kaufen) oder zu liefern (zu verkaufen). Die ersten Zinsfutures wurden 1975 am Chicago Board of Trade (CBT) und an der CME eingeführt; am 20.4.1989 folgte der Euro-DM-Futureshandel an der LIFFE (zuvor gab ab dem 29.9.1988 erstmals die Möglichkeit, DM-Bund-Future-Kontrakte zu handeln).

57 Aktienindex-Futures beinhalten die vertragliche Verpflichtung, einen standardisierten Wert eines Aktienindex zu einem im voraus ausgehandelten Kurs an einem späteren, standardisierten Fälligkeitstag zu kaufen oder zu verkaufen. Mit diesen Futures lassen sich Aktienkursschwankungen absichern, da Kursbewegungen einer Aktie beziehungsweise eines Portefeuilles in einem bestimmten Verhältnis zur Kursebewegung eines bestimmten Aktienindex stehen. Die erste Aktienindexkontrakt wurde 1982 am Kansas City Board of Trade (KCBT) eingeführt. Heute ist der Standard & Poors 500 Index Future am stärksten gehandelt.

2.2.1 Teilnehmer am Futuresmarkt

2.2.1.1 Die Börsen

Am Futuresmarkt sind mehrere Arten von Teilnehmern vertreten. Zu den *direkten* Marktteilnehmern zählen die Börsenmitglieder des jeweiligen Futuresmarktes, die auf eigene oder fremde Rechnung handeln. Zu den *indirekten* Marktteilnehmern zählen all diejenigen Personen oder Institutionen, die keine Börsenmitglieder sind. Sie können ihre Transaktionen nur über zugelassene Börsenmitglieder abwickeln lassen. Zu den wichtigsten Börsen zählen das Chicago Board of Trade (CBT), die Chicago Mercantile Exchange (CME), die New Yorker Commodity Exchange (COMEX) sowie in Europa die London International Financial Futures Exchange (LIFFE[58]), Marché à Terme des Instruments Financiers (Matif) in Paris und die Swiss Options and Financial Futures Exchange (SOFFEX) in Zürich. Für Deutschland spielt die Deutsche Terminbörse (DTB) eine wichtige Rolle.

2.2.1.2 Die Marktteilnehmer

Die Marktteilnehmer werden Hedger, Trader oder Arbitrageure genannt. *Hedger*[59] benutzen Financial Futures zur Absicherung von Wechselkurs- oder Zinsänderungsrisiken beziehungsweise der Absicherung der Entwicklung eines Aktienindex. Ein Hedging gelingt dadurch, daß man eine Position im Terminmarkt eingeht, die einer existierenden oder zukünftigen Position im Kassamarkt gegenübergestellt wird. *Trader* als Gegenseite zu den Hedgers versuchen dagegen, Kursschwankungen eines oder mehrerer Kontrakte auszunutzen, indem sie Terminkontrakte in Erwartung einer Aufwärtsbewegung kaufen und in Erwartung einer Abwärtsbewegung verkaufen.

Interessant ist dieses Vorgehen für Trader, weil sie (wie nachfolgend erläutert wird) für das Eingehen einer solchen Position einen im Verhältnis zur Kontraktgröße nur geringen Kapitaleinsatz leisten müssen[60]. Arbitrageure schließlich versuchen, Kursunterschiede von verschiedenen Kontrakten an unterschiedlichen Märkten profitabel zu nutzen.

---

58 Die LIFFE hat weltweit herausragende Bedeutung für den Handel von Financial Futures erwerben können und ist heute Mittelpunkt des Handels in Währungen (Pfund Sterling, US-Dollar, DM, Yen, Schweizer Franken), Zinsen (3-Monats-Euros) sowie (brit.) Staatsanleihen (Gilts) und den Aktienindex FT-SE 100.
59 Hedging = absichern. Grundgedanke des Hedging ist die Ausschaltung beziehungsweise Verminderung des finanziellen Risikos einer bestehenden oder einzugehenden Kassaposition durch Financial Futures.
60 Initial margin.

2.2.2 Grundgeschäftsarten

Ein Futureskontrakt ist eine Vereinbarung zwischen zwei Vertragspartnern, eine bestimmte Anzahl oder Menge und eine bestimmte Art eines zugrundeliegenden Objekts bei Fälligkeit des Kontrakts zu einem im voraus vereinbarten Preis abzunehmen (Kauf eines Future) oder zu liefern (Verkauf des Future). Auf die typischen Ausgestaltungen als Zins-, Währungs- oder Aktienindexfuture ist oben bereits hingewiesen worden. Von einem Teil der Literatur wird auch der Edelmetall-Future zu den Financial Futures gezählt.

2.2.2.1 Long Future

Wie schon oben bei Behandlung der Optionen dargestellt, gibt es auch bei den Futures den Begriff „short" und „long". *Long Future* bedeutet, daß ein Future an der Börse *gekauft* wurde, daß der Käufer also eine entsprechende „long position" einging, weil er die Erwartung steigender Preise, Zinsen, Kurse oder ähnlichem hat.

Die Long Position verpflichtet dazu, bei Fälligkeit des Future-Kontraktes den vereinbarten Preis zu zahlen und die Lieferung des zugrundeliegenden Finanztitels (der Ware) entgegenzunehmen.

2.2.2.2 Short Future

Short Future bedeutet, daß ein Future an der Börse verkauft wurde und daß der Verkäufer eine „short position" einging, weil er die Erwartung sinkender Preise, Zinsen, Kurse oder ähnlichem hat. Die Short Position verpflichtet den Verkäufer dazu, bei Fälligkeit des Future und gegen Erhalt des vereinbarten Preises das dem Futuregeschäft zugrundeliegende Objekt (Ware oder Finanztitel) zu liefern.

Während bei Optionen nur der Stillhalter eine Verpflichtung eingeht (der Inhaber der Option kann entscheiden, ob er ausüben will oder nicht), gehen bei Futureskontrakten beide Seiten eine Verpflichtung ein und müssen zum Fälligkeitstag erfüllen. Will nun eine der Parteien sich schon vor Fälligkeit von ihrer Verpflichtung lösen, bietet sich die sogenannte „Glattstellung" (settlement, closing-out) an. Es ist in beiden Fällen, der long und der short position möglich, sich durch ein Gegengeschäft hinsichtlich der Position „glattzustellen", so daß ein Ausgleich der Positionen entsteht. Eine ursprüngliche long position wird durch eine später eingegangene short position mit kürzerer Kontraktlaufzeit und identischer Kontraktspezifikation (oder eine ursprüngliche short position mit einer später eingegangenen long position) glattgestellt.

Durch diese unproblematische vorweggenommene Glattstellung ist das Handelsvolumen in Futures ständig gestiegen, wobei die Glattstellungen das Volumen „künstlich" aufblähten.

2.2.3 Abwicklung der Future-Geschäfte

2.2.3.1 Clearingstelle

Wie schon beim börslichen Optionshandel erläutert, werden auch Futures-Kontrakte über eine *Clearingstelle* getätigt. Obgleich ein Kunde ein Geschäft (über seine Bank oder einen Makler) an der Futuresbörse tätigt, tritt als Vertragspartner jeder einzelnen Transaktion eine Clearinggesellschaft ein – es gibt also keine direkte vertragliche Rechtsbeziehung zwischen den einzelnen Marktteilnehmern. Dies wiederum bedeutet hinsichtlich der Bonität, daß die Marktteilnehmer am Futuresmarkt von einer gut kapitalisierten Clearingstelle als Vertragspartner nicht zu befürchten haben, daß ein Futureskontrakt etwa nicht erfüllt wird[61]. Die Clearingstelle, die keine eigenen Handelsgewinne anstrebt, erhebt nur kostendeckende Gebühren und fordert die Sicherheiten ein.

Der *Settlement Day* (Wertstellungs- beziehungsweise Abrechnungstag) ist der Tag, an dem die Zahlungseingänge gutgeschrieben und die Zahlungsausgänge wertmäßig belastet werden. Die Wertstellung erfolgt täglich; der Handelstag entspricht dem Wertstellungstag[62].

2.2.3.2 Settlement Price und Margins

Der *Settlement Price* wird von der Börse am Ende jedes Handelstages als Schluß- oder Abrechnungskurs ermittelt, damit die tägliche Bewertung der offenen Futures-Positionen möglich ist. Er entspricht dem arithmetischen Mittel der während der letzten vorangegangenen Handelsminuten getätigten Kontrakte.

Jeder Marktteilnehmer im Futurehandel muß ein Marginkonto errichten und dieses mit einer bestimmten Mindestsumme, einer Garantiehinterlegung *(initial margin)* ausstatten. Die Höhe der initial margin richtet sich nach der Volatilität des zugrundeliegenden Finanztitels (oder Rohstoffes) und kann Änderungen unterliegen und beträgt meist nur wenige Prozentpunkte des Kontraktwertes. Stellen sich während der Kontraktlaufzeit Verluste ein, müssen diese durch Nachschüsse *(variation margin)* ausgeglichen werden[63]. Der

---

61 Es bestehen neben der Kapitalisierung der Clearingstelle (die von den Mitgliedern, großen Broker- und Bankhäusern aufgebracht wird) div. Sicherungsfonds (Guarantee Fund, Surplus Fund usw.), so daß das Adressenausfallrisiko praktisch gleich Null ist.- Dadurch, daß das Clearing House zu jeder gehandelten Transaktion eine Gegenposition übernimmt und die Vertragserfüllung gewährleistet, und ferner duch das System der „margins" ist im übrigen die Vertragserfüllung gewährleistet, *Barth,* Financial Futures, Neue Risiken für Kreditinstitute?, KuK 1984, S. 122; *Beck,* Wechselkursrisiken aus operativer und strategischer Sicht, Wiesbaden 1989, S. 45 f.
62 Anders im Devisen- und Wertpapierhandel: zwei Werktage nach dem Handelstag. Ausnahme: für US-Bundespapiere (Treasury Bonds und Notes) gilt, daß der Settlement Day einen Tag nach dem Handelstag liegt.
63 Umgekehrt werden auch Gutschriften aus Gewinnpositionen als variation margin bezeichnet. Ein vollständiger Verlustausgleich ist allerdings schon deshalb nicht möglich, weil sich die Kassa- und Terminkurse nicht parallel entwickeln, die Fälligkeitstermine der Kontrakte und diejenigen der abzusichernden Grundgeschäfte voneinander abweichen und Gewinne wie auch Verluste aus den Kontrakten kontinuierlich anfallen und somit Veränderungen des Cash Flow berücksichtigt werden müssen, *Knippschildt,* Controlling von Zins-und Währungsswaps in Kreditinstituten, Frankfurt 1991, S.13.

Gewinn- und Verlustausgleich erfolgt an den Futuresbörsen täglich. Für die Ermittlung der variation margin wird die Differenz zwischen dem Schlußkurs des Vortrages und dem aktuellen Schlußkurs herangezogen, so daß hier der Settlement Price wieder von Bedeutung ist.

Um den Aufwand der an sich ständig erforderlichen Nachschüsse oder Gutschriften für alle Parteien am Marktgeschehen möglichst gering zu halten, gibt es auch eine sogenannte *maintenance margin*. Mit diesem Begriff beschreibt man den Betrag, welchen die initial margin während der Kontraktlaufzeit keinesfalls unterschreiten soll[64]. So wird erst dann ein Nachschuß gefordert (margin call), wenn die maintenance margin unterschritten wird; der Nachschuß füllt die Garantiehinterlegung auf die Höhe der initial margin auf.

---

64 Die Maintenance Margin entspricht etwa 75 bis 80 % der Initial Margin. Durch diesen täglichen Verlustausgleich ist ein Future vergleichbar mit einer Kette von täglich neu abgeschlossenen eintägigen Termingeschäften.

3 Swaps

Die sogenannten Swaps gehören zu den wohl wichtigsten Finanzinnovationen der 80er Jahre. Es handelt sich bei den seit 1981 bekannten Swaps um ein besonders praxisgerechtes Instrument, das für die Marktteilnehmer im Finanzgeschäft große Vorteile mit sich bringt und deshalb ein hohes Wachstum[65] aufweisen kann. Swaps in ihrer reinen Ausgestaltung sind heute als Zins- oder Währungsswaps, gegebenenfalls als eine Kombination von Zins- *und* Währungsswaps, bekannt. Daneben gibt es abgeleitete[66] Modelle.

3.1 Begriff des Swap

Unter einem Swap versteht man den Austausch[67] von Zins- oder Währungszahlungen auf der Aktiv- oder Passivseite. In seiner reinen Ausgestaltung (plain vanilla) ist der Swap eine Finanztransaktion, bei der die beteiligten Parteien einen Vertrag über den Austausch von Zahlungsströmen über einen festgelegten Zeitraum abschließen. Dabei werden zwei Grundtypen unterschieden. Beim *Zinsswap* liegt ein Austausch von Zinszahlungen zwischen den Swappartnern vor. Beim *Währungsswap* dagegen erfolgt ein Austausch von Fremdwährungen zwischen den Swappartnern.

Von ihrer Zahlungsstruktur her ähneln Swaps den bereits oben beschriebenen Back-to-Back-Krediten[68]. Während es allerdings bei Back-to-Back-Krediten um eine gegenseitige Kreditvergabe (also um zwei rechtlich selbständige Verträge) ging, sind Swaps grundsätzlich *unabhängig* von den zugrunde liegenden Geschäften (zum Beispiel Kredit, Geldanlage) zu sehen. Außerdem können Swaps den tatsächlichen Bedürfnissen der Marktteilnehmer angepaßt werden, was bei Parallel- oder Back-to-Back-Krediten nicht ohne weiteres möglich war. Außerdem schlugen die alten Kreditformen der 70er Jahre sich in voller Höhe in der Bilanz nieder, während Swaps vom Grundsatz her bilanzneutrale Transaktionen[69] darstellen.

---

65 Zur jeweils aktuellen Entwicklung dieses Instruments im deutschen Finanzmarkt vgl. die Monatsberichte der Deutschen Bundesbank, Statistischer Teil „Bilanzunwirksame Geschäfte der inländischen Kreditinstitute …". Danach betrug das Volumen der Zins- und Währungsswaps im Jahre 1995 knapp 2.800 Mrd. DM (angegeben werden von der Bundesbank jeweils die Kapitalbeträge), nach 921 Mrd. DM in 1992 und 1.413 Mrd. DM in 1993. Das Wachstum ist danach als stürmisch zu erkennen, da sich in den vergangenen beiden Jahren das Volumen der Swpas fast verdoppelt hat. Dabei nehmen den weitaus überwiegenden Teil die Zinsswaps ein; der Anteil der Währungsswaps lag in den vergangenen Jahren fast konstant bei jeweils ca. 50 Mrd. DM.

66 Vor allem die „Swaption", eine Verknüpfung eines Swap mit einer Option.

67 To swap = tauschen.

68 Oben, Teil 1, Ziff. 1.1.4.

69 *Knippschildt* a.a.O., S. 22 f.; *Lerbinger,* Zins- und Währungsswaps, Wiesbaden 1988 S. 4; *Kloten/Bofinger,* Bilanzunwirksame Finanzierungsinstrumente und ihre Folgen für die Geldpolitik, in: Christians (Hrsg.), Finanzierungshandbuch, 2. Aufl., Wiesbaden 1988, S. 122 ff.

Swaps haben sich von Anfang an in unterschiedlichen Konstellationen entwickelt. Zum einen ließen sich Swaps mit Vermögensgegenständen (sogenannte Asset Swaps) oder mit Verbindlichkeiten (Liability Swaps[70]) darstellen. Die typische und im Markt heute am häufigsten genutzte Swapform ist aber diejenige eines Swap von Verbindlichkeiten mit verschiedenen Währungen (Währungsswap) oder mit verschiedenen Zinsberechnungsformen (Zinsswap, „fest gegen variabel").

Die Swaptechnik hat sich inzwischen so verfeinert, daß neue, komplexere Swapformen entwickelt werden konnten. Diese neuen Formen können an verschiedene Valutierungs-, Laufzeit- und Tilgungsmodalitäten angepaßt werden. Schließlich läßt sich nun auch die an den neuartigen Swaps beteiligte Personenzahl vergrößern.

3.2 Marktteilnehmer

Abhängig von der jeweiligen Funktion lassen sich grundsätzlich die nachfolgenden Marktteilnehmer voneinander unterscheiden. Zunächste ist der jeweilige *Swap-Vertragspartner* (counterparty) zu nennen. Hinzu kommen etwaige *Vermittler* (arranger, broker), welche die beiden Swapparteien zusammenführen, ohne dabei allerdings selbst ein Risiko zu übernehmen. Soll von der dazwischengeschalteten Person oder Institution ein Risiko übernommen werden, dann wird von einem Zwischenhändler (intermediary) gesprochen. Schließlich können Banken und Investmenthäuser auch für eigene Bestände als Marktteilnehmer auftreten; sie werden dann als *Prinzipal* (principal) bezeichnet.

3.3 Vorteile der Swaps

Die Anwendungsmöglichkeiten von Swaps sind vielfältig. Die wohl wichtigsten Vorteile des Marktes werden nachstehend aufgezählt.

3.3.1 Vorteile für Unternehmen

3.3.1.1 Kostenreduzierung

Ein typischer Vorteil von Swaps besteht für Firmen darin, daß sich mit Hilfe des Zinsswap Finanzierungskosten sowohl für neue als auch für bestehende Kredite reduzieren lassen. Die Swappartner können *komparative* Kostenvorteile ausnutzen, da sie sich Finanztitel unter ihrem jeweiligen Marktsatz verschaffen können.

---

[70] Hier wiederum läßt sich weiter untergliedern in Swaps mit Zahlungsverbindlichkeiten aus Neukrediten (der Swap soll dann der Verbilligung der Mittelbeschaffung dienen) und solchen aus bereits bestehenden Kreditverbindlichkeiten (hier sollen dann bestehende Verbindlichkeiten gegen eine andersartige Verbindlichkeit getauscht werden).

Der Gedanke der Nutzung komparativer Kostenvoteile geht zurück auf ein Konzept von *Ricardo*[71], welches sich vom internationalen Güteraustausch auch auf den Kapitalaustausch übertragen läßt. Aufgrund unterschiedlicher Bedingungen auf den Finanzmärkten ist es möglich, daß die Marktteilnehmer sich im beiderseitigen Interesse jeweils auf den Märkten verschulden, auf denen sie komparative Kostenvorteile bei der Mittelaufnahme[72] haben. Das Prinzip komparativer Kostenvorteile wurde zunächst bei internationalen Swapfinanzierungen angewandt und später auf nationale fest- und variabelverzinsliche Kreditmärkte übertragen.

3.3.1.2 Weitere Vorteile

Weitere Vorteile bestehen in der Erweiterungsmöglichkeit des *Marktzugangs*. Marktteilnehmer, die ein großes Finanzierungsvolumen oder nur reduzierten Zugang zum Kapitalmarkt haben, können mit Hilfe von Swaptransaktionen flexibler reagieren.

Des weiteren können Schulden *umstrukturiert* werden. Unternehmen oder Banken, die variable in festverzinsliche Schulden umstrukturieren wollen (oder umgekehrt), können sich des Zinsswap bedienen und die teurere Ablösung laufender Kreditengagements (Kosten der Vorfälligkeitsentschädigung!) umgehen.

Ein weiterer Vorteil liegt darin, daß die *Dokumentation* von Swaptransaktionen weltweit weitgehend standardisiert ist. Darauf wird in einem eigenen Abschnitt nachstehend noch näher eingegangen.

Aufgrund der Tiefe des Swapmarktes kann ein Swap schon vor Ende seiner Laufzeit aufgelöst werden. Swapmarktteilnehmer haben es dadurch leichter, im Hinblick auf Schuldenstruktur und Zinsprognose flexibel vorzugehen. So kann eine *Auflösung* eines Swap einfach durch Errichtung eines Gegenswap für die Restlaufzeit oder durch Zahlung (Erhalt) einer Auflösungsgebühr erreicht werden.

---

71 David Ricardo (1772–1823) stellte in seinem „Theorem der komparativen Kosten" die Idee auf, daß der Außenhandel für die mehrere Güter tauschenden Länder auch dann vorteilhaft ist, wenn ein Land dem anderen bei der Produktion der betroffenen Güter kostenmäßig überlegen ist, da die Kosten- und Austauschverhältnisse der Güter (opportunity costs) in den Ländern unterschiedlich sind. Traditionell hatte nämlich bis dahin der Gedanke vorgeherrscht, daß nur die absolute Kostendifferenz zum Handel zwischen Ländern führe, da jedes Land nur die Güter produziere, die es billiger als andere produzieren kann. In Ricardos Beispiel aus dem Tuch- und Weinhandel wurde dies deutlich: Portugal kann beispielsweise im Vergleich zu England Wein und Tuch billiger herstellen. Trotzdem können beide Länder vom Handel profitieren, da die Opportunitätskosten, definiert als Austauschverhältnis der Produkte zueinander, in den Ländern unterschiedlich sind, *Knippschildt* a.a.O., S. 38 f; hierzu auch *Arnold/Burg,* Swaps und Ricardos Theorem der komparativen Kosten, Die Bank 1987, S. 194 ff.
72 Die komparativen Kostenvorteile resultieren unter anderem aus unterschiedlichen Risiko- beziehungsweise Bonitätsbeurteilungen (und damit Kostenverteuerung), unterschiedlichen Transaktions- und Refinanzierungskosten, Steuer- und Bilanzierungssystemen in den nationalen Märkten, Marktregulierungen usw.

3.3.1.3 Risikomanagement

Schließlich sind Swaps ein stark genutztes Instrumentarium zur langfristigen Absicherung von Zins- und Währungsrisiken geworden. Die Nutzung komparativer Kostenvorteile macht diesen Risikomanagementaspekt damit auch wirtschaftlich reizvoll.

3.3.2 Vorteile für Kreditinstitute

Für Banken ist der Swapmarkt eine Quelle für innovative Finanzierungen. Die Ausweitung des Swapmarktes erlaubt es den Kreditinstituten, innovative Finanzierungstechniken unter Einbindung der Swaps maßgeschneidert für Firmenkunden anzubieten und darüber hinaus das Potential des Marktes auch für die hauseigene Liquiditätssteuerung, die Geldanlagen und Mittelaufnahmen zu nutzen.

Banken setzen Swaps für das Management von Aktiva und Passiva sehr flexibel ein. Swaps können eingesetzt werden, um Finanzierungskosten einzugrenzen und um Laufzeiten von Aktiva und Passiva besser aufeinander abzustimmen. Swaps eignen sich somit zur Steuerung der Bilanzstruktur. Schließlich können Banken mit Swaps handeln oder arbitrieren und somit die gesamte Breite dieses Marktes nutzen.

3.4 Position der Banken im Swapgeschäft

Den genannten Vorteilen der Swaps stehen allerdings auch Risiken[73] gegenüber, die nicht außer acht gelassen werden dürfen. Dabei kommt es allerdings vor allem darauf an, welche Rolle die Bank als Partner in dem Swapgeschäft spielt. Die Bank kann als aktiver Swappartner teilnehmen oder aber nur als Vermittler. Wird sie als Vermittler aktiv, dann ist zwischen einer offenen und einer anonymen Vermittlung zu unterscheiden.

3.4.1 Banken als aktiver Swappartner

Sofern ein Kreditinstitut selbst als Swappartner auftritt, übernimmt es auf eigenes Risiko eine Position beim Swapgeschäft. Die Bank muß dann dafür sorgen, daß die hierdurch entstehende Position „gehedgt" wird, also gegengedeckt wird.

---

[73] Zu den Risiken im Swapgeschäft vgl. u.a. *Reinhardt,* Die Risiken der Banken im Swapgeschäft, Kreditwesen 1985, S. 671 ff.; *Decker,* Zins- und Währungsswaps unter rechtlichen Aspekten, WM 1990, S. 1001 ff.; *Lerbinger,* Swaptransaktionen als Bankleistung, Die Bank 1985, S. 294 ff.; *Erne,* Die Swapgeschäfte der Banken, Berlin 1992, S. 36 ff, 108 ff. und 128 ff.

3.4.2 Banken als Vermittler

Wenn eine Bank nur als Vermittler tätig wird, bringt sie die notwendigen Partner der Swap-Transkationen zusammen. Wird die Vermittlungstätigkeit der Bank *offengelegt*, können die beiden Swappartner offen miteinander verhandeln. Die Bank ist dann nur unterstützend tätig und übernimmt keine Risiken, da die Swaprisiken von den Swappartnern direkt getragen werden.

Wird dagegen das Kreditinstitut vermittelnd tätig, ohne daß die Swappartner voneinander in Kenntnis zu setzen (*anonyme* Vermittlung), schließen die Swappartner ihre Verträge jeweils mit der Bank ab. Ein Vorteil in einem solchen Vorgehen kann darin gesehen werden, daß das Kreditrisiko leichter beurteilt werden kann. Bei der anonymen Vermittlung ist für beide Swappartner die Bank der Vertragspartner. Sobald ein Swappartner in Schwierigkeiten gerät, seine jeweiligen Zahlungsverpflichtungen zu erfüllen, trifft dieses Bonitätsrisiko nur die Bank, da sie aufgrund der Rechtskonstruktion als direkter Swappartner auftritt. Eine anonyme Vermittlung eines Swap ist daher für Swappartner vor allem dann interessant, wenn zwischen der Bonität (dem Rating) der beiden am Swapgeschäft beteiligten Marktteilnehmer Unterschiede bestehen. Dadurch, daß eine Bank zwischengeschaltet ist, erspraren es sich die beiden Swappartner, eine ansonsten notwendige Risikoanalyse des Partners vorzunehmen. Die „erstklassige" Bankadresse ersetzt die Bonitätsüberprüfung.

3.5 Risiken im Swapgeschäft

An dieser Stelle wird nun herauszustellen sein, welche Risiken im Swapgeschäft überhaupt auftreten können.

3.5.1 Bonitätsrisiko

Das Bonitätsrisiko bezieht sich auf die Gefahr, daß bei Swaps die jeweiligen Anschaffungen[74] nicht oder nur teilweise erbracht werden. Allerdings ist beim Swap (im Gegensatz zu Krediten) das Bonitätsrisiko von etwas geringerer Bedeutung. Den Swaps liegen Kreditverpflichtungen (oder umgekehrt Geldanlagen) zugrunde, und wenn der eine Swappartner seinen Zahlungsverpflichtungen nicht nachkommt[75], stellt sich die Frage, ob auch der andere Partner seine Gegenleistung ohne weiteres nicht mehr erbringen muß.

Aus dem Ausfall eines Swappartners folgen zwei materielle Risiken.

---

74 Beim Zinsswap also die Zahlung der jeweiligen Zinsen (einer zahlt den varibalen, der andere den vereinbarten festen Zins) und beim Währungsswap die Anschaffung des Kapitalbetrages in der vereinbarten Währung.
75 Entweder, weil er nicht erfüllen kann (Kontrahentenausfallrisiko), oder weil er nicht erfüllen darf (politische Risiken, insbesondere Transferrisiken).

3.5.1.1 Vorleistungsrisiko

Aus dem (Zins-)Swap wird der variable Zins nach Ablauf jeder Zinsperiode (meist nach sechs Monaten, bei kurzen Swaplaufzeiten auch nach drei Monaten) gezahlt, während der Festzinszahler jeweils nur jährlich nachträglich Zinsen zahlt. Dem Liquiditätsfluß kann bei Ausfall des Swappartners also kein Liquiditätszufluß bei Fälligkeit gegenüberstehen. In diesem Fall umfaßt das Vorleistungsrisiko den Zeitraum von bis zu einem Jahr. Das Vorleistungsrisiko kann auf ein Anschaffungsrisiko minimiert werden, wenn der Festzins an denselben Terminen (Zug um Zug) wie der variable Zins gezahlt und die Saldierung der gegenseitigen Zahlungen vertraglich vereinbart wird.

3.5.1.2 Wiedereindeckungsrisiko

Durch eine ungewollte vorzeitige Beendigung eines Swapgeschäftes gibt es für den dadurch betroffenen anderen Swappartner nun wieder eine offene Position hinsichtlich des Zinsänderungsrisikos. Eine Neueindeckung bei Ausfall des Swappartners zu dann geltenden Marktkonditionen führt je nach Zinsentwicklung zu einem Verlust oder Gewinn. Neben dem Zinsänderungsrisiko entsteht bei kombinierten Zins- und Währungsswaps ein zusätzliches Währungsrisiko durch den vereinbarten Rücktausch der Kapialbeträge. Auch hier entsteht bei Schließen der offenen Position entweder ein Verlust oder ein Gewinn. Wegen der größeren Schwankungsbreiten der Währungen (vor allem beispielsweise bei den Dollarwährungen) hat das Währungsrisiko einen höheren Einfluß auf das Ergebnis.

Realisierbare Gewinne beim Ausfall des Partners bleiben unberücksichtigt, weil der Swappartner meist versuchen wird, für ihn vorteilhafte Geschäfte zu erfüllen, während nachteilige Geschäfte oft unerfüllt bleiben. Die Möglichkeit des „Rosinenherauspickens" (engl. „cherry picking") wird in der Praxis unter dem Begriff des „Netting" diskutiert.

3.5.1.3 Netting

Wenn zwischen Swappartnern mehrere schwebende Geschäfte existieren, ergibt sich die Problematik der nur selektiven Erfüllung (cherry picking[76]), die grundsätzlich möglich ist. Angesichts dieser Gefahr geht das Bestreben dahin, durch vertragliche Regelungen die Verrechnung vorteilhafter und nachteiliger Geschäfte (= netting) der auf den Zeitpunkt der Nichterfüllung beziehungsweise der Konkurseröffnung oder ähnlichem ermittelten Aktiv- und Passivpositionen aus Finanztermingeschäften in Höhe von deren positiven

---

76 Dies ist vor allem bei Insolvenz eines Swappartners von größter Bedeutung, da der Konkursverwalter nach § 17 KO, § 50 VglO oder § 9 GesO gegenüber dem Swappartner die Erfüllung der aus seiner Sicht ungünstigen Geschäfte ablehnen und zugleich die Erfüllung der aus seiner Sicht günstigen Geschäfte verlangen darf, hierzu sehr umfangreich *Bosch,* Finanztermingeschäfte in der Insolvenz, Zum Netting im Insolvenzverfahren, WM 1995, S. 365 ff. und 413 ff.

und negativen Marktwerten zu ermöglichen und dadurch die Risiken der Marktteilnehmer auf den aus der Verrechnung resultierenden Saldo zu beschränken[77].

3.5.1.4 Quantifizierung des Bonitätsrisikos

Aus der bisherigen Beschreibung der Bonitätsrisken folgt, daß durch den Ausfall eines Swappartners nur Zins- oder Währungskursrisiken, nicht jedoch Kapitalausfallrisiken entstehen. Die Quantifizierung des Bonitätsrisikos erfolgt in der Praxis durch zwei unterschiedliche Methoden[78]: entweder durch die Laufzeitmethode oder durch die Marktbewertungsmethode.

Bei der *Laufzeitmethode* wird ein Risikopotential für die Restlaufzeit bestimmt. Es wird dabei angenommen, daß die Höhe der Zins- oder Währungsänderungsrisiken in einem Zusammenhang mit der Restlaufzeit des Swapgeschäftes stehen. Je kürzer die Restlaufzeit, desto geringer das Risikopotential und umgekehrt. Ein Anhaltspunkt für die Anwendung der Laufzeitmethode bietet der Grundsatz I des KWG, der Zinsänderungsrisiken pro Laufzeitjahr mit 1,0 % annimmt, wobei das Zinsänderungsrisiko im letzten Jahr unberücksichtigt bleibt. Währungsrisiken werden mit 3,0 % pro Jahr Restlaufzeit, abzüglich 1,0 % angerechnet[79].

Bei der *Marktbewertungsmethode* wird das Ausfallrisiko genau erfaßt. Der verwaltungstechnische Aufwand für die Ermittlung des Bonitätsrisikos des Swappartners ist allerdings höher. Diese Methode geht von der Frage nach den jeweils aktuellen Wiederbeschaffungskosten zu Marktkonditionen (Preisänderungsrisiko) für ein bestehendes Swapgeschäft beim Ausfall des Swappartners aus. Die fehlenden Zahlungsströme müssen zu aktuellen Marktkonditionen ersetzt werden. Die Über- beziehungsweise Unterdeckungen der Zahlungsströme können in den Bewertungszeitpunkt abdiskontiert und die Barwerte pro Partner addiert werden[80].

3.5.2 Liquiditäts- und Transferrisiken

Es können ferner *Liquiditätsrisiken* dadurch auftreten, daß die vereinbarten Swapzahlungen nicht termingerecht erbracht werden. Grundsätzlich versteht man unter Liquiditätsrisiken den Umstand, daß eine Swappartei die vereinbarte Zinszahlung (im Zinsswap) nicht termingerecht erbringt. Der Bank als Swappartner können hieraus Liquiditätsschwierigkeiten erwachsen. Ein solcher Zahlungsverzug, der zunächst nur ein Liquiditätsrisiko darstellt, kann aber auch zur Beendigung des Swapvertrages führen. Häufig legen daher die

---

77 *Bosch,* a.a.O. (Fußnote 76), S. 367; *Jahn,* Klauseln internationaler Swap-Verträge, Die Bank 1989, S. 395, 398 f.
78 *Rittinghaus,* Einsatz von Swaps in Versicherungsunternehmen, in: *Schwebler/Knauth/Simmert* (Hrsg.), Einsatz von Finanzinnovationen in der Versicherungswirtschaft, Karlsruhe 1993, S. 150 f.
79 KWG Grundsatz I, Abs. 7, Ziff. 1 und 2.
80 So *Rittinghaus,* a.a.O. (Fußnote 79), S. 151 f.

Swappartner im Swapvertrag fest, daß bei Zahlungsverzug, der zur Beendigung des Vertragsverhältnisses führt, die vertragsbrüchige Partei eine Ausgleichszahlung in Höhe des entstandenen Schadens zu zahlen hat[81].

Ein *Transferrisiko* kann dadurch auftreten, daß Swaps in der Regel Transaktionen in internationalen Märkten sind. Hier besteht, wie typischerweise bei allen grenzüberschreitenden Geschäften, die grundsätzliche Problematik der sogenannten *Länderrisiken*, nämlich die Gefahr, daß staatliche Eingriffe (die sogenannten „politischen Risiken"[82]) den Transfer und die Konvertierung von Währungsbeträgen untersagen. Dieses Länderrisiko, das typischerweise dann entsteht, wenn der betroffene Staat unter Devisenknappheit leidet, richtet sich also nach der politischen Stabilität und der Wirtschaftskraft des Landes. Da Swaps üblicherweise jedoch weltweit normalerweise in den starken Euro-Währungen (Dollar, Yen, DM, Schweizer Franken und so weiter) und mit Swappartnern aus wirtschaftlich starken Nationen abgeschlossen werden, ist das Länderrisiko bei Swapgeschäften von eher untergeordneter Bedeutung.

3.5.3 Mismatch-Risiko

Dieses Risiko ist von besonderer Bedeutung bei Swapgeschäften. Ein Mismatch-Risiko tritt immer dann auf, wenn für einen Swappartner kein passendes Gegenüber gefunden werden, also kein deckungsgleiches Gegengeschäft aufgebaut werden kann. Das Mismatch-Risiko bezeichnet also den Umstand, daß Konditionen der Transaktionen nicht genau übereinstimmen. Dieses Risiko entsteht oft aufgrund mangelnder Liquidität des Marktes: Um den Wünschen des Swapkunden gerecht zu werden, schließen Banken Swapverträge mit sehr spezifischen Konditionen ab, so daß es außerordentlich schwer ist, eine exakt passende Gegen-Swaptransaktion zu finden. Treten Banken nur als reine Vermittler der Transaktion auf, und sind sie dadurch nur als Vertragspartner zwischen den beiden Swappartnern zu sehen, ist das Mismatchrisiko in der Regel eliminiert, da die Banken als Vermittler die Swaptransaktion so konstruieren, daß Inkongruenzen vermieden werden können. Lassen sich Inkongruenzen allerdings nicht vermeiden, ist es möglich, daß die Bank als aktiver Swappartner selbst in die Rolle des Gegenüber eintritt[83].

Das Mismatch-Risiko tritt auf bei Divergenzen im Hinblick auf die Höhe des Swapbetrages, auf die Laufzeit der Vereinbarung, der Zahlungszeitpunkte, der Zinsfestsetzungszeitpunkte und der Zinsfestsetzungshäufigkeit bei variablen Zinsen sowie bei unterschiedlichen variablen Referenzzinssätzen[84]. Allgemein kann gesagt werden, daß das Mismatch-Risiko um so höher ist, je spezifischer und individueller die projektierte Swap-Transaktion ausgearbeitet ist. In standardisierten Swap-Transaktionen ist dieses Risiko daher gering.

---

81 *Knippschild,* Controlling von Zins- und Währungsswaps in Kreditinstituten, Frankfurt 1991, S. 148; *Jahn,* ISDA-Musterverträge zu Swapvereinbarungen setzen sich durch, Die Bank 1988, S. 102.
82 Zu den politischen Risiken, den „Länderrisiken", gehören die sogenannten „KT/ZM-Risiken", das heißt das Risiko des Konvertierungs- und Transferverbots, des Zahlungsverbots und Moratoriums; hierzu *Graf von Bernstorff,* Risiko Management im Auslandsgeschäft, 2. Aufl., Frankfurt 1995, S. 22 ff. und S. 202 ff.
83 *Lerbinger,* Zins- und Währungsswaps, Wiesbaden 1988, S. 92.
84 So etwa bei Libor, Fibor, Prime Rate, NYBOR, T-Bill-Rate usw.

3.5.4 Sicherheitenrisiko

In den Swapverträgen wird vereinbart, daß die vertragsverletzende Partei einen der anderen Partei entstehenden Schaden ersetzen muß. Aus diesen Gründen verlangen Banken gelegentlich von ihren Kunden die Stellung von Kreditsicherheiten. Zwar ist eine Sicherheitsleistung bislang weitgehend unüblich, da bisher die meisten Swapgeschäfte mit Kunden hoher und höchster Bonität geschlossen wurden, doch wird in neuerer Zeit, vor allem wenn große Bonitätsunterschiede zwischen den Swappartnern bestehen, eine Sicherheitsleistung in banküblicher Weise (Avale, Verpfändung von Guthaben oder Wertpapieren und so weiter) verlangt und durchgesetzt. Das Sicherheiten*risiko* besteht dann darin, daß die Werthaltigkeit der einmal gestellten Sicherheit sinkt und damit ein aus dem Swap heraus auftretender Schaden nicht mehr in ausreichender Weise gedeckt ist. Das größte Problem stellt sich bei Ausfall des Swappartners darin, daß in vielen Staaten Vermögenswerte aus der Konkursmasse nicht herausgelöst werden können, so daß die Sicherheiten für die betroffene Bank unbrauchbar sind.

3.5.5 Betriebsrisiko

Das Betriebsrisiko nimmt darauf Bezug, daß Swaps recht komplexe Transaktionen darstellen können und daß Fehlleistungen seitens der beteiligten Swappartner in bezug auf die Konzeption des Geschäfts und eventuell durchzuführende Absicherungsmaßnahmen sich negativ auf den Betrieb auswirken[85]. Wegen der Bilanzneutralität der Geschäfte kann die Transparenz der komplexen Transaktionen verloren gehen. Die in der Bilanz ausgewiesenen Verbindlichkeiten geben nämlich keine Auskunft über die tatsächlichen Beziehungen zwischen Gläubiger und Schuldnern. Offene Positionen aus derartigen Transaktionen bedürfen daher einer soliden Überwachung.

Zusammenfassend kann Abbildung 6[86] deutlich machen, welche Risiken – bei der jeweiligen Position der Bank im Swapmarkt – auftreten können.

3.5.6 Ergebnis

Im Ergebnis bleibt festzuhalten: Vor Durchführung eines Swapgeschäfts ist eine Risikoanalyse beim Swappartner unabdingbare Voraussetzung, und die Risikosituation der Beteiligten ist davon abhängig, welche Rolle beispielsweise die beteiligte Bank spielt. Ist beispielsweise die Bank als offene Vermittlerin tätig, trägt sie nur das Mismatch-Risiko. Ein etwaiges Transferrisiko ist für die beteiligte Bank – auf der Grundlage der internen Länderanalyse – kalkulierbar beziehungsweise zu vernachlässigen.

---

85 *Knippschild,* Controlling von Zins- und Währungsswaps in Kreditinstituten, Frankfurt 1991, S. 153; *Lerbinger,* Swaptransaktionen als Bankleistungen, Die Bank 1985, S. 92.
86 Nach *Lerbinger,* Swaptransaktionen als Bankleistungen, Die Bank 1985, S. 294 ff., 297.

Risiken bei Swap-Geschäften		
Bank als aktiver Swappartner	**Offene Vermittlung der Bank**	**Verdeckte Vermittlung der Bank**
Liquiditätsrisiko	Mismatch-Risiko	Mismatch-Risiko
Sicherungsrisiko		Liquiditätsrisiko
Transferrisiko		Sicherungsrisiko
Bonitätsrisiko		Transferrisiko
		Bonitätsrisiko

Abbildung 6: Position der Bank bei Swap-Geschäften und Risiken

Um das latente Mismatch-Risiko weitestgehend auszuschließen und passende Swappartner für die jeweiligen Fälle finden zu können, führen große Kreditinstitute sogenannte Swapbücher, die ständig aktualisiert werden und potentielle Swappartner beinhalten. Sobald ein Swappartner gesucht wird, kann dieser mit Hilfe des Swapbuches gefunden erden. Gelingt dies im Einzelfall nicht, kann die Bank auf den Sekundärmarkt zurückgreifen und bestehende eigene Swappositionen verkaufen. Der letztgenannte Gedanke dürfte heute schon Tagesgeschäft sein: Der Swaphandel ist (wie seit langem schon der Devisenhandel) ein Markt, an dem Positionen durchgehandelt werden, Positionen also gleich glattgestellt werden. Die Bank wird zwar direkter Swap-Vertragspartner, hedgt ihre offene Position aber direkt und verdient sofort aus dem Arbitrieren heraus ihre Marge.

3.6 Vertragsgestaltung im Swap-Geschäft

(Zins- und Währungs-)Swaps sind etwa seit 1981/82 bekannt, während Devisenswaps schon seit den 20er Jahren gehandelt werden. Während die Swaps im Devisenhandel völlig standardisiert abgewickelt werden, ist es in den wenigen Jahren der Aktivität im Zins- und Währungsswapgeschäft erst spät gelungen, einheitliche Vertragsdokumentationen zu entwickeln.

Der anfängliche Zinsswapmarkt sah sich seit Beginn der 80er Jahre vor die Problematik gestellt, wegen mangelnder Standardisierung der Swap-Vertragstexte einen großen Aufwand für individuelle Erstellung und rechtliche Prüfung der jeweiligen Swapverträge treiben zu müssen. 1984 erreichte man in New York einen Katalog von Empfehlungen[87], der gemeinsame Begriffsbestimmungen und Regelungen für Zinsswapgeschäfte in US-Dollar enthielt. Die Internationale Vereinigung der Swap-Händler, welche sich 1984 organisierte, veröffentlichte dieses erste Regelwerk als „ISDA-Code 1985"[88].

---
87 Code of Standard Wording, Assumptions and Provisions for Swaps.
88 ISDA = International Swap Dealer's Association, New York, gegründet von zehn in New York ansässigen Banken. Die Organisation hat heute Mitgliedsbanken aus allen Teilen der Welt.

3.6.1 ISDA-Code

Nach Erscheinen des ISDA-Code 1985, mit welchem hauptsächlich die im US-Dollar-Zinsswapmarkt üblichen Begriffe geklärt werden sollten, wurde am ISDA-Code 1986 gearbeitet. Dieser Code befaßte sich mit Begriffsbestimmungen, Laufzeiten, Zinsberechnungsmethoden, Methoden der Schadensberechnung, Kündigungsrechten sowie Rechtswahl- und Gerichtsstandsklauseln[89].

Der ISDA-Code 1987 existiert heute als „Interest Rate Agreement" für US-Dollar Zinsswaps und als „Interest Rate and Currency Agreement" für weltweit getätigte Zins- und Währungsswapgeschäfte[90]. Ergänzt werden die beiden Musterverträge durch das sogenannte „Master Agreement" aus dem Jahre 1992 und den „ISDA Definitions 1991", die für die verschiedenen Muster- und Masterverträge allgemeingültige Definitionskataloge enthalten[91].

3.6.2 Die BBAIRS-Terms

Nachdem sich die ISDA-Regeln vor allem in den USA entwickelten und nur langsam auch weltweite Beachtung fanden, hat sich parallel dazu auch im britischen Markt, ausgehend von den Arbeiten der British Bankers' Association (BBA), eine weitere mustervertragliche Regelung zu Zinsswaps entwickelt (BBAIRS[92]). Die BBAIRS-Terms gelten im Londoner Interbankenmarkt für kurzlaufende Swapsgeschäfte. Sie beziehen sich auf Zinsswaps in nur einer Währung[93] oder auf eine Kombination von Zins- und Währungsswap.

Die beiden nunmehr vorliegenden Standardverträge (ISDA-Agreement und BBAIRS-Terms) unterscheiden sich darin, daß die ISDA-Bedingungen nur einen Grundvertrag darstellen, der noch der Konkretisierung durch ein Einzelgeschäft bedarf. Dagegen sind die BBAIRS-Terms ein in sich geschlossenes Vertragswerk, das allerdings noch abgeändert werden kann[94].

3.6.3 Musterrahmenverträge in Deutschland

Nachdem in den ausländischen Märkten vor allem der ISDA-Code und das ISDA Master Agreement bekannt wurden, wuchs in Deutschland der Bedarf an einer einheitlichen Vertragsdokumentation, die auf Swapgeschäfte ohne Berührung des internationalen Marktes

---

89 Dazu ausführlich *Jahn,* Die Bank 1987, S. 198 f.
90 Zum Mustervertrag vgl. *Jahn,* Die Bank 1988, S. 100 ff. und Die Bank 1987, S. 197 ff.
91 Hierzu *Jahn,* Internationale Rahmenverträge für Finanztermingeschäfte, Die Bank 1992, S. 349 ff.
92 BBAIRS steht für British Bankers' Association Interest Rate Swap Terms, wobei die Bristish Bankers' Association ein Bankenverband ist. Die BBAIRS-Terms stammen vom August 1985.
93 US-Dollar, Pfund-Sterling, DM, Schweizer Franken oder Yen.
94 Der ISDA-Code wirkt wie ein Katalog von Vorschlägen, kann aber in der Praxis nicht als „Standardvertrag" ohne jegliche Ergänzungen übernommen werden. Er bedarf vielmehr immer der konkreten Ausgestaltung. Dazu *Jahn,* Die Bank 1987, S. 200.

angewendet werden können. Die Spitzenverbände der deutschen Kreditwirtschaft haben zu Beginn der 90er Jahre damit begonnen, an einem „Swap-Rahmenvertrag" sowie an weiteren Einzelverträgen für Swap-, Cap-, Optionsgeschäfte und so weiter zu arbeiten. Im Jahre 1990 entstand der „Rahmenvertrag für Swapgeschäfte". Seit dieser Zeit nahm die Zahl der im Inland abgeschlossenen derivativen Finanztermingeschäfte derartig zu, daß das Bedürfnis nach einer Regelung auch der anderen Geschäfte aufkam. Es entstand der seit 1994 in Kraft befindliche „Rahmenvertrag für Finanztermingeschäfte", der die Einbeziehung aller außerbörslichen Finanztermingeschäfte (vor allem der Zinsbegrenzungsgeschäfte Cap, Floor, Collar und der Zinstermingeschäfte, Forward Rate Agreements, der Devisentermin- und Optionsgeschäfte) ermöglicht. Der Rahmenvertrag regelt grundsätzlich nur die allen Finanztermingeschäften gemeinsamen Punkte. Weitere Bestimmungen der Geschäftsabschlüsse werden zusätzlich vereinbart und vertraglich niedergelegt.

3.7 Handel von Swaps

Es ist bereits oben[95] auf die Rolle der Banken als aktive Swappartner beziehungsweise als Vermittler von Swapgeschäften hingewiesen worden. Soweit Banken die Swapgeschäfte vermitteln, übernehmen sie oft die Abwicklung der Zinszahlungen zwischen den Swappartnern. Sie erhalten für ihre Tätigkeit eine Vermittlungsprovision (arrangement fee). Sind Banken über die Vermittlungstätigkeit hinaus auch als Intermediär (zwischengeschalteter Vertragspartner) aktiv, schließen sie mit den Swapparteien separate, voneinander unabhängige Verträge ab. Neben der Abwicklung der Zinszahlungen übernehmen Banken als Intermediäre dann zusätzlich auch das Erfüllungsrisiko. Kommt eine Swappartei ihren Zahlungsverpflichtungen nicht nach, übernimmt die Bank die fällige Zahlung und wird zum aktiven Swappartner. Für Swappartner bedeutet die Einschaltung von Intermediären eine Reduzierung des Ausfallrisikos[96]. Der Intermediär erhält für diese Risikoübernahme eine über die reine Vermittlungsprovision hinausgehende Vergütung.

3.7.1 Quotierung von Swaps

Der *Handel von Swaps* geschieht heute in der Weise, daß Quotierungen auf den verschiedensten Reuters-Seiten der Banken und Makler angegeben werden. Auch Telerate hat Seiten, auf denen Zins- und Währungsswaps quotiert werden. Üblicherweise zeigen die Quotierungen auf diesen Informationsdiensten die Festzinssätze an, gegen die jeweils der variable Sechs-Monats-Libor-Satz[97] der betreffenden Währung gestellt wird, der am Ver-

---

95 Unter 3.4, Position der Banken im Swapgeschäft.
96 *Storck,* Zins- und Währungsswaps im Euromarkt, Die Bank 1983, S. 462.
97 Bei mittel- und langfristigen Zinsswaps können die Quotierungen auch auf der Basis von gleichlang laufenden Schuldscheinen oder Inhaberschuldverschreibungen erfolgen. Die Verwendung von Schuldschein-Renditen als Referenzzins ist historisch bedingt, da Anfang der 80er Jahre der Swapmarkt hauptsächlich von US-amerikanischen Banken genutzt wurde und von ausländischen Marktteilnehmern auf DM-Anleihen Quellensteuer zu zahlen war, während Schuldscheine quellensteuerfrei waren. *Lerbinger,* Zins- und Währungsswaps, Wiesbaden 1988, S. 115.

tragsabschlußtag gültig ist und für die erste Abrechnungsperiode zugrundegelegt wird[98]. Damit werden also absolute Zinssätze angegeben. An anderen Märkten, beispielsweise in den USA, werden gelegentlich andere Referenzzinssätze zugrundegelegt. So wird in den USA bei der Quotierung von mittel- bis langfristigen Swaps (fünf bis zehn Jahre Laufzeit) als Referenzzinssatz der Zinssatz der amerikanischen Staatsanleihen (US-Treasuries) gewählt. Quotiert wird in diesen Fällen der Aufschlag (spread), der über den Treasury-Zinssatz hinaus zu zahlen ist.

3.7.2 Spread

Die *Höhe des Aufschlags* (spread) richtet sich zum einen nach den durch Arbitrage möglichen Zinsunterschieden[99], dem *Angebot* und der *Nachfrage* nach Swaps sowie vor allem nach der für die bevorstehende Laufzeit erwarteten *Zinsentwicklung*. In Zeiten größerer Zinsentwicklungen versuchen viele Marktteilnehmer, eine bestehende Zinsverbindlichkeit (von fest nach variabel und umgekehrt) umzustellen, was wiederum zu einer erhöhten Nachfrage nach Swaps führt und damit den Preisaufschlag erhöhen kann[100].

Die *Laufzeit* der Swaps beginnt, entsprechend der Usance am Euromarkt, zwei Bankarbeitstage nach Abschluß des Swapvertrages[101]. Die Preisbildung am Swapmarkt richtet sich nach der Laufzeit der Instrumente.

Literatur zu 2.

Arnold/Burg, Swaps und Ricardos Theorem der komparativen Kosten, Die Bank 1987, S. 194 ff.
Beer/Goj, Strategischer Einsatz von Optionen und Futures – Anlageberatung und Risikomanagement, Stuttgart 1991
Graf von Bernstorff, Risiko Management im Auslandsgeschäft, 2. Aufl., Frankfurt 1995, S. 96 ff.
ders., Internationales Firmenkundengeschäft, Wiesbaden 1994, S. 104 ff.
Decker, Zins- und Währungsswaps unter rechtlichen Aspekten, WM 1990, S. 1001 ff.
Demolière/Werner, Einsatz von Optionen und Financial Futures bei Versicherungsunternehmen, in: Schwebler/Knauth/Simmert, Einsatz von Finanzinnovationen in der Versicherungswirtschaft, Karlsruhe 1993, S. 65 ff.
Dreesbach, Terminhandel – Die Welt der Futures und Options, Wiesbaden 1994
Eller/Spindler, Zins- und Währungsrisiken optimal managen, Wiesbaden 1994
Erne, Die Swapgeschäfte der Banken, Berlin 1992
Franke, Grundlagen der Options- und Futureskontrakte, in: Göppl/Bühler/v. Rosen (Hrsg.), Optionen und Futures, Frankfurt 1990, S. 43 ff.

---

98 Auch der Libor-Satz für die wichtigsten Währungen (Ein- bis Zwölf-Monats-Satz) lassen sich über die Informationsseiten von Reuters und Telerate abfragen.
99 Üblicherweise ist der quotierte Festsatz höher, als der vom Swappartner zu zahlende variable Zins. Im Spread spiegelt sich wieder, daß Kapitalgläubiger auf langfristigen Märkten eine höhere Risikoprämie verlangen als auf kurzfristigen. Bei Swaps mit langen Laufzeiten ist daher der spread größer, *Knippschild* a.a.O., S. 73.
100 Zu diesem Thema vgl. *Hüppauff,* Preisbildung für Zinsswaps, Die Bank 1990, S. 205.
101 Wie am Euromarkt üblich, lassen sich auch eintägige und gleichtägige Geschäfte, mit Preisaufschlägen, darstellen.

Jahn, Internationale Rahmenverträge für Finanztermingeschäfte, Die Bank 1992, S. 34 ff.
Lerbinger, Swap-Transaktionen als Finanzierungsinstrumente, Die Bank 1985, S. 294 ff.
Lusser, Finanz-Futures und die Notenbank, Kreditwesen 1986, S. 54 ff.
Nowack, Financial Futures, Kreditwesen 1984, S. 1174 ff.
Storck, Zins- und Währungsswap im Euromarkt, Die Bank 1983, S. 459 ff.
Uszczapowski, Optionen und Futures verstehen, 3. Aufl., München 1995

Literatur zu 3.

Carstensen, Finaninnovationen in der praktischen Anwendung einer Geschäftsbank, Die Bank 1986, S. 352 ff.
Dressig, Swap-Geschäfte aus bilanzsteuerlicher Sicht, BB 1989, S. 322 ff.
Erne, Die Swapgeschäfte der Banken, Eine rechtliche Betrachtung der Finanzswaps, Berlin 1992
Gottschalk/Renner, Risikobesteuerung von Swap-Portfolios, Die Bank 1992, S. 524 ff.
Hüppauff, Preisbildung für Zinsswaps, Die Bank 1990, S. 203 ff.
Kewenig/Schneider, Swap-Geschäfte der öffentlichen Hand in Deutschland, WM 1992, Sonderbeilage Nr.2/ 1992
Knippschildt, Controlling von Zins- und Währungsswaps in Kreditinstituten, Frankfurt 1991
Lerbinger, Swap-Transaktionen als Finanzierungsinstrumente, Die Bank 1985, S. 245 ff. und S. 294 ff.
ders., Zins- und Währungsswaps, Neue Instrumente im Finanzmanagement von Unternehmen und Banken, Wiesbaden 1988
Reimpell, Vermarktung von Finanzinnovationen, Die Bank 1990, S. 93 ff.
Reinhardt, Die Risiken der Banken im Swapgeschäft, Kreditwesen 1985, S. 671 ff.
Rolfes, Bilanzstrukturmanagement mit Zinsswaps, Kreditwesen 1992, S. 674 ff.
ders., Die Steuerung von Zinsänderungsrisiken in Kreditinstituten, Frankfurt 1985
Storck, Zins- und Währungsswaps im Euromarkt, Die Bank 1983, S. 459 ff.
Vögele, Zins-Swapverträge zur Vermeidung von gewerbesteuerlichen Dauerschulden, DB 1987, S. 1060 ff.
ders.,Währungs- und Zinsswaps, Bern/Stuttgart 1989
Wichmann, Zinsswaps als Spezialfall der Ricardianischen Tauschtheorie, Kredit und Kapital (KuK) 1988, S. 278 ff.
Zugehör, Die Verbindung von Option und Zinsswap: Die Swaption, Die Bank 1989, S. 323 ff.

Teil 3:

Innovationen im Zinsbereich

Nachdem im vorangegangen Teil 2 auf die grundsätzlich zur Anwendung gelangenden Finanzinnovationen bereits ausführlich eingegangen wurde, ist nunmehr in Teil 3 auf die einzelnen Instrumente im Zinsbereich einzugehen. Dabei sind nachstehend die fünf wichtigsten Grundtypen genauer zu beschreiben.

Finanzinnovationen, die sich im Zinsbereich einsetzen lassen – fünf Grundtypen:

- Zinsswaps
- Zinsoptionen
- Zinsfutures
- Forward Rate Agreements
- Zinscaps, -floors, -collars

1 Instrumente zur Absicherung von Zinsänderungsrisiken

Zu den Möglichkeiten der Absicherung von Zinsänderungsrisiken zählt man die obengenannten fünf Grundtypen der Zinsinnovationen. Daneben sind weitere verknüpfte (derivative) Zinsinstrumente darstellbar, wie etwa die Kombination von Swap und Option (Swaption[102]), Swaps mit geänderten Zahlungsstrukturen (Forward Swaps, Zero Coupon Swaps) und so weiter.

1.1 Markterwartung

Gemeinsam ist allen hier zu besprechenden Instrumenten, daß sie grundsätzlich von *unterschiedlichen Markterwartungen* der beteiligten Parteien ausgehen. Insbesondere beim Zinsswap, aber auch bei den anderen Instrumenten wird erkennbar, daß die jeweiligen Geschäftspartner in der Anwendung der Zinssicherungsinstrumente eine unterschiedliche Sicht der Zinssatzentwicklung für ihren Markt haben und deswegen auch unterschiedliche Interessen bei der Wahrnehmung der Zinssicherungsprodukte haben. Der heute vorhandene Markt hat sich nur bilden können, weil immer eine der Parteien eher mit fallenden, die andere Partei dagegen mit steigenden Zinsen für einen bestimmten zukünftigen Zeitraum rechnet.

---

[102] Hierzu unten sowie *Zugehör,* Die Verbindung von Option und Zinsswap: Die Swaption, Die Bank 1989, S. 323.

1.2 Einstellung des Marktteilnehmers

Da die Markterwartung sich in der subjektiven Handlungsweise des Marktteilnehmers niederschlägt, ist deutlich darauf hinzuweisen, daß angesichts der Arbitragemöglichkeiten in volatilen Märkten grundsätzlich den jeweiligen Handlungsweisen der Marktteilnehmern ein gewisser spekulativer Aspekt anhaftet. Die Zinssicherungsinstrumente lassen zwar eine Risikoabsicherung nach einer Seite hin zu, geben aber dem Marktteilnehmer, der eine gegenteilige Zinsentwicklung erwartet, die Chance, von fallenden (beziehungsweise je nach Position auch steigenden) Zinsen zu profitieren. In gewisser Weise ist daher die Anwendung der Zinssicherungsinstrumente auch als *spekulativ* anzusehen, da ja eine entsprechende *Zinserwartung* der das Produkt kaufenden Partei Voraussetzung für die Kaufentscheidung ist.

2 Zinsswaps

Zinsswaps (Interest Rate Swaps) sind seit Beginn der 80er Jahre bekannt und wurden zunächst als Interbankengeschäft getätigt, bevor sie sehr bald auch im Firmenkundenkreditgeschäft der Banken eingesetzt wurden. Inzwischen ist der Zinsswap auch für Anleger von Bedeutung, wenn während der Laufzeit einer Geldanlage die Zinsstruktur von fest in variabel (oder umgekehrt) gestaltet werden soll.

2.1 Definition

Bei einem Zinsswap *(to swap = tauschen)* verpflichten sich zwei Parteien vertraglich zum Austausch von Zinsforderungen oder Zinsverbindlichkeiten während einer frei vereinbarten Vertragslaufzeit. Die Zahlungen lauten bei einem reinen Zinsswap *(plain vanilla interest rate swap)* auf dieselbe Währung, und die während der Vertragslaufzeit auszutauschenden Zahlungen werden auf einem für beide Parteien identischen Nominalbetrag berechnet.

Zinsswaps haben typische Laufzeiten von ab zwei und bis zu zehn Jahren (gelegentlich auch darüber hinaus), und die marktüblichen Volumina liegen nicht unter DM 5 Mio. oder entsprechenden Gegenwerten in Fremdwährung.

Ein typischer Zinsswap könnte wie folgt aussehen:

- Das Unternehmen A hat einen Kredit zu *variablen* Zinskonditionen aufgenommen, sucht nunmehr aber eine günstige Festverzinsung, da es mit zukünftigen Zinssteigerungen rechnet.
- Das Unternehmen B hat bereits einen *Festzinskredit,* möchte aber wegen der Erwartung fallender Zinsen lieber eine variable verzinsliche Finanzierung.

Der Zinsswap bringt jetzt beide Marktteilnehmer hinsichtlich ihrer unterschiedlichen Markterwartung und ihrer unterschiedlichen Wünsche zusammen: Das Unternehmen A bekommt es mit Hilfe des Zinsswap ermöglicht, eine Finanzierung zu erreichen, welche billiger ist als die Zinssätze, die mit Hilfe einer Festsatz-Kreditaufnahme oder einer Festsatz-Kapitalmarktemission erreichbar wären. Über den Swap mit Unternehmen B profitiert A von den günstigeren Zinssätzen des B.

Unternehmen B kann durch den Swap ebenfalls profitieren, da es – in Erwartung steigender Marktzinsen – die Festzinszahlungen des A über den Swap übernehmen kann.

Der heutzutage übliche Zinsswap im Firmenkundengeschäft der Banken geht allerdings nicht davon aus, daß gleich zwei Parteien mit unterschiedlicher Markterwartung einen Swapvertrag abschließen. Typischerweise treten Banken als direkte Swappartner in den Einzelswap ein und handeln dann zum Hedging der dadurch entstandenen offenen Position den Zinsswap im Interbankenmarkt durch. Daher gibt es in einem „typischen" Zinsswap zwei Vertragsverhältnisse: zum einen den Kredit zwischen Kunde und Bank (oder umgekehrt eine Geldanlage) und daneben als eigenständiges Vertragsverhältnis der Zinsswap, der den Tausch fester gegen variable Zinsen ermöglicht. Abbildung 7 soll dies für einen typischen Darlehensfall verdeutlichen, in welchem ein Kreditnehmer eine Festzinsverbindlichkeit aus einem Darlehen hat (mit fünf Jahren Restlaufzeit). Aufgrund gesunkenen Zinsniveaus will der Kreditnehmer in eine variable Zinsverbindlichkeit wechseln.

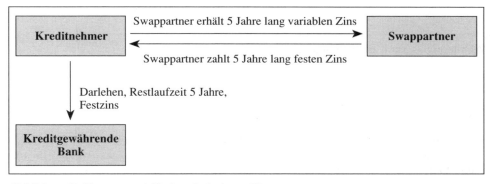

Abbildung 7: Vertragsverhältnisse bei einem Zinsswap

Unter dem Zinsswap geschieht also folgendes: Das Darlehen wird für die Restlaufzeit wie bisher hinsichtlich der Festzinszahlung weiterbedient. Allerdings übernimmt es der Swappartner, an den Kreditnehmer einen zum heutigen Zeitpunkt fest vereinbarten Festzins fünf Jahre lang zu zahlen (dieser Zinssatz ist natürlich auf der Basis des aktuellen Zinsswapsatzes (je nach Marktlage) zu ermitteln und nicht identisch mit dem Kreditfestzinssatz. Gegen den Festzins aus dem Swap zahlt der Kreditnehmer an den Swappartner den jeweils marktaktuellen variablen Zins (typischerweise den DM-Sechs-Monats-Libor-Satz), der zumindest zu Beginn der Swaplaufzeit niedriger ist als der Festzins, den der Swappartner zahlt. Da der Kreditnehmer aus dem Zinsswap (zumindest zu Beginn der Swaplaufzeit) mehr an Zinszahlung erhält, als er umgekehrt dem Swappartner zu zahlen hat, kann er diesen wirtschaftlichen Vorteil dazu nutzen, seine Zinsverbindlichkeit aus dem Darlehen zu verbilligen. Das Besondere daran ist, daß die Bank möglicherweise von dem Zinsswap gar nicht erfährt, da der Zinsswap ein eigenständiges Rechtsgeschäft darstellt. Oft jedoch bietet eine Bank ihrem Darlehnensnehmer an, zur Verbesserung des Zinssatzes (anstelle der teureren Umschuldung mit Zahlung einer Vorfälligkeitsentschädigung und so weiter) direkt mit der kreditgewährenden Bank (zusätzlich) einen Zinsswapvertrag abzuschließen. Zwischen Kreditnehmer und Bank ergeben sich dann zwei Rechtsverhältnisse (Abbildung 8).

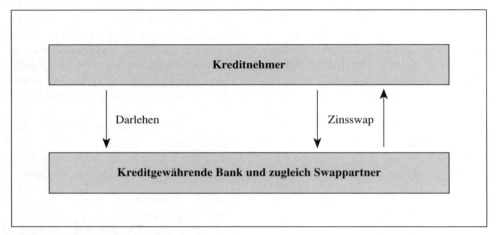

Abbildung 8: Bank als Kreditgeber und Swappartner

2.2 Vorteile der Zinsswaps

Zinsswaps können zur Vermeidung oder Reduzierung des passiven wie auch des aktiven Zinsänderungsrisikos eingesetzt werden, sind also insoweit ein Zins*sicherungs*instrument. Durch die *Ausnutzung komparativer Kostenvorteile* führen sie zu einer Reduzierung der laufenden Finanzierungskosten und können – soweit sie die Ungleichheit von Marktbedingungen und die Volatilitäten ausnutzen – auch zur Arbitrage genutzt werden. Zinsswaps dienen damit der *Risikoabsicherung,* lassen aber auch durchaus eine *spekulative* Einstellung hinsichtlich einer künftigen Marktentwicklung zu.

Zinsswaps beeinflussen nicht die rechtliche Verpflichtung der Swappartner, Kapital- und Zinsbeträge auf die gegenüber Dritten eingegangenen Verpflichtungen zu zahlen. Jede Swappartei bleibt also für ihre eigene Kreditschuld oder für ihre eigene Geldanlage selbst verantwortlich.

Getauscht werden *immer nur die Zinsen,* während die Kapitalbeträge unangetastet bleiben. Swaps sind grundsätzlich von den Grundgeschäften rechtlich getrennte Geschäfte, die unmittelbaren Einfluß nur auf die Zahlungen zwischen den Beteiligten haben. Abbildung 9 zeigt dies für einen klassischen Zinsswap.

2.2.1 Verringerung von Finanzierungskosten

Die Vorteile eines Swap bestehen für Unternehmen darin, daß sich insgesamt betrachtet *Finanzierungskosten reduzieren* oder die *Rendite aus Anlagen erhöhen* lassen. Dies wird im nachfolgenden Abschnitt anhand eines Rechenbeispiels (mit Ablaufdiagramm) näher erläutert.

2.2.2 Umstrukturierung von Forderungen und Verbindlichkeiten

Hinzu kommt, daß Schulden mit Hilfe von Swaps *umstrukturiert* werden können (feste in variable Verbindlichkeit oder umgekehrt), oder Anlagen attraktiver werden (Festverzinsung gegen die vorteilhafteren variablen Zinsen – bei steigenden Sätzen – oder umgekehrt). Gemeint ist damit im ersten Fall, daß ein Kreditschuldner, der beispielsweise bei einer Bank ein Festzinsdarlehen mit einer mehrjährigen Restlaufzeit hat, im Falle steigender Zinsen mittels Zinsswap seine Darlehenskosten für die Restlaufzeit verringern kann, ohne das bestehende Darlehen ablösen und der Bank für diesen Vorgang eine Vorfälligkeitsentschädigung zahlen zu müssen. Bei Geldanlagen kann (bei einem steigenden Zinsmarkt) eine Optimierung der Geldanlage erreicht werden, wenn die Geldanlage zu einem (niedrigeren) mehrjährigen Festzinssatz erfolgte und der Anleger mit der Geldanlage wegen der zu geringen Rendite unzufrieden ist.

2.2.3 Erweiterung des Marktzugangs

Außerdem kann mit Hilfe von Swaps der *Marktzugang* oft beträchtlich erweitert werden. Marktteilnehmer, die ein großes Finanzierungs- oder Anlagevolumen, aber nur reduzierten Zugang zum Kapitalmarkt haben, können mit Hilfe von Swaptransaktionen flexibler reagieren.

Schließlich können Swaps rechtlich gesehen *einfach gehandhabt* werden. Sie werden meist kurzfristig zur Ausnutzung von aktuellen Marktkonstellationen arrangiert. Die *Dokumentation* von Swapverträgen ist weitgehend mit dem sogenannten ISDA-Code, derzeit gültig in der Fassung von 1992, standardisiert[103]. Dieser Swap-Regelvertrag basiert auf Vorlagen der amerikanischen *International Swap Dealers Association (ISDA)* und regelt weltweit herrschend die Abwicklung des Swapgeschäfts. In Deutschland gibt es seit 1994 ebenfalls Swap-Musterverträge, welche für Zinsswapgeschäfte innerhalb Deutschlands zum Einsatz gebracht werden können und zusätzlich zum Rahmenvertrag für Finanztermingeschäfte eingesetzt werden.

---

103 Hierzu oben, Teil 2, 3.6.

2.2.4 Weitere Vorteile

Aufgrund der Breite des Swapmarktes kann ein Swap auch schon vor Ende seiner Laufzeit eingelöst werden. Swap-Teilnehmer haben es dadurch leichter, im Hinblick auf Schuldenstruktur oder Anlagenrendite und Zinsprognose flexibel vorzugehen. So erfolgt eine Auflösung von Swaps einfach durch Errichtung eines Gegenswapgeschäfts oder durch Zahlung oder Erhalt einer Auflösungsgebühr.

Für *Banken* schließlich ist der Swapmarkt eine Quelle innovativer Finanzierungen und Geldanlagen. Die ständig wachsende Anzahl der Swapmarktpotentiale erlaubt es, innovative Finanzierungstechniken maßgeschneidert für die Firmenkunden anzubieten.

Swaps eignen sich auch für das Management von Aktiva oder Passiva der Bilanz, mithin zur Steuerung der Bilanzstruktur. Swaps lassen sich hervorragend zur Verbesserung des Depot-A einsetzen, und schließlich können Banken im Handel mit Swaps Erträge erwirtschaften und schließlich im Swapmarkt auch arbitrieren.

2.2.5 Ablauf eines Zinsswap

Es wurde bereits darauf hingewiesen, daß es mehrere Arten des Ablaufs eines Zinsswap geben kann. Entweder (so ist es bei großen Swapvermittlern möglich, die mittels eines Swapbuches einen direkten Swappartner im Markt finden) werden durch die Vermittlung eines Maklers oder einer Bank zwei potentielle Swappartner zusammengeführt. Diesen Weg zeigt Abbildung 9.

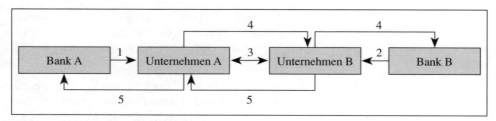

Abbildung 9: Ablauf eines Zinsswaps

Abbildung 9 geht davon aus, daß bei einem Zinsswap beide Swapparteien direkt miteinander den Swap abschließen:

1. Unternehmen A hat bei der Bank A eine Kreditverbindlichkeit mit variablem Zins.
2. Unternehmen B hat bei der Bank B eine Kreditverbindlichkeit mit festem Zins.
3. Der Zinsswap bedeutet für die vier Marktteilnehmer nun folgendes:
    - Es liegt kein Tausch der Kapitalbeträge, sondern nur der Zinsen vor.
    - Im reinen Zinsswap vollzieht sich alles in nur einer Währung.
    - Es besteht beim Zinsswap keine Verantwortung für die jeweilige Kreditschuld des Swappartners – beide Unternehmen bleiben ihren Banken gegenüber für die Rückführung der Kapitalbeträge wie auch für den Zinsendienst verantwortlich. Anders

ausgedrückt: die Banken „merken von den Zinsswapvereinbarungen ihrer Kunden gar nichts".
- Obwohl also die Zinszahlungen (in einem eigenständigen Rechtsverhältnis) getauscht werden, bleibt beim Zinsswap jede Partei ihrer finanzierenden Bank gegenüber für die Zinszahlungen verantwortlich.
4. Unternehmen A zahlt an Unternehmen B den unter dem Zinsswap vereinbarten festen Zinssatz. B bedient dann seine Kreditzinsverbindlichkeit gegenüber Bank B.
5. Unternehmen B zahlt an Unternehmen A den unter dem Zinsswap vereinbarten variablen Zinssatz. A bedient dann seine variable Kreditzinsverbindlichkeit gegenüber Bank A.

Alternativ ist es denkbar, daß eine Bank oder ein Makler direkter und unmittelbarer Swappartner werden (und die dadurch entstehende offene Position des Zinsrisikos danach durchhandelt) oder daß eine Bank den Swap handelt und das Zinsrisiko im eigenen Buch behält oder gegen eine entgegengesetzte Position aus den eigenen Büchern stellt (Hedging).

2.3 Risiken von Zinsswaps

Im Swapgeschäft gibt es naturgemäß – neben den vielen Chancen und Vorteilen – auch einige Risiken, die hier angesprochen werden sollen. Ausführlich ist zu diesem Themenkomplex bereits oben[104] Stellung genommen worden.

Zunächst enthalten Swaps ein sogenanntes *Bonitätsrisiko*. Dieses bezieht sich auf die Gefahr, daß bei Zinsswaps Zinszahlungen nicht oder nur teilweise geleistet werden. Hinzu kann ein *Sicherheitenrisiko* kommen. Ein solches entsteht dadurch, daß Swapgeschäfte normalerweise nicht gesondert besichert werden. Ein *Transferrisiko* kann dadurch bestehen, daß Swaps überwiegend Transaktionen in internationalen Märkten sind. Wie überall im internationalen Geschäft besteht hier das Risiko, daß ein Staat durch hoheitliche Maßnahmen den Transfer von Währung verbietet oder stark beschränkt.

Schließlich spielt das *Mismatchrisiko* eine Rolle im Swapgeschäft. Ein solches Risiko tritt immer dann auf, wenn für einen Swappartner kein passender Swappartner gefunden werden kann oder wenn die Konditionen von Swaptransaktionen nicht deckungsgleich dargestellt werden können. Mismatchrisiken können vor allem deshalb auftreten, weil im Hinblick auf die Höhe des Swapbetrages und die Laufzeit der Vereinbarung nicht immer und sofort ein geeigneter Swappartner gefunden werden kann. Allgemein kann gesagt werden, daß das Mismatchrisiko immer dann wächst oder besonders groß ist, wenn die jeweilige Swapaktion besonders spezielle Anforderungen stellt oder individuelle Sondervereinbarungen enthält, somit also anders ist, als es bei Standardgeschäften der Fall wäre. Allerdings hat die Entwicklung des Swapmarktes in den vergangenen zehn Jahren auch gezeigt, daß die Bankenwelt oder die handelnden Makler sehr flexibel mit dem Instrumentarium umzugehen verstehen, so daß das Mismatchrisiko bei Swaptransaktionen zunehmend geringer zu bewerten ist.

---

104 Dazu oben, Teil 2, Ziff. 3.5.

2.4 Arten von Zinsswaps

Der einfache Zinsswap (auch „plain vanilla swap", „generic swap" oder auch „Kuponswap") ist ein Swap, bei dem ein fester gegen einen variablen Zinssatz getauscht wird. Diese Swapform ist die am häufigsten anzutreffende Form der heute gehandelten Zinsswaps.

Daneben gibt es *Basisswaps* (Indexswaps), die eine Weiterentwicklung des Grundinstruments darstellen. Hier werden stets *zwei variable* Zinssätze mit unterschiedlichen Referenzraten getauscht. Bekannte Referenzraten sind etwa der LIBOR-Satz, daneben LIBID (Anlage- Geldmarktsatz), FIBOR, die US-amerikanische prime-rate (Geldmarktsatz für erste Adressen), der CD-Satz (also der Satz für kurz- und mittelfristige Schuldverschreibungen) und so weiter. Hierzu folgen nachstehend noch weitere Anmerkungen.

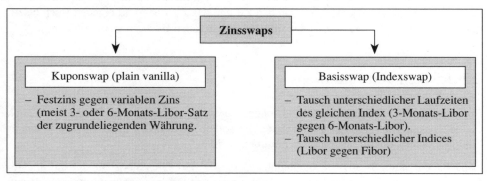

Abbildung 10: Kuponswap und Basisswap

2.4.1 Kuponswaps (Plain Vanilla Swap)

2.4.1.1 Begriff des Kuponswap

Beim einfachen Zinsswap (Kuponswap[105]) werden feste gegen variable Zinsen getauscht. Diese am häufigste angewandte Zinsswapform wird auch als „plain vanilla" oder „generic" – Swap bezeichnet. Die Quotierung von Zinsswaps durch Banken oder Maklerfirmen (Indikationen über Reuters oder Telerate abrufbar) erfolgen üblicherweise in der Form, daß ein Festzinssatz (Geld- und Briefkurs) quotiert wird, und daß der Sechs-Monats-Libor-Satz der betreffenden Währung dagegensteht. Dieser variable Zinssatz gilt dann nur für die erste Zinsperiode und wird nach sechs Monaten angepaßt, während der Festzinszahler (Swappartner) während der gesamten Swaplaufzeit den festen Zinssatz zu zahlen hat.

---

[105] Der Begriff „Kuponswap" deutet an, daß der Festsatz in diesen Zinsswaps der Rendite beziehungsweise dem Kupon von Paripapieren entspricht. „Kupon" ist die Bezeichnung für den Festsatz, den Kassazinsinstrumente zahlen.

DM-Libor-Sätze am 1.3.1996	DM-Zinsswap-Sätze am 1.3.1996
1 Monat: 3,3750	2 Jahre: 3,93 – 3,97
2 Monate: 3,3750	3 Jahre: 4,54 – 4,58
3 Monate: 3,3710	4 Jahre: 5,10 – 5,14
6 Monate: 3,3600	5 Jahre: 5,51 – 5,55
9 Monate: 3,3600	8 Jahre: 6,28 – 6,32
12 Monate: 3,4350	10 Jahre: 6,55 – 6,59

Aus der Tabelle können zwei für die Zinsswaps maßgebliche Daten entnommen werden (das Beispiel geht von den aktuellen Marktzinsen am genannten Datum aus): zum einen benötigt man, um einen Zinsswap „rechnen" zu können, normalerweise den aktuellen Sechs-Monats-Libor der gewünschten Währung[106]. Da Zinsswaps natürlich auch gegen den Drei-Monats-Libor-Satz oder andere Fristigkeiten darstellbar sind, sind auch andere Perioden mit angegeben. Zum anderen werden Zinsswaps immer in der Weise quotiert, daß die Geld- und Briefkurse des Festzinses genannt werden[107].

Wichtig ist, daß der Zinsswap grundsätzlich nur vom reinen Geldmarktsatz ohne Aufschlag ausgeht[108]. Dem steht der genannte Festzinssatz gegenüber, wobei die Spanne zwischen Geld- und Briefkurs fünf Basispunkte beträgt. Die genannten Festzinssätze sind immer „all in"-Sätze, die also ohne weitere Aufschläge quotiert werden. Kuponswaps werden ab einem Volumen von nicht unter DM 5 Mio. gehandelt (lange Zeit war der Mindestbetrag DM 10 Mio.)[109].

2.4.1.2 Rechenbeispiel eines Kuponswap

An dieser Stelle soll nun anhand eines einfachen praktischen Beispiels aufgeführt werden, wie ein Zinsswap „gerechnet" werden kann. Dabei werden die oben angeführten Marktdaten zugrundegelegt.

---

106 Zinsswaps werden üblicherweise gegen den Sechs-Monats-Libor dargestellt. Alle anderen Libor-Sätze sind ebenfalls, allerdings mit Aufschlag, darstellbar. Es wird deshalb teurer, weil der Markt für alle anderen Zinsperioden weniger liquide ist.
107 Wer den festen Zins erhalten und selber Libor zahlen will, bekommt den beim Zinsswap links genannten Briefkurs (Verkauf eines Swap). Wer sich vom variablen Zins lösen will und den festen Zins für die Zukunft zahlen möchte, zahlt den für die entsprechende Laufzeit rechts genannten Zinssatz (Geldkurs, Kauf eines Swap).
108 Der Libor-Satz wird nach der Tageberechnungsmethode echt/360 kalkuliert.
109 Kleinere Volumina sind darstellbar, aber teurer, und lohnen sich wegen des hohen Verwaltungsaufwands nicht mehr. Auch „broken dates" und „broken amounts", also abgekürzte Laufzeiten und krumme Beträge sind (mit Aufschlag) handelbar, was aus Gründen des Risiko Management (Hedging) trotz entstehender höherer Kosten sinnvoll ist.

Das Beispiel ist wie folgt: Ein *Unternehmen A* hat bei seiner *Bank* ein festverzinsliches Darlehen über DM 10 Mio. mit einer Gesamtlaufzeit von 8 Jahren aufgenommen. Für dieses Darlehen ist mit 9,2 % p.a. (bei jeweils halbjährlichen Zinszahlungsterminen) Zinsdienst zu leisten.

Nach Ablauf von drei Jahren – und bei der Marktkonstellation ständig sinkender Zinsen – möchte das Unternehmen A am niedrigen Zinsniveau des Marktes teilhaben und überdenkt die Möglichkeiten, die ein Zinsswap für die Restlaufzeit des Darlehens (fünf Jahre) bieten könnte. Die Überlegung ist folgende: Das Darlehen bei der Bank wird weiterhin hinsichtlich des Tilgungs- und Zinsendienstes von Unternehmen A bedient, wie vereinbart. Der Swappartner zahlt fünf Jahre lang jeweils halbjährlich nachträglich den fest vereinbarten Swapsatz (hier: 5,51 % p.a.), während das Unternehmen A dem Swappartner jeweils halbjährlich fünf Jahre lang den jeweils für eine Halbjahresperiode aktuellen DM-Sechs-Monats-Libor zahlt. Der sofort sichtbare Vorteil besteht darin, daß Unternehmen A vom Swappartner „mehr" erhält, als umgekehrt an den Swappartner zu zahlen ist. Diesen Vorteil kann Unternehmen A einsetzen, um seinen Zinsendienst bei der Bank „zu verbilligen". Die Situation ist in Abbildung 11 dargestellt.

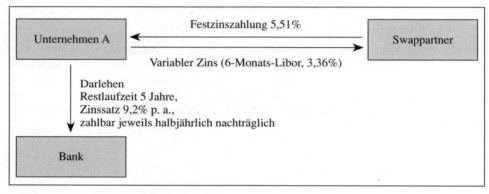

Abbildung 11: Ablauf eines Zinsswap

Allerdings ist unter Risikoaspekten zu beachten, daß die auffällige Verbilligung[110] nur für die erste (von zehn Halbjahresperioden der fünfjährigen Darlehensrestlaufzeit) kalkulierbar ist. Das Risiko des Unternehmens A besteht also darin, daß sich der Geldmarktsatz (Sechs-Monats-Libor) in den verbleibenden Jahren verteuert und irgendwann den vom Swappartner gezahlten Festzinssatz übersteigt. Der „Break even-Punkt" liegt danach für Unternehmen A im obigen Beispiel genau bei 5,51 %. Sollte dieser Punkt erreicht oder überschritten werden, kann nur für die dann noch bestehende Restlaufzeit mit Hilfe eines Gegenswap (reverse swap) eine Absicherung des Zinsrisikos versucht werden (Abbildung 12).

---

110 Die „Verbilligung" für die erste (!!) Zinsperiode der Swaplaufzeit von fünf Jahren berechnet sich wie folgt: Erhalt des Festzinses minus zu zahlendem Liborsatz (= Swapvorteil, im Beispiel 2,15 %). In DM umgerechnet sind dies:
$$\frac{\text{DM } 10\,000\,000 \times \text{Zinsvorteil } 2{,}15 \times 180 \text{ Tage}}{360 \text{ Tage} \times 100} = \text{DM } 107\,500{,}-\,.$$

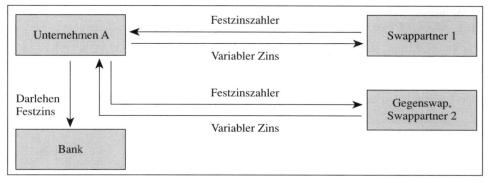

Abbildung 12: Swap und Gegenswap

Abbildung 12 gibt keine Zahlenangaben. Das Zinsänderungsrisiko wird im einfachsten Fall dadurch abgedeckt, daß der Gegenswap gleiche Zinsfälligkeitstermine und dieselbe Referenzrate aufweist (DM-Sechs-Monats-Libor bei beiden Geschäften). Es wird allerdings kaum zu erreichen sein, im Gegenswap einen günstigen Festzins zu erreichen. Das Risiko des Unternehmens A liegt also darin, daß unter Zuhilfenahme des Gegenswaps zwar das Risiko sich ändernder variabler Zinsen abgedeckt wird, doch auf der anderen Seite wird die Belastung durch den zu zahlenden Festzins (der marktgerecht auch teurer geworden sein dürfte) größer. Insoweit kann man Zinsswaps nicht klar kalkulieren, sondern es muß dieses spekulative Element der Zinsentwicklung erkannt und berücksichtigt werden. Gegenswaps sollten daher, kurz gesagt, in einer solchen Konstellation, wie im Beispiel gezeigt, schon deutlich vor Erreichen des „Break-even-Punktes" zum Hedging genutzt werden.

2.4.2 Basisswaps

Im Gegensatz zum Kuponswap werden beim Basisswap[111] nur variable Zinsen getauscht. Entweder wird derselbe variable Index (zum Beispiel der Libor-Satz) mit unterschiedlichen Laufzeiten getauscht (Drei-Monats-Libor gegen Sechs-Monats-Libor) oder es werden unterschiedliche Indices (auch mit unterschiedlichen Laufzeiten) getauscht (zum Beispiel Drei-Monats-Libor gegen Sechs-Monats-Fibor). Zu den unterschiedlichen Indices werden hauptsächlich folgende Referenzraten gezählt:

- LIBOR: London Interbank Offered Rate (Geldmarktsatz, zu dem internationale Banken untereinander Termineinlagen anbieten)
- LIBID: London Interbank Bid Rate (Anlagesatz)
- LIMEAN: Arithmetisches Mittel aus Libor und Libid
- FIBOR: Frankfurt Interbank Offered Rate
- NIBOR: New York Interbank Offered Rate (Geldmarktsatz von 11.00 Uhr New Yorker Zeit; bietet US-Teilnehmern den Vorteil einer einheitlichen Zeitzone)
- US-Prime-Rate: Geldmarktsatz für „erste Adressen"

---

111 Auch „Indexswap" oder „Floating-to-Floating-Interest-Rate-Swap".

In Abbildung 13 ist ein Fünf-Jahres-Basisswap DM-Drei-Monats-Libor gegen DM-Sechs-Monats-Libor dargestellt.

Um Verwechslungen der variablen Zinssätze zu vermeiden, werden (anders als beim Kuponswap) beim Basisswap grundsätzlich die beiden variablen Zinszahlungen benannt.

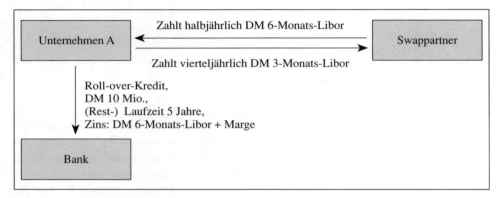

Abbildung 13: Basisswap mit verschiedenen Referenzraten

2.5 Swapderivate

Bislang wurde nur der „reine" Zinsswap als Kupon- oder Basisswap besprochen, bei dem beispielsweise die Nominalbeträge und Laufzeit des Swaps konstant bleiben. Der Zinsswap ist aber ein besonders flexibles Instrument, das sich auch in vielfachen abgeleiteten Formen im Markt entwickelt hat. Um die in Finanz- und Investitionsgeschäften wichtigen Zahlungsstrukturen besonders fein abstimmen zu können, wurden Swaps beispielsweise so entwickelt, daß der Zahlungsbeginn (Forward Swap), die Rückzahlungsart (Stufen Swap) oder die Zinszahlungsmodalitäten veränderbar sind (zum Beispiel Zero Coupon Swap). Die wichtigsten Ausgestaltungen werden nachstehend beschrieben.

2.5.1 Forward Swap

Die Besonderheit des Forward Swap[112] besteht darin, daß der Laufzeitbeginn des Swap auf einen zukünftigen Zeitpunkt verschoben ist. Diese Vorlaufzeiten können zwischen wenigen Wochen und mehreren Jahren betragen, doch muß beachtet werden, daß der Markt nur für eine Swap*gesamtlaufzeit* (Vorlaufzeit und Laufzeit des Zinsswap) von bis zu zehn Jahren liquide ist. Forward Swaps eignen sich für die Fälle, in denen ein Kredit-

---

[112] Auch: „Delayed-Start-Swap", „Termin-Swap", „Deferred Swap" (also Swap mit verzögertem Beginn).

nehmer einen Festzinssatz für eine längere Laufzeit (anders als etwa beim FRA[113]) mit einem in der Zukunft liegenden Laufzeitbeginn sichern will (oder umgekehrt Eignung für den Anleger, der in der Zukunft einen für ihn günstigen Anlagefestzins sichern möchte).

Ein solcher Swap mit verzögertem Beginn läßt sich auch mit einem stufenweise verzögert aufgebauten Nominalbetrag darstellen (Deferred Forward Swap). Hier wird nach Ablauf einer Vorlaufzeit zunächst nur ein Teil des Nominalbetrages vom Forward Swap erfaßt. Nach Ablauf einer weiteren Vorlauffrist erhöht sich der mit dem Swap erfaßte Nominalbetrag.

2.5.2 Veränderliche Nominalbeträge

Dieser zuletzt angesprochene Gedanke findet sich in weiteren Swapderivaten, die die Veränderung von Nominalbeträgen zur Grundlage haben. Anders als beim Forward Swap wird (in der Grundausstattung) nicht der Zahlungsbeginn, sondern der den Swaps zugrundeliegende Nominalbetrag, auf den sich die auszutauschenden Zinszahlungen beziehen, verändert. Die hier bekanntesten Grundtypen sind der Amortizing Swap in seinen Ausgestaltungsformen und der Stufen Swap. Beide werden nachstehend beschrieben.

2.5.2.1 Amortizing Swap

In dieser Swapform[114] reduziert sich der zugrundeliegende Nominalbetrag nach einem vorher vereinbarten Ablaufplan. Analog zu einer Vereinbarung im Kreditgeschäft, die beispielsweise eine bestimmte Tilgung der Kapitalbeträge vorsieht, kann mit der Version des Tilgungsswaps auf die reduzierten Kapitalbeträge (und damit auch auf die niedrigeren Zinsvolumina) Rücksicht genommen werden (Abbildung 14).

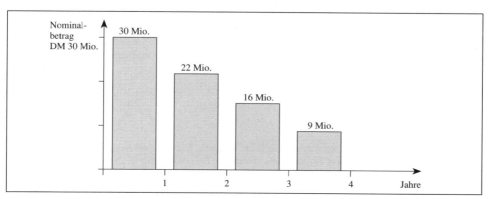

Abbildung 14: Beispiel eines Amortizing Swap

---

113 Dazu ausführlich unten; Forward Rate Agreements (FRA) lassen eine Zinssicherung nur für Laufzeiten von bis zu einem Jahr und mit maximal einem Jahr Vorlaufzeit zu.
114 Auch als „Tilgungsswap" bezeichnet.

Parallel zu den jeweiligen Beträgen wird jeweils ein neuer Zinsswap geschrieben. Der Amortizing Swap[115] besteht im Beispiel also aus vier Swaps mit unterschiedlichen Beträgen und Laufzeiten.

2.5.2.2 Stufen-Swap

Der Stufen-Swap ist ein aufbauender Swap[116] und das Gegenstück zum Amortizing Swap. Der zugrundeliegende Nominalbetrag steigt während der Swaplaufzeit in der bei Vereinbarung des Zinsswaps vereinbarten Weise an. Für Marktteilnehmer ist diese Swapvariante sinnvoll, wenn sie einen Mismatch von Zahlungsströmen beispielsweise bei großen Investitionsprojekten vermeiden wollen. Wird beispielsweise eine Großanlage erstellt, die in fünf Jahren fertiggestellt und dann verkauft werden soll, dann wird die Investitionssumme, die sich bis zum Verkauf sukzessive jährlich auf den Höchststand in fünf Jahren erhöht, nach dem Verkauf wieder freigesetzt. Will das Anlagenbauunternehmen die Anlage festverzinslich finanzieren, um eine sichere Kalkulationsbasis zu haben, könnte es entweder bei der Bank ein Festzinsdarlehen (mit steigendem Kapitalbetrag) aufnehmen, oder aber bei der Bank eine variable Kreditlinie nutzen und mittels Stufenswaps mit dem Swappartner vereinbaren, einen bei Swapvertragsschluß festgelegten Festzins für einen im Swap zugrundeliegenden ansteigenden Nominalbetrag zu zahlen und seinerseits unter dem Swap den variablen Zins zu erhalten. Der unter dem Swap erhaltene variable Zins wird zur Bedienung des Kredits genutzt, so daß das Unternehmen im Grunde eine (unter dem Swap vereinbarte) Festzinszahlung leistet. Dies ist sinnvoll, wenn ein Festzinsdarlehen der finanzierenden Bank teurer wäre als der Festzins unter dem Swap.

2.5.2.3 Roller Coaster Swap

Natürlich ist bei Derivaten immer auch eine Verknüpfung der Grundmethoden denkbar. Werden Stufen-Swap und Amortisationsswap miteinander kombiniert, nimmt also der Nominalbetrag während der ersten Jahre der Swaplaufzeit sukzessive zu, um gegen Ende der Laufzeit dann sukzessive abzunehmen, dann wird dieses Instrument als Roller Coaster Swap bezeichnet.

---

115 *Knippschildt* a.a.O., S. 79 weist mit Hinweis auf Jentzsch, Kapitalmarktswaps, Strukturen und Risiken, Bern 1989, S. 84 darauf hin, daß diese Swaps häufig von Banken nachgefragt werden, die Annuitätendarlehen mit oder ohne Zinsfestschreibung vergeben, aber diese Kredite nicht selbst laufzeiten- oder zinsbindungskonform refinanzieren können. Hat diese Bank das Annuitätendarlehen beispielsweise durch eine festverzinsliche Schuldverschreibung mit gleichem Volumen und gleicher Laufzeit finanziert, so kann sie einen Mismatch bei den Zinszahlungen vermeiden, indem sie mittels eines solchen Swap die Amortisationsbeträge aus dem Darlehen in die für die Bedienung der Schuldverschreibung benötigten Zahlungen tauscht (vgl. auch *Lerbinger,* Zins-und Währungsswaps a.a.O., S.55 ff.).

116 „Step up Swap"; „Drawdown Swap".

2.5.3 Zero Coupon Swap

Die letzte hier anzusprechende Variante der Swaps mit geänderten Zahlungsstrukturen ist der Zero Coupon Swap. Ein Zerobond – in diesem Zusammenhang[117] – ist eine Anleihe in abgezinster Form, bei der keine laufenden Zinsen gezahlt werden. Die Verzinsung besteht stattdessen in der Differenz zwischen dem Ausgabekurs und dem wesentlich höheren Rückzahlungsbetrag[118]. Diese Zero Coupon-Verbindlichkeiten kennt man in den USA seit Beginn der 80er Jahre, bedingt durch die damalige steuerliche Behandlung des Emissions-Disagios und des hohen US-amerikanischen Zinsniveaus der damaligen Zeit.

Im Gegensatz zu einem normalen Zinsswap, bei dem periodische gegenseitige Zinszahlungen stattfinden, werden bei einem Zero Coupon Swap, der grundsätzlich nur mit Schuldnern erstklassiger Bonität abgeschlossen wird, periodisch anfallende variable verzinsliche Zahlungen gegen eine einmalige Festzinszahlung am Ende der Laufzeit des Swap getauscht[119]. Mit diesen Swaps ist es daher möglich, eine abgezinste Verbindlichkeit in eine normale variabel verzinsliche Verbindlichkeit zu transformieren, wobei in der Regel ein Zinssatz unterhalb des Libor-Satzes erzielt werden kann[120].

2.5.4 Zinsswaps in Verbindung mit Optionen

Eine besondere Chance zur maßgeschneiderten Anwendung von Swaps ergibt sich bei einer Einbindung von Optionen. Unterschieden werden hier Swaps mit Optionen auf eine Laufzeitänderung sowie die Ausgestaltungsformen der sogenannten „Swaption".

2.5.4.1 Swaps mit Laufzeitänderungsoption

Wenn ein Swap in Zusammenhang mit einer Option gebracht wird, ist es zunächst sinnvoll, das Swapgeschäft „kündbar" zu machen und damit dem Swappartner eine Option auf eine vorzeitige Beendigung des Geschäfts einzuräumen.

Wird dem Festzins*zahler* das Recht zu einer vorzeitigen Kündigung eingeräumt, nennt man den Zinsswap „callable swap". Hat dagegen der Festzinsempfänger dieses Recht, nennt man das Instrument „putable swap". Für das Recht der Kündigung hat der Inhaber der Option die übliche Optionsprämie zu zahlen.

---

117 Hierzu vertiefend *Scholz,* Der DM Zerobond, Alternative für Anleger und Emittenten, Frankfurt 1988.
118 *Knippschild* a.a.O., S. 81, u.a. mit Hinweis auf die Marktentwicklung in den USA seit 1982 und *Beckstrom,* The Development of the Swap Market (in: Antl (Hrsg.), Swap Financing Techniques, London 1983), S. 44.
119 Wie bei Zerobonds muß nämlich die Schlußzahlung des Gesamtbetrages auf jeden Fall gewährleistet sein, so daß es auf eine hohe Bonität des Swappartners besonders ankommt.
120 *Knippschild* a.a.O., S. 81. Eine Fallstudie zu Zero Coupon Swaps findet sich in *Maguire/Sathe,* Zero Coupon Swap (in Antl, (Hrsg.) Swap Finance, Bd. 2, London 1986), S. 208 ff.

Ist der Swap nicht vorzeitig kündbar, sondern im Gegenteil verlängerbar, nennt man das Instrument „prolongierten Swap" (extendable swap). Dem Inhaber der Option wird das Recht eingeräumt, gegen Zahlung einer Optionsprämie eine Verlängerung der Swaplaufzeit vom Stillhalter zu verlangen.

2.5.4.2 Swaption

Geht es darum, den Swap überhaupt durchzuführen oder nicht, kommt eine Swaption in Betracht[121]. Bei einer Swaption hat der Käufer das Recht, aber nicht die Pflicht, bis zu einem bestimmten Verfalltag und zu festgelegten Konditionen einen Swap durchzuführen. Wie immer bei Optionen, werden auch hier europäische und amerikanische Swaptions unterschieden: bei der eurpäischen Swaption kann das Recht nur am Verfalltag, bei der amerikanischen Swaption dagegen während der gesamten Optionslaufzeit ausgeübt werden.

Swaptions sind im DM-Bereich vergleichbar mit Optionsscheinen auf DM-Bundesanleihen oder Optionsrechten auf Aktien des Bundes. Swaptions[122] haben eine wichtige Anwendung dort, wo Bietungsverfahren über Groß*investitionsprojekte* laufen, ein Bieter für den Fall des Zuschlags ein hohes Investitionsvolumen finanzieren und daher die *Kalkulation* auf eine sichere Zinsbasis stellen muß. Es ist dann mit dem Swap möglich, die bei einer Bank bereitgestellten variabel verzinslichen Kreditmittel in Festzinsmittel zu tauschen, so daß der Zinssatz für die zukünftige Mittelaufnahme schon zum frühestmöglichen Zeitpunkt festgeschrieben wird. Die mit dem Swap verknüpfte Option gibt die Mög-

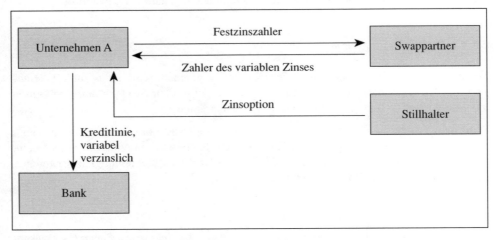

Abbildung 15: Swaption

---

121 Swaptions kennt die Praxis nur für den Zinsbereich. Im Währungsbereich ist dieses Instrument unüblich, wenn auch theoretisch darstellbar. Zinsswaptions werden seit Erfindung des Instruments in den USA im Jahre 1985 mit den üblichen Eurowährungen (häufig im US-Dollar) aufgelegt.

122 Ausführlich zu Swaptions: *Zugehör,* Die Verbindung von Option und Zinsswap, Die Swaption, in: Die Bank 1989, S. 323 ff.

lichkeit, die Möglichkeit des Zinsswaps verfallen zu lassen. Dieses Verfahren der Swaption kann anstelle des Forward Swap auf einen zukünftigen Zinsswap gewählt werden. Gegen Zahlung der Optionsprämie hat der Marktteilnehmer die Möglichkeit, den Zinsswap gar nicht in Anspruch zu nehmen oder aber die Option auszuüben und vom Zinsswap Gebrauch zu machen.

Zu Abbildung 15 ist anzumerken, daß es sich bei Kredit, Zinsswap und Option („Swaption") um drei eigenständige Geschäfte handelt. Es ist bei einer „Swaption" üblich, daß Swappartner und Stillhalter der Option dieselbe Person sind.

Des weiteren werden Swaptions angewandt, wenn Festsatzanleihen mit Bezugsrechten (Warrants) auf eine weitere Anleihe oder sogenannte „Naked Warrants", die ausschließlich ein Bezugsrecht für eine Anleihe enthalten, emittiert werden[123]. Hier ist es meist nicht sicher, ob der Investor von seinem Bezugsrecht Gebrauch macht[124]. Swaptions machen also dann Sinn, wenn die Notwendigkeit einer zukünftigen Mittelaufnahme oder -anlage ungewiß ist.

2.5.4.3 Spread-Swaption

Die Spread-Swaption ist eine Reaktion des Marktes auf den Umstand, daß im US-Dollar-Bereich Swaps üblicherweise mit einem Aufschlag *(spread)* über einem Referenzzinssatz[125] angegeben werden. Dieser Spread variiert je nach Marktlage und bedeutet daher – neben dem Zinsänderungsrisiko – eine weitere Risikoposition. Mit „spread locks" wird gegen Zahlung einer einmaligen Prämie der Aufschlag über dem Treasury-Zinssatz direkt festgelegt, während mit einer „spread option" dem Inhaber das Recht eingeräumt wird, während oder am Ende der Optionslaufzeit einen Zinsswap zu einem festgelegten Basis-Spread zu kaufen. Der Markt für Spread Swaptions ist klein, was zu erhöhten Kosten bei den Aufschlägen führt. Außerdem ist die beinahe ausschließliche Verwendung auf Basis des US-Dollar angesichts des weltweiten Euromarktes dem Produkt nicht förderlich. In der heutigen Bankpraxis wird daher dieses Zinsprodukt nur selten angewandt.

---

123 *Lerbinger*, Zins- und Währungsswaps, a.a.O., S. 68.
124 *Knippschild*, a.a.O., S. 86 gibt das Beispiel der Anleiheemission: „Begibt ein Unternehmen eine 3-jährige US-Dollar-Anleihe mit einem Warrant, der zum Bezug einer 5jährigen DM 6 %-Anleihe berechtigt, so wird der Warrant nur dann ausgeübt, wenn der DM-Zinssatz unter 6 % liegt. Wünscht der Emittent schon zu Beginn der Gesamttransaktion diesen eventuell anfallenden DM-Betrag gegebenenfalls auf eine variable Verzinsung umzustellen, oder aber in eine andere Währung zu tauschen, bietet sich der Abschluß einer Swaption an." Dieses Verfahren wird als *Eventual Swap* oder auch *Contingent Swap* bzw. *Optionsschein Swap* bezeichnet.
125 In den USA sind dies beispielsweise die *US-Prime Rate* (der Geldmarktsatz für „erste" Adressen), die *T-Bill Rate*, also der Satz des drei- bis sechsmonatigen Schuldverschreibungen des US-Schatzamtes (Treasury) oder die *US-Domestic-CD-Rate*, also der Zins der kurz- bis mittelfristigen Schuldverschreibungen von Banken mit 14tägiger bis 10jähriger Laufzeit.

2.6 Weitere Anwendungsbereiche für Zinsswaps

Abschließend soll auf die Möglichkeit von Asset Swaps, Loan Swaps sowie von Debt-Equity-Swaps eingegangen werden.

2.6.1 Asset Swap

Asset Swaps bezeichnen die Umwandlung von Zinszahlungen im Wertpapierbereich[126]. Entweder tauscht man festverzinsliche Wertpapiere in variable oder umgekehrt, oder man tauscht Zinseinnahmen aus einem Wertpapier in eine andere Währung.

Asset Swaps, die sich nach der Laufzeit des zugrunde liegenden Wertpapiers richten, eignen sich zum aktiven Zinsmanagement und damit zur flexiblen Steuerung eines Wertpapierdepots. Bei einem zu erwartenden nachhaltigen Zinsanstieg kann der Anleger sein bislang festverzinsliches Depot auf variable Basis umstellen; bei sinkenden Zinsen läßt es sich mittels Asset Swap vom variabel verzinslichen Depot auf feste Zinsen umstellen.

2.6.2 Loan Swap

Loan Swaps stehen in Zusammenhang mit Kreditforderungen gegen staatliche Schuldner[127]. Konnte ein Staat seinem Schuldendienst nicht (mehr) nachkommen, wurden die Forderungen von den Gläubigern auf dem Sekundärmarkt angeboten. Der Sekundärmarkt ermöglichte neben diesem Verkauf von Kreditforderungen (an Entwicklungsländer) auch einen Tausch solcher Kreditforderungen[128]. Es wurde dadurch den Marktteilnehmern ermöglicht, entweder vermeintlich bessere Länderrisiken gegen vermeintlich schlechtere zu tauschen, oder aber solche Länderrisiken durch den Swap in die Bücher zu nehmen, die aufgrund der Marktdurchdringung der Bank leichter realisierbar schienen oder aber den bankstrategischen Interessen besonders nahe kamen[129].

2.6.3 Debt-Equity-Swap

Mit Debt-Equity-Swaps werden in Fremdwährung ausgedrückte Kreditforderungen in Eigenkapitalanteile an öffentlichen oder privaten Unternehmungen des Schuldnerlandes in lokaler Währung getauscht. Die Kreditforderungen in der Zielwährung können auch am

---

[126] Damit gibt es eine Abgrenzung zu den üblichen Zinsswaps, bei denen wirtschaftlich gesehen (Zins-)Verbindlichkeiten getauscht werden.
[127] Der erste Loan Swap wurde 1982 gehandelt, als Mexiko ein Schuldenmoratorium aussprach, den Zins- und Kapitaldienst einstellte und der Markt damit begann, Kreditforderungen gegenüber Staatsschuldnern mit einem Abschlag auf den Nominalwert zu handeln. Hiraus entwickelte sich seit den 80er Jahren ein neuer Sekundärmarkt für Staatsschulden.
[128] Sog. Debt-Debt-Swaps.
[129] Zur Vertiefung vgl. *Lerbinger,* Finanzinnovationen und Schuldnekrise, Die Bank 1987, S. 597 f.

Sekundärmarkt gekauft oder im Rahmen eines Loan Swap gegen Kreditforderungen gegenüber anderen Ländern getauscht werden. Die Investition im Schuldnerland kann entweder direkt (durch Aktienerwerb eines Unternehmens oder Kapitalisierung einer eigenen Tochtergesellschaft) oder indirekt durch Beteiligung an einem Fond erfolgen[130].

2.7 Strategien mit Zinsswaps

Zinsswaps können, wie bereits beschrieben, in Verbindung mit einer bestehenden oder einer zukünftigen Vermögensposition (Asset Swap) als auch mit Verbindlichkeiten (Liability Swap) eingesetzt werden. Die heute üblichen Einsatzmöglichkeiten von Zinsswaps sind dabei bereits ausführlich aufgezeigt worden. Im klassischen Kundengeschäft der Banken werden Zinsswaps mit einem bereits vorhandenen Grundgeschäft verknüpft, doch ist der Einsatzbereich der Swaps über das reine *Hedging* hinaus auch auf das *Arbitrieren* zum Erzielen von Handelserträgen ausgerichtet.

2.7.1 Hedging mit Swaps

Werden Zinsswapgeschäfte mit bereits angelegten oder noch anzulegenden Geldern (Vermögensgegenständen) verbunden, nennt man diese Swaps *Asset-Swaps*. Diese werden von Anlegern, Fonds-Managern und so weiter eingesetzt. Handelt es sich dagegen um eine Umstrukturierung von Verbindlichkeiten auf der Passivseite, dann nennt man diese Swaps *Liability Swaps,* die von (Kredit-)Schuldnern, Emittenten und so weiter eingesetzt werden.

Mit einem Zinsswap kann auch ein anderes Finanzinstrument gegen das Zinsänderungsrisiko abgesichert werden. So können beispielsweise Kuponswaps auf der Aktivseite der Bilanz eingesetzt werden, um Straight Bonds (Bundesanleihen, Pfandbriefe) gegen Kursverluste abzusichern. Auf der Passivseite kann beispielsweise die Emission eines Floaters bei steigendem Geldmarktzins durch einen Liability Swap vor Zinsrisiken geschützt werden. Mit dem Swap wird dann eine synthetische Festsatzverbindlichkeit erreicht.

2.7.2 Arbitrage mit Zinsswaps

Banken und sonstige Marktteilnehmer können Zinsswaps daneben selbstverständlich auch zur Arbitrage einsetzen. Da ein Zinsswap gehandelt werden kann, ohne daß etwa ein Darlehen oder eine variable Zinsverbindlichkeit – beziehungsweise auf der Gegenseite ein variable oder festverzinsliche Geldanlage – vorliegt, ist die Möglichkeit der Nutzung von Kostenunterschieden an unterschiedlichen Märkten oder bei verschiedenen Marktteilnehmern eröffnet: Die Arbitrage kann sich, wenn die Kosten für die Geschäfte nicht zu

---

[130] *Knippschild* a.a.O., S. 92; *Lerbinger,* Finanzinnovationen und Schuldenkrise, Die Bank 1987, S. 595 f.

hoch auslaufen, lohnen. Diese sogenannte Differenzarbitrage nutzt in einer recht komplexen Strategie[131] die Zinsswaps, um bestehende Kursungleichgewichte auszunutzen.

Im Ergebnis läßt sich bis hierher festhalten: Swaps eignen sich als „Kuponswaps" zur Ausnutzung von Arbitragepotentialen auf der Aktiv- und Passivseite. Es können mit Zinsswaps Tradingstrategien sowohl für fallende als auch für steigende Renditen entwickelt werden. Mit Asset-Swaps lassen sich Rentenportfolios gegen Kursverluste absichern und mit Liability Swaps variabel verzinsliche Verbindlichkeiten gegen steigende Zinsen. Swaps ermöglichen eine sichere Kalkulationsbasis im Asset und Liability Management eines Unternehmens, wenn aus einem variabel verzinslichen ein festverzinsliches Zinsinstrument „sythetisch" gegenübergestellt wird. Wichtig ist bei all diesen Strategien, daß die Swaps keine Kapitalbewegungen bedingen oder hervorrufen, da sie stets vom Grundgeschäft getrennt gehandelt und abgewickelt werden.

2.8 Kalkulation von Zinsswaps

In einem letzten Abschnitt zu den Zinsswaps soll ein nur kurzer Überblick über die controlling-relevanten Probleme der Kalkulation von Zinsswaps gegeben werden. Im übrigen ist auf die zu diesem Themenbereich vorhandene grundlegende Literatur[132] zu verweisen. In diesem Überblick, der die Problematik der Nutzung von Finanztermingeschäften in der Anwendung durch Banken lediglich anreißen soll, ist einzugehen auf die Notwendigkeiten zu einer Ermöglichung der Swapkalkulation und auf das Grundkonzept der Marktzinsmethode im Zusammenhang mit Zinsswaps.

2.8.1 Voraussetzungen für eine Kalkulation von Zinsswaps

Heute ist es Standard, daß Banken ein EDV-gestütztes Kalkulationssystem für Swaps einsetzen, welche zugleich eine *Abwicklung* der gehandelten Geschäfte wie auch eine interne *Steuerungs-* und *Überwachungs*funktion ermöglichen. Bei der Abwicklung werden sämtliche für den Geschäftsabschluß relevanten Daten in das System eingegeben, also insbesondere die Zins- und Fälligkeitsstruktur, die Grundbeträge und Zinsen sowie alle weiteren wichtigen Daten zum Geschäftspartner.

---

131 Hierzu finden sich mehrere Beispiele bei *Eller/Spindler,* Zins- und Währungsrisiken optimal managen, Stuttgart 1994, S. 163 ff.
132 Einen guten Überblick geben *Schierenbeck/Rolfes,* Entscheidungsorientierte Margenkalkulation, in: Schierenbeck (Hrsg.), Schriftenreihe des Instituts für Kreditwesen der Westfälischen Wilhelm-Universität Münster, Band 38, Frankfurt 1988, S. 12 ff; *Knippschild* a.a.O., S.95 ff; *Schierenbeck,* Ertragsorientiertes Bankmanagement, Controlling in Kreditinstituten, 2. Aufl., Wiesbaden 1987, S. 49 ff; *Brenner,* Externe Prüfung von Finanzinnovationen, in: Burger (Hrsg.), Finanzinnovationen-Risiken und ihre Bewältigung, Stuttgart 1989, S. 202 ff.; *Plato,* Interne Revision von Finanzinnovationen – Maßnahmen gegen Mißbrauch und Unterschlagung, in: Burger (a.a.O., vorhergehender Fundstellennachweis), S. 177 ff.

2.8.1.1 Steuerungs- und Überwachungsfunktion

Hinsichtlich der *Steuerungs*funktion wird unterschieden danach, inwieweit das System eine Informationsfunktion erfüllt und gleichzeitig eine Verhaltenssteuerung ermöglicht. Die Informationsfunktion ist erfüllt, wenn zum gewählten Kalkulationszeitpunkt bereits realisierte Zins- und Provisionserträge, Transaktions- und Risikokosten sowie weitere angenommene Wertveränderungen der Bestände erkennbar[133] sind.

Auch die Verhaltenssteuerung ist eine der Funktionen des Kalkulationssystems. Nur wenn sie ermöglicht wird, können die Swaphändler der Banken das Instrumentarium des Swaps gezielt und ertragsorientiert einsetzen.

Schließlich muß eine *Überwachungs*funktion gewährleistet sein, die eine Nachprüfbarkeit und Nachkalkulation der gehandelten Geschäfte ermöglicht. Dies bedingt, daß den Controllingstellen einer Bank die notwendigen Daten über die gehandelten Geschäfte unverzüglich zur Verfügung gestellt werden. Selbstverständlich spielen hier auch die aufsichtsrechtlichen Vorgaben (zum Beispiel Steuerung der Grundsätze des BAKred und daneben auch die „Mindestanforderungen" vom Oktober 1995, die ab 1997 eine Trennung der Handels- von den Abwicklungsaktivitäten der Banken verlangen) sowie gesetzliche Vorgaben (wie sie zum Beispiel durch die 4. bis 6. KWG-Novellen hervorgebracht sind) eine mitentscheidene Rolle in der Überlegung, welche Informationen grundsätzlich hervorgebracht und berücksichtigt werden müssen.

2.8.1.2 Das Swap-Kalkulationssystem

Swaps werden entweder in Zusammenhang mit bilanzwirksamen (zum Beispiel der Emission von Anleihen) oder bilanzunwirksamen (zum Beispiel Optionen, FRAs und so weiter) Geschäften durchgeführt. Allerdings sind die Gesamtergebnisse der Swaps nicht getrennt von den Ergebnissen der anderen Bankgeschäfte zu sehen. Bei einer Kalkulation ist daher eine isolierte Betrachtung jedes einzelnen Verbundgeschäfts nach denselben Grundsätzen wie beim Grundgeschäft erforderlich und in der Saldierung der Ergebnisse festzustellen, ob ein positives Gesamtergebnis erzielt werden kann.

Um eine sichere Kalkulation zu ermöglichen, muß der Erfolg eines gerade gehandelten Swaps zum Kalkulationszeitpunkt bereits feststehen, was nur möglich ist, wenn das gehandelte Instrument sofort mit deckungsgleichen Daten, aber zu anderen Konditionen (also unter Erzielung einer Marge), durchgehandelt werden kann. Ohne ein solches Hedging bedarf es ansonsten nämlich einer ständig aktualisierten Aufbereitung aller verfügbaren Marktdaten, um feststellen zu können, ob das Swapgeschäft zu den jeweiligen Zinsanpassungsterminen noch positiv oder bereits negativ zu bewerten ist. Heute erhältliche EDV-Programme geben den Marktteilnehmern hierfür eine wesentliche Unterstützung.

---

[133] *Knippschild* a.a.O., S.95 f mit Hinweis auf die Kommission für Bilanzierungsfragen des Bundesverbandes deutscher Banken, in: Die Bank 1989 S. 36 ff.

Abbildung 16[134] zeigt die Anforderungen an ein EDV-Konzept, welches der Swaphändler zur Swapkalkulation benötigt.

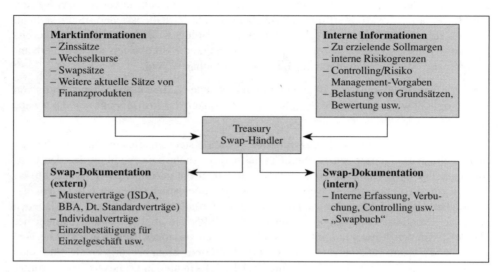

Abbildung 16: EDV-Konzept zur Swapkalkulation

2.8.2 Rentabilitätsorientierte Steuerung von Swapgeschäften

2.8.2.1 Marktzinsmethode

Zur Kalkulation von Swaps wurden bisher vor allem die Anforderungen an das technische System und die Ablauforganisation kurz dargestellt. Die Kalkulation der Swaps an sich erfolgt heute nach dem Verfahren der Marktzinsmethode. Nach den herkömmlichen und überholten Verfahren der Schichtenbilanz, wonach eine Gegenüberstellung von Aktiva und Passiva und ein Zusammenhang zwischen Mittelverwendung und Refinanzierung hergestellt wurde[135], bewertet die Marktzinsmethode jedes einzelne Kundengeschäft nach dem Opportunitätsprinzip. Hiernach ist der entgangene Grenznutzen derjenigen Handlungsmöglichkeiten, auf die zugunsten der durchgeführten Alternative verzichtet wird, als Vergleichsmaßstab heranzuziehen[136].

---

134 Es gibt heute fertige EDV-Programme für die Swapkalkulation. Um einen groben Einblick in die notwendigen Informationsschritte zu gewinnen, bedarf es einer Übersicht, welche besonders wichtigen Informationskomplexe vom System geleistet werden müssen. Abbildung 16 folgt der Darstellung bei *Knippschild* a.a.O., S. 101, dort mit Hinweis auf die „Aufgaben eines Swaphändlers" und in Anlehnung an *Antl/Beckstrom,* The Use of Computers in Swap Finance, Swap Finance Service, London 1987, S. 33 ff.

135 *Flechsig,* Kundenkalkulation in Kreditinstituten, Frankfurt 1982, S.54 ff.; *Knippschild,* a.a.O. S. 105; *Schierenbeck,* Ertragsorientiertes Bankmanagement a.a.O., S. 82 ff.

136 Eine Bewertung von Kundengeschäften erfolgt daher anhand von möglichen Alternativgeschäften am Geld- und Kapitalmarkt, *Knippschild* a.a.O., S. 105 f. (mit ausführlichem Beispiel der Berechnungsmethode); *Schierenbeck,* Ertragsorientiertes Bankmanagement a.a.O., S. 102 ff.

Mit Hilfe der Marktzinsmethode kann das Zinsergebnis aus Swaps in Konditions-, Arbitrage- und Transformationsbestandteile aufgespalten werden. Damit werden die Anforderungen der grenznutzenorientierten Einzelbewertung durch diese entscheidungsorientierte Kalkulation erfüllt. Allerdings stellt der hierdurch festgestellte Konditionsbeitrag nur eine Bruttomarge dar, die für die Steuerung so noch nicht relevant ist. Erst bei Berücksichtigung aller durch die Swaptransaktion verursachten Kosten- und Erlöskomponenten sowie nach Einbindung der Risikokosten kann eine Nettomarge errechnet werden[137].

2.8.2.2 Risikosteuerung von Swap-Portfolios

Neben der *rentablilitäts*orientierten Steuerung von Swapgeschäften spielt auch die Risikosteuerung eine große Rolle. Dieser Denkansatz soll nun abschließend zur Behandlung der Swapgeschäfte kurz angesprochen werden. Im Unterschied zu traditionellen Zinsinstrumenten verbleiben Swaps sehr oft über die gesamte Swaplaufzeit im Handelsbestand des Marktteilnehmers. Durch unterschiedliche Laufzeiten, Tilgungsstrukturen und Spezialkonstruktionen entsteht dadurch ein Portfolio von nach Fälligkeiten sortierten *Zahlungen,* die risikomäßig bewertet werden müssen. Es gelingt dann nicht mehr eine Messung von Einzelgeschäften (zum Beispiel den Swapvereinbarungen), sondern von Zahlungen, die aus den einzelnen Swapvereinbarungen heraus geleistet werden müssen. Es muß bei der Risikosteuerung also neben den Zinsrisiken der Swaps auch die Positionsdeckung (die dagegenlaufende Hedgingtransaktion) mit berücksichtigt werden[138].

Bei der Risikosteuerung muß also zunächst das *Zinsänderungsrisiko*[139] kalkuliert werden. Daneben besteht das *Spreadrisiko*: Sinkt beispielsweise die Rendite im Swapmarkt um einen Basispunkt und stagniert der Bondmarkt, ergibt sich bei der Bewertung eine Ergebnisänderung der Swaps, aber keine Veränderung bei der Bewertung der Bonds und somit insgesamt eine Ergebnisverschiebung. Durch den Einsatz moderner EDV-Technik ist es heute im Swaphandel möglich, Risikomessung und Risikobegrenzung vollautomatisch durchzuführen, so daß die Händler in den Treasuries heute bezüglich der Sensitivitäten

---

137 Eine ausführliche Behandlung dieses Themas würde den Rahmen des vorliegenden Buches sprengen. Es muß daher verwiesen werden auf die sehr gründliche (und mit Beispielen versehene) Abhandlung bei *Knippschild* a.a.O., S. 209 ff.; ferner *Schüller*, Die Einführung von entscheidungsorientierten Steuerungssystemen – Voraussetzungen und Konsequenzen, in: Schierenbeck/Rolfes (Hrsg.), Bank Controlling, Frankfurt 1988, S. 111 ff.; *Schierenbeck/Rolfes,* Entscheidungsorientierte Margenkalkulation a.a.O., S. 224 ff.; *Größmann,* Internes Controlling von Finanzinnovationen im Bankbereich – am Beispiel der Finanzswaps, in: Burger (Hrsg), Finanzinnovationen, Stuttgart 1989, S. 159 ff.
138 So (mit Beispielen) *Gottschalk/Renner,* Risikosteuerung von Swap-Portfolios, Die Bank 1992, 524 ff. und dem Hinweis darauf, daß „neben der Berücksichtigung des Zinsänderungsrisikos der einzelnen Zahlungen im Portfolio eine quantitative Messung des Spread-Risikos zwischen den einzelnen Instrumenten stattfindet. Dieses Risiko tritt in einem Portfolio selbst dann auf, wenn Long- und Short-Positionen gegen absolute Zinsveränderungen immunisiert sind, denn Zinsveränderungen in den einzelnen Laufzeitbereichen und zwischen verschiedenen Instrumenten verlaufen in der Regel nicht parallel", *Gottschalk/Renner* a.a.O.
139 Zur Ermittlung des Preisrisikos vgl. die Formel- und Rechenbeispiele bei *Gottschalk/Renner* a.a.O., Die Bank 1992, S. 525.

pro Geschäftsart und über die Korrelationen für alle möglichen Produktkombinationen informiert sind[140].

2.9 Buchung, Bilanzierung und Bewertung

2.9.1 Verbuchung

Die Zinsswaps sind außerbilanzielles Geschäft und daher außerhalb der Bilanz, also außerhalb des Hauptbuches, zu verbuchen[141]. Am Bilanzstichtag wird eine laufzeitbezogene Zinsabgrenzung vorgenommen, wobei die Nettozins*forderung* in die Position „Sonstige Vermögensgegenstände" und die Nettozins*verbindlichkeit* in die Position „Sonstige Verbindlichkeiten" eingestellt wird.

Soweit der Zinsswap gehandelt wurde, um *Bilanz*positionen umzustrukturieren, werden in der Gewinn- und Verlustrechnung die Position Zinsertrag beziehungsweise Zinsaufwand angesprochen. Alle anderen Zinsswapgeschäfte werden in die Aufwands- beziehungsweise Ertragsposition aus Finanzgeschäften eingestellt.

2.9.2 Bewertung

Swapgeschäfte werden grundsätzlich *einzel*bewertet. Dabei werden bis zur Zinsanpassung Zinsforderung und Zinsverbindlichkeit verglichen. Ergibt sich eine negative Zinsmarge, muß eine „Rückstellung für drohende Verluste aus schwebenden Geschäften" gebildet werden, wobei die Rückstellung an jedem Stichtag der veränderten Zinssituation anzupassen ist[142]. Die uneingeschränkte Anwendung des Grundsatzes der Einzelbewertung kann allerdings das tatsächliche Bild der Vermögens-, Finanz- und Ertragslage im Sinne des § 264 Abs. 2 HGB verfälschen, so daß unter bestimmten Voraussetzungen Bewertungseinheiten gebildet werden. Grundgeschäft und Zinssicherungsgeschäft werden als eine Einheit gesehen und bewertet. Aktiva und Passiva sowie schwebende Geschäfte werden dabei zu einer Einheit zusammengefaßt und bilden als (Bewertungs-) Einheit den Gegenstand der Einzelbewertung. Diese Methode vermeidet weitgehend, daß wirtschaft-

---

140 *Gottschalk/Renner* a.a.O. (Fußnote 139).
141 Zur Art und Weise der Erfassung in „Nebenbüchern" (Memo-Buchhaltung) bestehen keine speziellen Normen. Für die Ausgestaltung einer sogenannten Memo-Buchhaltung gelten daher die allgemeinen Grundsätze des § 238 Abs.1 HGB. Danach muß die Buchhaltung so beschaffen sein, daß sie einem sachverständigen Dritten innerhalb angemessener Zeit einen Überblick über die Geschäftsvorfälle (und über die Lage des Unternehmens) vermitteln kann. Spezielle Memo-Konten, in denen die Ansprüche und Verpflichtungen, die aus den (schwebenden) derivativen Geschäften resultieren, in der Form einer doppelten Buchhaltung aufgezeichnet werden, findet man insbesondere bei einem großen Volumen an außerbilanziellen Geschäften. Dies ist vor allem bei im Derivathandel aktiven Kreditinstituten der Fall. Hierzu ausführlich *Scharpf*, Derivative Finanzinstrumente im Jahresabschluß unter Prüfungsgesichtspunkten – Erfassung, Abwicklung und Bildung von Bewertungseinheiten, BFuP 1995, S. 166 ff, 172, 173.
142 *Anderle/Kaufmann*, Derivate Finanzprodukte am Geld- und Kapitalmarkt, Stuttgart 1995, S. 55 f.

lich nicht vertretbare Verlustausweise vorzunehmen sind, indem der nicht realisierte Verlust des einen Geschäfts mit dem nicht realisierten Gewinn des anderen Geschäfts (bis zur Höhe des Verlusts) verrechnet wird. Eine bilanzielle Verlustberücksichtigung erfolgt also nur insoweit, als der Verlust durch den Gewinn nicht kompensiert wird[143].

Daneben gibt es als weitere Methode der Einzelbewertung die sogenannten „mark-to-market-Methode", die heute bereits häufig zur Portfolio-Bewertung herangezogen wird, jedoch nicht der derzeitigen Gesetzeslage und deutschen Rechnungslegungsvorschriften entspricht und daher umstritten ist[144]. Hiernach werden sämtliche Geschäfte zu Marktwerten bewertet und die fiktiven Verluste mit unrealisierten Gewinnen verrechnet, wobei ein kumulierter Verlustüberhang zu einer „Rückstellung für drohende Verluste aus schwebenden Geschäften" führt und ein kumulierter Gewinnüberhang unberücksichtigt bleibt[145].

Die Bilanzierung und die Bewertung derivater Finanzinstrumente sind im HGB nicht geregelt, so daß die allgemeinen Grundsätze der §§ 246 ff HGB zur Anwendung gelangen. Diese Grundsätze haben Allgemeingültigkeit und stellen sicher, daß gleich zu beurteilende Sachverhalte in allen Branchen auf gleiche Weise im Jahresabschluß ausgewiesen werden[146]:

- Grundsatz der Vollständigkeit, § 246 Abs. 1 HGB
- Verrechnungsverbot, § 246 Abs. 2 HGB
- Rückstellungen für drohende Verluste aus schwebenden Geschäften, § 249 HGB
- Grundsatz der Einzelbewertung, § 252 Abs. 1 Nr. 3 HGB
- Grundsatz der Vorsicht, § 252 Abs. 1 Nr. 4 HGB
- Grundsatz der Bewertungsstetigkeit, § 252 Abs. 1 Nr. 6 HGB

2.9.3 Externes Meldewesen bei Banken

Kreditinstitute haben regelmäßig[147] eine Bilanzstatistik (Anlage H) sowie eine Erfassung des Adressenausfallrisikos (Grundsatz I) zu erstellen. Zinsswaps sind nach Grundsatz I (nach Wahl des Kreditinstitutes) einheitlich entweder nach der *Laufzeitmethode*[148] oder

---

143 *Scharpf* a.a.O., S. 185.
144 *Scharpf* a.a.O., S. 184 mit Hinweis darauf, daß diese Methode schon deshalb abzulehnen sei, weil sie nicht der derzeit bestehenden Gesetzgebung entspreche. Dennoch werde sie bei der Bewertung von Portfolios schon heute häufig herangezogen.
145 Zur weiteren Vertiefung vgl.: *Benne,* Die Bedeutung von Gewinnerwartungen aus schwebenden Geschäften für die Bewertung von Aktiva und Passiva, BB 1979, 1653; Benne, Einzelbewertung und Bewertungseinheit, DB 1991, 2601; *Jutz,* Swaps und Financial Futures und ihre Abbildung im Jahresabschluß, Stuttgart 1989; *Prahl/Naumann,* Die Bewertungseinheit am Bilanzstichtag, ZBB 1994, 1; *Schwarze,* Ausweis und Bewertung neuer Finanzierungsinstrumente in der Bankbilanz, Berlin 1989.
146 So *Benne,* Die Bedeutung von Gewinnerwartungen aus schwebenden Geschäften für die Bewertung von Aktiva und Passiva, BB 1979, 1653, 1655.
147 Die Aufnahme des Betreibens der Geschäfte mit Finanzinnovationen erfolgt nur einmalig, § 24 Abs. 1 Nr. KWG.
148 Das nominale Volumen des Einzelgeschäfts wird (bis zu einem Jahr Restlaufzeit) mit 0,5 % und für jedes weitere Jahr mit 1,0 % angerechnet.

nach der *Marktbewertungsmethode*[149] anzurechnen. Ein Wechseln von der Laufzeit- zur Marktbewertungsmethode (nicht aber umgekehrt) ist möglich. Außerdem ist eine Berücksichtigung im Grundsatz I a Abs. 2 vorgesehen, wenn sich bei Handelsswaps Zinsänderungsrisiken ergeben.

2.9.4 Steuerliche Behandlung

Für Zinsswaps gibt es bislang keine verbindlichen Steuerrichtlinien[150]. Es gibt keine körperschaftssteuerlichen Auswirkungen des Swapgeschäfts, solange keine Rückstellungen gebildet werden. Hinsichtlich der Gewerbekapitalsteuer ist zu unterscheiden: Wird der Zinsswap aus Spekulationszwecken geschlossen, entsprechen sich Forderungen und Verbindlichkeiten, die keine Dauerschulden sind und daher bei der Ermittlung der Gewerbekapitalsteuer nicht angerechnet werden. Liegt bei einem Swap zu Hedgingzwecken dagegen ein Dauerschuldverhältnis vor, kann eine Anrechnung erfolgen.

---

149 Danach werden der „potentielle Eindeckungsaufwand", der sich aus der Bewertung mit den aktuellen Marktzinsen ergibt und ein allgemeiner „Risikozuschlag" (im ersten Jahr unberücksichtigt, danach 0,5 % p.a.), berücksichtigt.
150 Ein kurzer Überblick findet sich bei *Anderle/Kaufmann* a.a.O., S. 56 f.; vgl. des weiteren *Perlet/Willert*, Steuerfragen beim Einsatz derivativer Finanzinstrumente, in: Schwebler/Knauth/Simmert (Hrsg.), Einsatz von Finanzinnovationen in der Versicherungswirtschaft, Karlsruhe 1993, S. 301 ff.

3 Zinsoptionen

Zu Optionen, die ein sehr vielseitig nutzbares Instrument sind, ist bereits oben grundlegend Stellung genommen worden. Dort finden sich auch die grundsätzlichen Hinweise zum strategischen Einsatz und der Kostenberechnung für Optionen. Hier soll nun aus systematischen Gründen kurz erneut auf die Zinsoption als Instrument der Zinssicherung eingegangen werden.

3.1 Grundlagen

Bei einer Zins*option* handelt es sich um eine Vereinbarung zwischen einem Käufer und einem Verkäufer, wonach dem Käufer das Recht eingeräumt wird, an einem bestimmten Verfalltag einen bestimmten Zins zu erhalten oder zu gewähren. Für dieses Recht zahlt der Erwerber der Option dem Verkäufer (auch „Stillhalter" genannt) einen Preis (Optionsprämie).

3.1.1 Rechte und Pflichten in einer Option

Der *Käufer* einer Option ist berechtigt, aber nicht verpflichtet, von seinem Recht Gebrauch zu machen. Der *Verkäufer* übernimmt seinerseits die Verpflichtung, den vereinbarten Zinssatz zum vereinbarten Termin zu liefern oder entgegenzunehmen, sofern der Optionskäufer von seinem Optionsrecht Gebrauch macht.

3.1.2 Positionen des Optionsinhabers

Die Positionen des Kreditnehmers oder Anlegers unter einer Zinsoption können wie folgt aussehen: Entweder kauft der Anleger beziehungsweise Kreditnehmer eine Option. Dann ist er bei Kauf einer Kaufoption Inhaber des Call (long im Call), bei Kauf einer Verkaufsoption Inhaber des Put. Verkauft er dagegen eine Option (er „schreibt" sie), dann ist er bei Verkauf einer Kaufoption Stillhalter des Call (short im Call, zum Beispiel als Stillhalter in Wertpapieren, Stücken), und bei Verkauf einer Verkaufsoption Stillhalter des Put (short im Put, zum Beispiel Stillhalter im Geld). Dies zeigt Abbildung 17 im Überblick:

Position des Optionsinhabers	Kaufoption (Call)	Verkaufsoption (Call)
Kauf einer Option	Inhaber des Call (Long im Call)	Inhaber des Put (Long im Put)
Schreiben (Verkauf) einer Option	Stillhalter des Call (Short im Call)	Stillhalter des Put (Short im Put)

Abbildung 17: Position des Optionsinhabers

3.2 Beispiel einer Zinsoption

Ein Beispiel einer einfachen Zinsoption könnte wie folgt aussehen. Ein deutsches Unternehmen beteiligt sich an einer Ausschreibung für die Lieferung einer Anlage, welche im Ausland aufgebaut werden soll. Eine Entscheidung über den Zuschlag im ausländischen Bietungsverfahren soll aber erst in drei Monaten erfolgen; die Lieferung der Anlage (bei Zuschlag) soll dann innerhalb von 12 Monaten ab Zuschlag erfolgen.

Das deutsche Unternehmen muß schon heute dem ausländischen Ausschreiber und Abnehmer der Anlage einen Lieferantenkredit zu 8 % p.a. auf fünf Jahre zur Verfügung stellen. Dieser Lieferantenkredit kommt allerdings nur dann zum Tragen, falls der deutsche Unternehmer in diesem Bietungsverfahren überhaupt den Zuschlag erhält. Das Unternehmen lebt also in der Ungewißheit, daß in den kommenden drei Monaten, während das Bietungsverfahren noch läuft, sich die Zinssätze soweit verändern, daß die Refinanzierung des geplanten Lieferantenkredits sich erheblich verteuern würde. Es bietet sich daher an, zum heutigen Zeitpunkt eine Zinsoption für den Zeitpunkt in drei Monaten zu kaufen und sich damit für den Fall steigender Zinsen den heute vereinbarten, günstigeren Zinssatz zu sichern.

Sollten in den drei Monaten die Zinsen, anders als erwartet, nicht steigen, sondern nachhaltig fallen, kann der deutsche Lieferant und Optionskäufer sein Optionsrecht ungenutzt verfallen lassen, weil es natürlich billiger ist, einen günstigen Marktzins zu nutzen, statt die teure Option noch auszuüben.

3.3 Vorteil der Zinsoption

Für den Optionskäufer hat die Wahl der Zinsoption zur Grundlage, daß er mit einer sicheren Kalkulation der Refinanzierung seines Lieferantenkredits arbeiten will, daß er andererseits aber noch nicht sicher weiß, ob er in dem Bietungsverfahren überhaupt den Zuschlag erhält und damit in die Lage versetzt wird, den Lieferantenkredit überhaupt einräumen zu müssen. Die Zinsoption ist damit im Grunde eine Art *Zinsversicherung* für den bevorstehenden Zeitraum, für die der Optionskäufer auch bereit ist, einen zusätzlichen Kostenfaktor (die Optionsprämie) zu akzeptieren.

Ein Vorteil der Zinsoption ist im übrigen das asymmetrische Risikoprofil. Das Recht, aber nicht die Verpflichtung des Optionskäufers, die Option auszuüben, läßt seine Gewinnchance unbegrenzt, während der maximale Verlust auf die Optionsprämie beschränkt ist.

3.4 Kosten der Zinsoption

Die Kosten der Zinsoption sind im wesentlichen abhängig von den Faktoren *Laufzeit des Kredits (der Anlage)*, dem *Kredit-(Anlage-)betrag* sowie der *Laufzeit der Option* und schließlich von der erwarteten *Volatilität* (Zinsschwankungsintensität). Eine Rolle spielt auch der Zinssatz, der für eine Anlage der gezahlten Optionsprämie gezahlt würde.

In der Praxis lassen sich diese Kosten rechnerisch nicht ohne weiteres zusammenfassen. Man nutzt hier komplizierte Computerprogramme, die eine Quotierung der einzelnen, in Frage stehenden Zinsoption ermöglichen und alle oben genannten Kostenfaktoren in ihrer jeweiligen Wichtung auswerten:

Faktoren, die auf den Optionspreis Einfluß haben
- Art der Option (Call/Put)
- Typ der Option (amerikanisch/europäisch)
- Laufzeit (Verfalltag)
- Ausübungspreis (Strikeprice)
- Volumen (Nominalwert)
- Basiswert der Option

Faktoren, die aus der Sicht des Black-Scholes-Modells hinzukommen
- Volatilität des Basiswertes
- der aktuelle kurzfristige Zinssatz

Nach Ermittlung der Optionsprämie und fester Vereinbarung der Zinsoption wird die Optionsprämie sofort zur Zahlung fällig. Dies ist bei Errechnung der effektiven Belastung bei einer Finanzierung (Zinseszinseffekt und so weiter) zu beachten.

3.4.1 Der „faire Preis" der Option

Die Ermittlung des „fairen Preises" einer Option war das Ziel der schon oben genannten mathematischen Modellrechnung von Black-Scholes, die 1973 versuchten, eine präferenzfreie Bewertung von Optionen zu ermöglichen, was zu Gleichgewichtspreisen führt. Der Grundgedanke dieses Modells besagt, daß zwei unterschiedliche Finanzinstrumente, die in einer zukünftigen Entwicklung denselben Return erzielen, auch denselben Preis haben müssen, da sich sonst Arbitragemöglichkeiten ergeben. Neben den Faktoren, die auf den Optionspreis Einfluß haben (siehe oben), treten daher noch die Volatilität des Basiswertes sowie der aktuelle kurzfristige Zinssatz.

3.4.2 Volatilität des Basiswertes

Auf die Volatilität wurde oben bereits einleitend eingegangen. Sie mißt sich im Hinblick auf die Schwankungsbreite eines Basiswertes innerhalb eines bestimmten Zeitraums. Entscheidend hierfür sind die errechenbare *historische* Volatilität[151] und die von den Marktteilnehmern für die *Zukunft* erwartete Schwankungsbreite. Außerdem spielen der aktuelle kurzfristige Zinssatz sowie die erwartete Zinsentwicklung eine Rolle für die Volatilität.

---

151 Die Standardabweichung des Basiswertes, vgl. *Anderle/Kaufmann,* Derivate Finanzprodukte am Geld- und Kapitalmarkt, Stuttgart 1995, S. 63 f.

Beim Optionsgeschäft fallen nämlich Geschäftsabschluß und (eventuelle) Erfüllung zeitlich auseinander; zu einer Erfüllung kommt es seitens des Optionsinhabers nur dann, wenn beispielsweise eine Kaufoption am Verfalltag der Option im Geld liegt. Während der Optionslaufzeit könnte die freie Liquidität, die für den Kauf des Finanztitels notwendig ist, zum aktuellen Geldmarktsatz – passend zur Optionslaufzeit – angelegt werden. Dies hat zur Folge, daß bei steigenden kurzfristigen Zinssätzen auch der Preis einer Call-Option steigt, während derjenige einer Put-Option fällt.

3.5 Bilanzierung und Bewertung

Auch für die Zinsoption soll abschließend (wie schon beim Zinsswap geschehen) auf die Grundfragen der Bilanzierung und Bewertung eingegangen werden.

3.5.1 Bilanzierung

Für die Bilanzierung der Option gilt zunächst die schon oben gemachte Aussage, daß keine speziellen gesetzlichen Regelungen vorliegen. Daher sind die allgemeinen Grundsätze nach den §§ 246 ff HGB heranzuziehen. Optionsgeschäfte sind, wie alle anderen Derivatgeschäfte auch, schwebende Geschäfte. Auch für schwebende Geschäfte fehlt eine Legaldefinition hinsichtlich der Bilanzierung. Schwebende Geschäfte sind zweiseitig verpflichtende Verträge, die auf Leistungsaustausch gerichtet sind und von der Partei, die (noch) zu leisten hat, noch nicht erfüllt sind. Dabei ist es unerheblich, ob es sich um Anschaffungs- oder Veräußerungsgeschäfte handelt. Auch Dauerschuldverhältnisse können schwebende Geschäfte sein, wenn beide Vertragspartner auch in Zukunft verpflichtet sind, Leistungen zu erbringen.

Das *Realisationsprinzip* schreibt vor, daß Gewinne und Verluste erst dann realisiert sind, wenn der zur Lieferung oder Leistung verpflichtete Vertragspartner erfüllt hat. Nach dem *Imparitätsprinzip* sind nicht realisierte Verluste zu antizipieren. Dieser Grundsatz wird durch das Gebot des § 249 Abs. 1 HGB konkretisiert, der die Bildung von Rückstellungen für drohende Verluste aus schwebenden Geschäften verlangt[152]. Diese Rückstellungen sind grundsätzlich nach den allgemeinen Grundsätzen zu ermitteln. In diesem Zusammenhang stellt sich das Problem der Einzelbewertung im Hinblick auf die Frage, ob die Bildung einer Bewertungseinheit zulässig ist[153].

---

152 *Scharpf,* Derivative Finanzinstrumente im Jahresabschluß unter Prüfungsgesichtspunkten – Erfassung, Abwicklung und Bildung von Bewertungseinheiten, BFuP 2/95, S. 166 f., 183.
153 Hierzu grundlegend *Benne,* Einzelbewertung und Bewertungseinheit, Der Betrieb 1991, 2601; befürwortend *Scharpf* a.a.O., S. 186 ff.

3.5.1.1 Bilanzierung bei Erwerb oder Verkauf

Bei *Kauf* einer Kauf- oder Verkaufsoption stellt die für die Option gezahlte Optionsprämie die Anschaffungskosten für den immateriellen Vermögensgegenstand „Optionsrecht" dar. Nach § 246 Abs. 1 und § 248 Abs. 2 HGB besteht für immaterielle Vermögensgegenstände eine Aktivierungspflicht, wenn sie einen wirtschaftlichen Wert darstellen, entgeltlich erworben wurden und selbständig verkehrsfähig sind. Die Optionsprämie wird unter der Position „Sonstige Vermögensgegenstände" aktiviert[154]. Etwaige Nebenkosten der Transaktion stellen „Anschaffungsnebenkosten" dar und sind im Sinne des § 255 Abs. 1 Satz 2 HGB mit den Anschaffungskosten zu aktivieren.

Beim *Verkauf* einer Kauf oder Verkaufsoption muß der Verkäufer die Optionsprämie, die er für seine Position als Stillhalter erhält, passivieren. Wegen der für den Stillhalter aus der Option resultierenden Leistungspflicht soll die Optionsprämie unter dem Posten „Sonstige Verbindlichkeiten" ausgewiesen werden[155].

3.5.1.2 Bilanzierung bei Ausübung

Bei Ausübung einer Kaufoption hat der Erwerber die gezahlte und aktivierte Optionsprämie als Anschaffungsnebenkosten den Kosten des Erwerbs des Finanztitels zuzurechnen. Bei Ausübung einer Verkaufsoption hat der Optionsinhaber das Recht, den vereinbarten, zugrundeliegenden Finanztitel zum Basispreis zu liefern. Die gezahlte und aktivierte Optionsprämie wird dann mit dem Veräußerungserlös verrechnet. Wird eine Option durch eine andere (zum Beispiel short call durch long call) glattgestellt, wird die Prämiendifferenz erfolgswirksam über die Gewinn- und Verlustrechnung (Ertrag beziehungsweise Aufwand aus Finanzgeschäften) verbucht.

Bei Ausübung einer Kaufoption muß der *Stillhalter* den gehandelten Finanztitel zum Basispreis liefern. Die passivierte Optionsprämie erhöht den Verkaufserlös. Bei Ausübung einer Verkaufsoption wird dem Stillhalter der Finanztitel angedient, wobei sich die Anschaffungskosten aus dem Basispreis abzüglich der erhaltenen Optionsprämie ermitteln. Eine etwa gebildete Rückstellung für drohende Verluste ist erfolgswirksam aufzulösen. Wird aus Sicht des Stillhalters die Option durch eine andere glattgestellt, wird die Diffe-

---

154 Es ist darauf hinzuweisen, daß diese Aktivierung gemäß der Stellungnahme des Bankenfachausschusses des Instituts der Wirtschaftsprüfer (IDW) in BFA 2/87: „Zur bilanziellen Behandlung von Optionsgeschäften" für Kreditinstitute vorgesehen ist. In anderen Branchen (z.B. der Versicherungswirtschaft) erfolgt der Ausweis der Optionsprämie innerhalb der Kapitalanlagen bei dem Posten „Wertpapiere und Anlagen" (vgl. Stellungnahme des Versicherungsfachausschusses des IDW 1/83 in der Fassung von 1992).

155 Dies ist die herrschende Ansicht, vgl. BFA 2/87 (Fußnote 154) und *Küting/Weber* (Hrsg.), Handbuch der Rechnungslegung, 3. Aufl. 1990, § 266 HGB Rn 172; anders *Häuselmann/Wiesenbart* a.a.O., S. 645, die den Ausweis als Rückstellung bevorzugen. Eine wieder andere Sicht vertritt *Häuselmann*, Die Bilanzierung von Optionen aus handelsrechtlicher Sicht, Der Betrieb 1987, S. 1748, wonach aufgrund der Laufzeitbezogenheit der Gegenleistung des Stillhalters die passivierte Optionsprämie zeitanteilig zu vereinnahmen sei, so daß ein Rechnungsabgrenzungsposten gebildet werden muß.

renz aus passivierter Optionsprämie und zu zahlender Optionsprämie für das Gegengeschäft erfolgswirksam gebucht.

3.5.1.3 Bilanzierung bei Verfall

Wird die Option nicht ausgeübt, sondern läßt der Inhaber sie verfallen, dann wird die aktivierte Optionsprämie entweder (unter dem Posten „Aufwendungen für Kapitalanlagen – Abschreibungen") abgeschrieben oder (unter der Position „Sonstige Aufwendungen") erfolgswirksam ausgebucht[156].

Für den *Stillhalter* bedeutet diese Situation: Da die Option nicht ausgenutzt wird, kann die Optionsprämie unter den Erträgen aus Kapitalanlagen unter „Zinsen und ähnliche Erträge" vereinnahmt werden. Eine etwa gebildete Rückstellung für drohende Verluste kann erfolgswirksam aufgelöst werden.

3.5.2 Bewertung

Zum Bilanzstichtag wird beim Options*inhaber* die Bewertung aufgrund der Laufzeit von Optionen nach den allgemeinen Grundsätzen für das Umlaufvermögen vorgenommen[157]. Sofern der der Option beizulegende Wert unter den Anschaffungskosten liegt, ist eine Bewertung nach dem niedrigeren Wert (Niederstwertprinzip) vorzunehmen. Bei börsennotierten Optionen ist der Wert der Börsenpreis, bei nicht börsennotierten Optionen der Wert, der sich aus der Summe des inneren Wertes und des Zeitwertes errechnet[158]. Gelegentlich wird unter dem Gesichtspunkt der Wesentlichkeit und Wirtschaftlichkeit der Rechnungslegung auch eine Bewertung nur auf der Basis des inneren Wertes vorgenommen, da der Zeitwert, der vor allem von Restlaufzeit und Volatilität abhängig ist, nur schwer zu bestimmen ist.

Beim Stillhalter kann sich bei einer Call-Option am Bilanzstichtag die Notwendigkeit der Bildung einer Rückstellung für drohende Verluste aus schwebenden Geschäften ergeben. Bei einer Put-Option ist eine solche Rückstellung zu bilden, wenn der aktuelle Marktwert des Finanztitels unter dem Basispreis abzüglich der erhaltenen Optionsprämie liegt. Die Rückstellung ist auf der Basis des § 253 Abs. 1 Satz 2 HGB in der Höhe des Betrages anzusetzen, der nach vernünftiger kaufmännischer Beurteilung erforderlich ist, der also nach risikobewußter Markteinschätzung als Verlust eintreten kann.

---

156 Die Ausbuchung ist der für Kreditinstitute und Industrieunternehmen übliche Verfahrensweg, vgl. *Häuselmann/Wiesenbart,* Fragen zur bilanzsteuerlichen Behandlung von Geschäften an der DTB, Der Betrieb 1990, S. 643, 644. Für Versicherungsunternehmen wird der Weg der Abschreibung vorgegeben, vgl. BFA 2/87 a.a.O. (Fußnote 155).
157 Vgl. § 253 Abs. 3 HGB; *Husch,* Bilanzierung derivater Finanzinstrumente, in: Schwebler/Knauth/Simmert (Hrsg.), Einsatz von Finanzinnovationen in der Versicherungswirtschaft, Karlsruhe 1993, S. 268 f.
158 Vgl. *Husch* a.a.O. (Fußnote 157).

3.5.3 Externes Meldewesen bei Banken

Nicht börsennotierte Optionen müssen nach KWG-Grundsatz I und Ia grundsätzlich berücksichtigt werden. Nach Grundsatz I sind nur Käufe von Over the Counter- (OTC-)-Optionen zu erfassen, wobei die Anrechnung nach der Laufzeit- oder nach der Marktbewertungsmethode[159] erfolgen kann. Wird die Laufzeitmethode angewandt, dann ist das nominale Volumen des Einzelgeschäfts mit laufzeitbezogenen Prozentsätzen anzurechnen. Weiterhin werden Zinsoptionen im Grundsatz I a unter der Risikoposition 2 ausgewiesen.

3.6 Steuerliche Behandlung der Option

Für die Einkommens – und Körperschaftssteuer gilt, daß das „Einkommen" nach dem Maßgeblichkeitsprinzip ermittelt wird. Optionsprämien sind daher immer mit ihren Buchwerten zu übernehmen. Nicht börsennotierte Optionen mit einer Laufzeit von unter einem Jahr gelten nicht als Dauerschuld und werden daher nicht zur Gewerbekapitalsteuer herangezogen. Im übrigen sind sie gemäß § 4 Nr. 8 c und e UStG von der Umsatzsteuer befreit.

3.6.1 Kaufoption

Kauf- und Verkaufoptionen sind zum Erwerbszeitpunkt als selbständig verkehrsfähige Rechte gemäß § 5 Abs. 2 EStG in Verbindung mit § 246 Abs. 1 HGB als immaterielle Wirtschaftsgüter anzusetzen. Der Ansatz beim *Kauf* einer *Kaufoption* erfolgt gemäß § 255 Abs. 1 Satz 2 HGB mit den Anschaffungskosten (also der gezahlten Optionsprämie) und etwaigen Nebenkosten[160], während beim *Verkauf* einer *Kaufoption* die vom Verkäufer vereinnahmte Optionsprämie zum Erwerbszeitpunkt gemäß § 5 Abs. 1 EStG in Verbindung mit § 249 Abs. 1 HGB als „Sonstige Rückstellung" oder als Verbindlichkeit zu passivieren ist.

Als immaterielle Wirtschaftsgüter gelten entgeltliche *Kauf*optionen gemäß § 95 BewG zum Betriebsvermögen gehörig und sind daher in der Vermögensaufstellung mit ihrem Teilwert anzusetzen[161]. Käufe von *Verkaufs*optionen sind nach § 95 Abs. 1 BewG in Ver-

---

159 Dazu schon oben, Teil 2, 2.9.1
160 Hierzu ausführlich und mwN *Perlet/Willert,* Steuerfragen beim Einsatz derivativer Finanzinstrumente, in: Schwebler/Knauth/Simmert (Hrsg.), Einsatz von Finanzinnovationen in der Versicherungswirtschaft, Karlsruhe 1993, S. 305 ff.; *Graf von Treuberg/Scharpf,* DTB-Aktienoptionen und deren Abbildung im Jahresabschluß von Indutrieunternehmen, Der Betrieb 1991, S. 661 ff.; *Dreissig,* Bilanzsteuerliche Behandlung von Optionen, BB 1989, S. 1511 ff.; *Häuselmann,* Die Bilanzierung von Optionen aus handelsrechtlicher Sicht, Der Betrieb 1987, S. 1745 ff; *Holterhus,* Bilanzierung von Optionsgeschäften, Die Bank 1987, S. 154 ff.; *Raesch,* Die Option im Steuerrecht, StBp 1973, S. 52 ff.
161 *Stöcker,* Vermögensbesteuerung von Optionen im Betriebsvermögen und sonstigen Vermögen, BB 1972, S. 349 ff; *Raesch* a.a.O., S. 54. Im übrigen scheidet ein Ansatz als „Wertpapier" aus, da die Option keine Verbriefung in Wertpapierform darstellt.

bindung mit § 109 Abs. 1 BewG in der Vermögensaufstellung in gleicher Höhe als Betriebsschulden anzusetzen.

3.6.2 Verkaufsoption

Auch Verkaufsoptionen werden zum Erwerbszeitpunkt als immaterielle Wirtschaftsgüter angesetzt. Der *Käufer einer Verkaufsoption* weist die Verkaufsoption in der Vermögensaufstellung mit dem Steuerbilanzwert aus. Der Verkäufer einer Verkaufsoption muß die erhaltene Optionsprämie ab dem Erwerbszeitpunkt bis zum Ablauf der Optionsfrist als „Sonstige Rückstellung" passivieren. Wird die Verkaufsoption ausgeübt, ist die Rückstellung erfolgswirksam aufzulösen[162]. Der Verkauf der Verkaufsoption wird substanzsteuerlich gemäß § 95 Abs. 1 BewG in Verbindung mit § 109 BewG als Betriebsschuld angesetzt.

---

162 *Holterhus* a.a.O., S. 157.

4 Financial Futures

Das Financial-Future-Geschäft[163] folgt dem Grundgedanken aller Termingeschäfte, eine bestimmte Ware *per Termin* zu handeln. Der Abschluß des Geschäfts sowie dessen Erfüllung liegen demnach zeitlich auseinander, so daß der Abschluß heute erfolgt und die Lieferung des Finanztitels zu einem späteren Termin vorgenommen wird.

Termingeschäfte kommen üblicherweise bereits zustande, wenn sich Käufer und Verkäufer über die Ware, die Lieferart, die Menge und den Preis einig sind. Als Future-Geschäft wird ein Termingeschäft immer erst dann bezeichnet, wenn es an einer *speziell eingerichteten Börse gehandelt* und abgewickelt wird. Die Börse gibt den jeweiligen Käufern und Verkäufern einen organisatorischen Rahmen vor, in dem das Geschäft durchzuführen ist. Dieser Rahmen reicht von der Festlegung der Handelstechnik bis hin zur garantierten Ausführung des Geschäfts. Handelsobjekt an einer Future-Börse ist aber nicht eine Ware, sondern ein darauf bezogener standardisierter Kaufvertrag[164], der hier *Kontrakt* genannt wird.

Seitdem im Oktober 1975 vom Chicago Board of Trade (CBOT) der erste Kontrakt von Financial Futures (damals auf hypothekenbesicherte Wertpapiere) eingeführt wurde, expandierte der weltweite Handel mit Zinsfutures von 200.000 Kontrakten in 1975 auf zirka 700 Mio. Kontrakte in 1995. In den USA beispielsweise stieg der Anteil der Zinsfutures an den gesamten börsengehandelten Derivaten von 14 % in 1980 auf 58 % in 1994. Als Ursache für das Wachstum des Handels von Zinsfutures sind die üblichen, für das Entstehen aller Finanzinnovationen bedeutsamen Faktoren (wie Globalisierung, Standardisierung, Volatilität und so weiter) zu nennen. Ein wichtiger Einfluß war auch hier die zunehmende Zinsvolatilität in den 70er und frühen 80er Jahren, die hauptsächlich der Auswirkung steigender Inflationsraten auf die Nominalzinssätze zuzuschreiben war. Änderungen der geldpolitischen Maßnahmen in einigen großen OECD-Staaten, insbesondere das stärkere Gewicht, das auf monetäre Zielvorgaben gelegt wurde, spielten ebenfalls ein Rolle.

4.1 Zinsfutures

4.1.1 Wesen der Zinsfutures

Zinsfutures ermöglichen es den Marktteilnehmern, im voraus den Preis festzulegen, den sie für ihre Transaktionen zu einem bestimmten zukünftigen Zeitpunkt anwenden wollen. Ein Zinsfuture-Kontrakt ist eine rechtlich verbindliche Standardvereinbarung zwischen einem Verkäufer, der eine Short-Position eingeht, und einem Käufer, der eine Long-Position ein-

---

163 Future-Kontrakt bedeutet danach: Future (engl.) = Zukunft; Contract (engl.) = Kontrakt, Vertrag. Ein *Future Kontrakt* ist danach ein *Kaufvertrag* (Kontrakt) über eine bestimmte Menge (einer bestimmten Ware) mit einer bestimmten Qualität, zu einem bestimmten *zukünftigen* Liefertermin, zu einem vorher vereinbarten Preis.
164 Sämtliche Usancen sind vorher vereinbart und standardisiert festgelegt. Standardisiert ist die Menge der Ware (100 Feinunzen und so weiter), die Art der Ware (Weizen, Edelmetall ...), die Qualität der Ware (bei Rohstoffen) und Liefertermin und -ort .

geht, zu einem zukünftigen Termin eine genau angegebene Menge eines bestimmten Finanztitels zu liefern beziehungsweise in bar abzuwickeln (meist werden die Kontrakte zum Endfälligkeitsdatum bar abgewickelt). Die Geschäfte werden über das Clearing House der Börse abgewickelt. Das Glattstellen der Positionen durch Gegengeschäfte ist möglich.

Zinsfutures sind für ein breites Spektrum von zugrundeliegenden Finanztiteln geschaffen worden und sind einsetzbar für zentralstaatliche oder kommunale verzinsliche oder abgezinste Wertpapiere, Wertpapiere mit Staatsgarantie, Bankpapiere oder -einlagen sowie Papiere von nicht dem Finanzsektor angehörenden Unternehmen. In den USA, die die längste Erfahrung mit dem Handel von Zinsfutures haben, reicht die Bandbreite von Kontrakten auf Geldmarktpapiere oder Bankeinlagen (zum Beispiel US-Schatzwechsel, Bankwechsel, Tagesgelder, Euro-Termineinlagen und Commercial Papers) bis zu Kontrakten auf kurz- und langfristige Staatspapiere (US-Schatzanweisungen und -anleihen). Der Nominalwert der US-Dollar-Geldmarktkontrakte liegt zwischen US$ 1 Mio. für den Zinsfutures Kontrakt auf 3-Monats-Eurodollar und US$ 5 Mio. auf den Kontrakt für 30-tägige FedFunds. Bei den US-Schatzanweisungen liegen die Werte deutlich darunter, zwischen US$ 50 000 und 200 000. Die Nominalwerte ähnlicher Kontrakte in anderen Werten ist mit den US$-Kontrakten vergleichbar. Die Mehrzahl der weltweit gehandelten Zinsfutures beziehen sich auf Basisinstrumente mit einer Laufzeit von bis zu einem Jahr.

Kontrakt	Börse	Einführung	Kontrakt-einheit	Erfüllung	Jahresumsatz in Mio. Kontrakten
3-Monats-Euro-$-Einlagen	CME	Dez. 1981	US $ 1 Mio.	in Geld	104,8
20-jährige US-Schatzanleihen	CBOT	Aug. 1977	USD 100 000	in Papieren	100,0
Französische Staatsanleihen	MATIF	Feb. 1986	FF 500 000	in Papieren	50,2
3-Monats-Euro-Yen-Einlagen	TIFFE	Juni 1989	Yen 100 Mio.	in Geld	37,4
Deutsche Staatsanleihen	LIFFE	Sep. 1988	DM 250 000	in Papieren	37,3
3-Monats-Euro-DM-Einlagen	LIFFE	Apr. 1989	DM 1 Mio.	in Geld	29,3
Brasilianische 1-Tages-Einlagen	BM&F	Juni 1991	n. v.	in Geld	28,5
10-jährige US-Schatzanweisungen	CBOT	Mai 1982	US$ 100 000	in Papieren	24,1

Abbildung 18: Die acht meistgehandelten Zinsfutures im Jahre 1994*

* Quelle: BIZ (Futures Industry Association, BIZ Nov.1995)

Dennoch ist es grundsätzlich möglich, Zinsfuture-Kontrakte mit bis zu zehnjähriger Laufzeit abzuschließen, da zu jedem Fälligkeitstermin 40 Quartalkontrakte bestehen, die eine Ausdehnung des Handels bis zu zehn Jahren ermöglicht.

4.1.2 Future-Kontrakte

Der Nominalwert der Zinsfuture-Kontrakte wird so gestaltet, daß ein möglichst großer Markt für das betreffende Instrument geschaffen wird. Der Nominalwert spiegelt also das Urteil der Börse über die Risikobereitschaft der Marktteilnehmer sowie die Transaktionskosten eines bestimmten Betrags wider. Da sich eine bestimmte Zinsänderung bei kurzfristigen Wertpapieren weniger stark auf den Kurs auswirkt als bei langfristigen, werden die weniger volatilen kurzfristigen Futureskontrakte in der Regel mit einem höheren Nominalwert ausgestattet als die Kontrakte auf längerfristige Instrumente. Dies erschwert den Vergleich von Kontrakten, wenn dies nur aufgrund des Nominalwertes erfolgt.

Jeder Kontrakt bei Financial Futures-Geschäften umfaßt eine bestimmte Standardmenge, spezifiziert sowohl die Art des Finanzgeschäfts als auch dessen Qualität (zum Beispiel die Restlaufzeit) und legt einen Liefertag fest. Durch die Festlegung des Liefertages wird die Laufzeit des Termingeschäfts bestimmt. Pro Kontrakt werden mehrere Fälligkeiten (je nach Börse abweichend, typischerweise aber 15. März, 15. Juni, September und Dezember eines Jahres[165]) gehandelt.

Das Ergebnis der Standardisierung von Termingeschäften[166] ist, daß die Verhandlungen zwischen Käufer und Verkäufer sich auf die Festlegung von Menge und Preis reduzieren und damit in der Form von Future-Kontrakten handelbar werden. Termingeschäfte, die als Futures vereinbart werden, brauchen deshalb nicht unbedingt erfüllt zu werden. Sie können vielmehr vor Fälligkeit durch ein spiegelbildliches Geschäft unter Wegfall der Verpflichtung zur Erfüllung geschlossen werden.

Gehandelt werden Futures vor allem in den USA (Chicago, CME und CBOT) sowie in Europa an der im September 1982 in London (nach US-amerikanischem Vorbild) gegründeten LIFFE (London International Financial Futures Exchange; die dort in 1982 eingeführten Kontrakte über langfristige britische Staatsanleihen und Drei-Monats-Sterling-Einlagen belegen noch heute bei den meistgehandelten Zinsfutures weltweit die Plätze neun und zehn). Zum aktiven Handel an der LIFFE sind nur die an der LIFFE zugelassenen etwa 400 Mitglieder befugt. Mitglieder sind große international tätige Banken, Börsenmakler, Makler und Warenterminhäuser. Abbildung 18 mit den acht meistgehandelten Zinsfutures gibt weiteren Aufschluß über das Gesamtvolumen, das sich beispielsweise auch seit 1989 durch den Handel an der Börse in Tokyo (TIFFE) und seit 1991 auch in Brasilien (BM&F) ausweitet.

---

165 Alle Kontrakte auf ein bestimmtes Instrument erhalten dieselben Lieferbedingungen. Mehrere Kontrakte (wie etwa Kontrakte auf den Ein-Monats-Libor oder den US-Tagesgeldsatz) haben einen monatlichen Fälligkeitszyklus.

166 Termingeschäft sind (im Gegensatz zum Futures-Markt) individuell, genau maßgeschneidert angepaßt, werden meist zwischen den Parteien (z.B. am Telefon) ausgehandelt und sind – wie vereinbart – am Fälligkeitstatg zu erfüllen. Future-Geschäfte dagegen sind wegen der Fälligkeitstermine nicht genau angepaßt, werden (zentral) an einer Börse abgeschlossen und können täglich erfüllt werden.

4.2 Einsatz von Zinsfutures-Kontrakten

An den Futuresbörsen werden drei mögliche Einsatzfelder von Zinsfutures unterschieden: das Trading, Hedging und die Arbitrage, wie nachfolgend im einzelnen erörtert wird.

Grundsätzlich ist vorab anzumerken, daß vollkommene Absicherungen von Zinsänderungsrisiken selten möglich sind. Die Futurepreise entwickeln sich nicht genau entsprechend den Kassamarktsätzen für das Basisinstrument. Außerdem werden Futurekontrakte nur auf eine begrenzte Zahl von Basisinstrumenten gehandelt. Das bedeutet, daß nicht für jede Transaktion am Kassamarkt eine genau passende Absicherung am Futuremarkt zur Verfügung steht. Unterscheidet sich das zugrundeliegende Instrument von dem zur Absicherung verwendeten Futurekontrakt (zum Beispiel, wenn ein Kontrakt auf eine zehnjährige Anleihe zur Absicherung einer Position in fünfjährigen Anleihen verwendet wird) oder stimmen die Fälligkeitsdaten nicht genau überein, dann ist der Hedger einer unvollkommenen Korrelation zwischen den Kassa- und den Futureinstrumenten ausgesetzt (sogenanntes *„Basisrisiko"*). Solche Absicherungen bieten einen weniger guten Schutz als die genaue Absicherung, die durch gezielte Abstimmung des Kassainstruments auf den entsprechenden Futureskontrakt entsteht.

4.2.1 Trading

Beim Trading gehen Anleger, Portfolio-Manager und Händler eine Future-Position ein, um von steigenden beziehungsweise fallenden Zinsen zu profitieren. Der Future-Abschluß versetzt den Nutzer in die Lage, Zinserwartungen umzusetzen, ohne das zugrundeliegende Wertpapier, den zugrundeliegenden Kapitalbetrag tatsächlich kaufen, verkaufen, aufnehmen oder anlegen zu müssen. Neben dem Zinsswap bietet also auch der Zinsfuture die Möglichkeit, von steigenden Zinsen zu profitieren. Der Future-Käufer wird das Instrument dem entsprechenden Kassamarktinstrument immer dann vorziehen, wenn der Future geringere Transaktionskosten produziert, eine größere Liquidität aufweist und die gewünschte Position sonst im Kassamarkt nicht darstellbar ist.

Neben dem nachstehend beschriebenen Hedging und Arbitrieren sind Zinsfutures heute ein wichtiges Instrumentarium des Risiko Management im Finanzbereich ganz allgemein geworden[167]. Ihre praktische Wirkung besteht darin, daß die durchschnittliche Duration[168] von Finanzportefeuilles aus Aktiva und Passiva durch die künstliche Verkürzung oder Verlängerung der einzelnen Komponenten korrigiert wird. Wenn beispielsweise ein Investmentfonds mit festverzinslichen Wertpapieren einen Anstieg der Zinssätze erwartet,

---

167 Vgl. hierzu vertiefend und mwN den Bericht der BIZ zur Entwicklung der internationalen Finanzmärkte, Basel, Nov. 1995, S. 38 f.
168 Die Duration ist die gewichtete Durchschnittsfälligkeit aller künftigen Geldströme (Zins- und Tilgungszahlungen), die aus einer Anleihe eingehen sollen. Eine der Meßgrößen der Duration liefert eine Schätzung der Empfindlichkeit, mit der der Anleihekurs auf eine bestimmte Renditeänderung reagiert. Mit einer „Durationanpassung" beziehungsweise „Immunisierung" wird angestrebt, die Bilanz eines Finanzinstituts unempfindlich gegenüber Zinsschwankungen zu machen, indem die Duration der Aktiva und Passiva angepaßt wird, BIZ a.a.O. (Fußnote 167), S. 30.

kann er die Auswirkung dieser Entwicklung auf sein Reinvermögen durch eine Verkürzung der Duration seines Portfolios minimieren. Die Duration eines bestimmten von dem Fonds gehaltenen Wertpapiers wäre durch den Verkauf eines Futureskontrakts künstlich verkürzt worden. Die neue Duration des Wertpapiers wäre durch den Liefertermin des Kontrakts gegeben, während der neue Rückzahlungswert durch den Preis des Futureskontraktes bestimmt würde. So kann durch Verkauf eines in zehn Jahren ablaufenden Anleihekontraktes eine 20-Jahres-Anleihe auf eine zehnjährige Anleihe verkürzt werden. Umgekehrt: Ein Anleger, der einen dreimonatigen Schatzwechsel hält, kann dessen Duration auf sechs Monate verlängern, indem er einen Futureskontrakt auf einen in drei Monaten lieferbaren dreimonatigen Schatzwechsel kauft.

Diese Möglichkeit, Bilanzen rasch und effizient anzupassen, bedeutet, daß sich der Aufbau eines Derivat-Portfolios je nach den Veränderungen der Bedingungen und Positionen an den zugrundeliegenden Kassamärkten und der Meinung der Marktteilnehmer über die zu erwartenden Marktentwicklungen ständig wandelt. So ist es schwierig, konkret zwischen Handels- und Absicherungsgeschäft zu trennen.

4.2.2 Hedging

Neben dem Trading spielt das Hedging (Absicherung des Zinsänderungsrisikos) als Zinsfuture-Strategie eine wichtige Rolle. Ein Hedging zielt grundsätzlich auf eine Werterhaltung einer bestehenden oder zukünftigen Position ab. Solange die Zinssätze des abzusichernden Kassainstruments eine ausreichende Korrelation zu dem Basiswert aufweisen, für die es einen Futureskontrakt gibt, bietet eine solche Absicherung ein hohes Maß an Schutz. Wird eine zukünftige Investition gegen einen Preisanstieg gesichert, sichert man eine Kassa-Long-Position (Long Hedge). Wird dagegen eine Barposition (etwa ein Edelmetallbestand) vor Kursverlusten geschützt, sichert man eine Futures-Position (Short Hedge).

Beim *Long Hedge* kauft der Hedger Futures (er geht long in Futures) und sichert damit zum aktuellen Zeitpunkt einen Preis in der Zukunft. Beim *Short Hedge* nimmt der Hedger eine Short Position im Futures ein, wenn er eine Position vor einem Kursverfall schützen will.

4.2.3 Arbitrage

Während sich Hedger vor Auswirkungen von Marktveränderungen auf schon bestehende Positionen schützen wollen, tätigen Spekulanten Futures-Geschäfte ausschließlich, um aus absoluten oder relativen Preisänderungen Gewinne zu erzielen. In ihren Strategien setzen sie entweder Kassa- oder Futuresinstrumente gleichzeitig oder verschiedene Futuresinstrumente ein. Futures sind attraktiv und gegenüber Kassatranskationen vorteilhaft: Niedrigere Transaktionen im Vergleich zu Kassainstrumenten, stärkere Hebelwirkung dank geringer Einschußforderungen und die Möglichkeit, Geschäfte zu tätigen, die an den zugrundeliegenden Märkten nicht erlaubt oder in der Praxis schwierig durchzusetzen sind (zum Beispiel Leerverkäufe), sind die besonderen Vorteile.

Wie bei allen Finanzinnovationen lassen sich also auch bei Zinsfutures Erfolge im Wege der sogenannten Arbitrage nutzen. Man profitiert in diesen Fällen bewußt und gezielt von Preisungleichgewichten und Zinsunterschieden in unterschiedlichen Märkten. Allerdings geht Arbitrage oft auch mit dem Begriff der „Spekulation" einher, da man einer Marktmeinung folgt und lediglich auf eine günstige Position hofft, die aber letztlich nicht garantiert werden kann.

Die Preisdifferenz zwischen Futures-Kontrakten wird als Spread bezeichnet. *Spreading* ist der gleichzeitige Kauf und Verkauf je eines Future-Kontraktes. Das Spreading ist der Versuch, von Veränderungen der Preisdifferenzen zwischen Future-Kontrakten zu profitieren. Dabei liegt ein *Inter-Delivery-Spread* vor, wenn man einen Kauf und einen gleichzeitigen Verkauf eines Future auf dieselbe Art und an derselben Börse, jedoch mit unterschiedlichen Erfüllungsmonaten, tätigt. Ein *Inter-Market-Spread* ist ein Kauf und ein Verkauf je eines Future-Kontraktes auf die gleiche Ware, auf dieselben Verfallmonate, jedoch an unterschiedlichen Future-Börsen. Ein *Inter-Commoditiy-Spread* schließlich ist ein Spread zwischen verschiedenen Waren an derselben Börse.

4.2.4 Zinsfuture anstelle von Zinsswap

Es ist darstellbar, Eurowährungs-Futurekontrakte anstelle von gegen den LIBOR-Satz gestellten Zinsswaps einzusetzen, um variable Zinspositionen in festverzinsliche umzuwandeln und umgekehrt.

4.2.4.1 Umwandlung von variabel in fest

Dies funktioniert in der Weise, daß man für eine bestimmte Reihe von Zahlungsverpflichtungen, die sich beispielsweise auf den Sechs-Monats-Libor-Satz beziehen, durch einen sogenannten „*Strip*" (engl.: „Band" von aneinandergereihten Instrumenten)[169], also den Verkauf mehrerer dem Eurozinssatz unterlegter Kontrakte mit aufeinanderfolgenden Fälligkeitsdaten, einen Festsatz quasi festschreibt. Bei einer solchen Transaktion würde ein Anstieg des jeweils aktuellen LIBOR-Satzes durch den Gewinn aus dem Preisrückgang des Futurekontraktes ausgeglichen und umgekehrt. Bei einer Reihe von zu empfangenden Zahlungen auf der Basis von LIBOR könnte durch den Erwerb eines solchen „Strip" ein fester Ertrag geschaffen werden. In beiden Fällen wird die Basisposition synthetisch von einer zinsvariablen in eine Festzinsverpflichtung umgewandelt. In der Terminologie des Swapmarktes wäre der Verkäufer eines Eurowährungs-Futures-Strip identisch mit der Partei, die den Festzins zahlt, und der Käufer identisch mit der Partei, die den Festzins erhält.

---

169 Vertiefend hierzu der Bericht der BIZ zur Entwicklung der intenationalen Finanzmärkte, Basel, Nov. 1995, S. 44 ff. mwN.

4.2.4.2 Umwandlung von fest nach variabel

Umgekehrt könnte mit Hilfe exakt gegenläufiger Transaktionen in Eurowährungs-Futureskontrakten auch eine Festzinsverpflichtung in eine zinsvariable umgewandelt werden. Bei zu leistenden Festzinszahlungen wäre dies durch den Kauf von Eurowährungsfutures zu erreichen. Dabei könnte die Partei mit der Festzinsverpflichtung Nutzen aus dem Rückgang des LIBOR-Satzes für die betreffende Währung ziehen, denn dieser Rückgang würde zu einem Gewinn aus dem Futureskontrakt führen, der mit den Festzinskosten der zugrundeliegenden Schuld verrechnet werden könnte. Eine umgekehrte Strategie wäre bei zu empfangenden Festzinsen vorstellbar.

4.2.4.3 Vorteil des Strip

In den beschriebenen Fällen bewirkt der Strip eine Festschreibung des Zinsengagements für den seiner Gesamtlaufzeit entsprechenden Zeitraum. Mit einem Strip aus Futureskontrakten mit vier aufeinanderfolgenden Fälligkeitsdaten (futurebörsenabhängig jeweils vierteljährlich!) könnte beispielsweise ein Einjahreszins festgeschrieben werden. Allerdings ist der Nutzen der Strips noch nicht auf die Swap-übliche Laufzeit von bis zu zehn Jahren ausdehnbar, da der Markt hierfür zwar grundsätzlich vorhanden ist, jedoch noch nicht die erforderliche Liquidität aufweist. Umgekehrt: Ein Zinsswap ist besonders liquide für Laufzeiten von zwei bis zu zehn Jahren. Insofern lassen sich beide Instrumente ohnehin nicht präzise miteinander vergleichen. Ein Marktteilnehmer, der den Festzins beispielsweise aus einem Ein-Jahres-Zinsswap zahlen oder empfangen will, vergleicht daher den Swapsatz und den entsprechenden Satz für einen Futures-Strip.

Das läßt sich wie folgt an einem Beispiel[170] verdeutlichen. Eine Bank refinanziert einen festverzinslichen Aktivposten von US$ 100 Mio. und einer Laufzeit von einem Jahr, bei dem Zinsen und Kapital bei Endfälligkeit nachträglich zu zahlen sind, mit einer Drei-Monats-Euro-$-Termineinlage und befürchtet, daß die Geldmarktzinsen steigen und damit den Zinsertrag verringern. Die Bank möchte ihre Position absichern und überlegt, die Laufzeit der kurzfristigen Verbindlichkeit von drei Monaten auf ein Jahr zu verlängern, so daß Aktiv- und Passivposition deckungsgleich sind. Für die erste Vierteljahresperiode besteht bereits eine Deckung durch die Dollar-Einlage. Für die drei folgenden Zinsperioden betreibt sie Zinssicherung, indem sie einen Strip von drei Eurodollar-Futures verkauft. Abbildung 19 zeigt den rechnerischen Vergleich.

---

170 Beispiel und tabellarische Übersicht mit Marktdaten vom 31.8.1995 nach BIZ-Bericht a.a.O. (Fußnote 169), S. 44 f.

97

Kassamarkt		Futuresmarkt
Drei-Monats-LIBOR-Satz Anfang Juni:	6,063 %	September: 5,82 % (94,18)[172] Dezember: 5,75 % (94,25) März: 5,72 % (94,28)
Neun-Monats-Swap-Briefsatz für die verbleibende Haltedauer	5,875 %	

Der Neun-Monats-Zinssatz, der aus der Verwendung eines Strip von Eurodollarfutures zu erwarten ist, läßt sich mit Hilfe der folgenden Gleichung ermitteln:

$$(1 + 0{,}0582\,(91/360)) \cdot (1 + 0{,}0575\,(91/360)) \cdot (1 + 0{,}0572\,(91/360)) = (1 + R\,(273/360))$$

Abbildung 19: Strip von Eurodollar-Futures
Quelle: BIZ

Die linke Spalte der Tabelle zeigt den Effekt der Kreditaufnahme für jedes Quartal zu dem Zinssatz, der dem jweiligen Futurespreis an der Börse entspricht. Die rechte Seite zeigt die Gesamtrendite (R), die erzielt werden müßte, um bis zum Ende des Neun-Monatszeitraums denselben Kapitalbetrag plus Zinsen zu generieren. Die Formel zeigt, daß die Bank an diesem speziellen Termin festverzinsliche Monatsgelder zu 5,85 % synthetisch hätte generieren können, während am Swapmarkt der weniger günstige Satz von 5,88 % angeboten wurde. Bei hohen Volumina ist selbst dieser geringe Unterschied attraktiv!

Trotz dieser Methode des Hedging erreicht die Bank kein mit dem Zinsswap identisches Hedging der offenen Position. Strip und Swap unterscheiden sich dadurch, daß die Fälligkeitsdaten von Zinsfutures oft nicht genau passend gewählt werden können, während der Zinsswap taggenau eingesetzt werden kann. Außerdem ist der Preis beider Instrumente nicht genau identisch, wenn auch stark einander angenähert. So kann beispielsweise die Zinsentwicklung während der Absicherungsperiode dazu führen, daß auf den zu den Futurepositionen gehörenden Einschußkonten (die initial und maintenance margin) Bewegungen auslösen, die zu einem Kostenunterschied zwischen Swap und Strip führen.

Ein Preisvergleich beider Instrumente ist auch dadurch erschwert, daß ein Strip – wegen der geringeren Ausfallrisiken von Futurekontrakten – preislich anders errechnet wird als ein Zinsswap. Außerdem hängt der Einsatz eines Zinsswap sehr stark auch von der Bonität der Swappartner ab, da der Swapmarkt seine Preisgestaltung auch an Bekanntheitsgrad und bonitätsmäßigem Standing der Gegenpartei ausrichtet. Swaps haben zudem den Nachteil (und nicht unerheblichen zusätzlichen Kostenfaktor), daß jede Transaktion, die ja maßgeschneidert ist, eine eigene Dokumentation erfordert, die nur für die Basisdaten die derzeitig verfügbaren Standardverträge zugrundelegen kann.

---

171 Zur Quotierung von Futures vgl. unten, Teil 3, 4.4.3.

4.3 Zinsfuture-Kontrakte

Auf der Grundlage der soeben angegebenen Voraussetzungen für das Future-Geschäft muß die Definition für Zinsfutures (auch: „Interest Rate Futures" genannt) konkretisiert werden. Zinsfuture-Kontrakte bestehen aus einer vertraglichen Vereinbarung, ein dem im Kontrakt festgelegten Zinsinstrument in bezug auf Laufzeit und Verzinsung entsprechendes Zinsinstrument zu einem im voraus ausgehandelten Kurs an einem späteren, standardisierten Fälligkeitstag zu kaufen oder zu verkaufen.

Man geht über Zinsfutures (Zins-Terminkontrakte) eine einer abzusichernden Cash-Position gegenläufige, aber gleichhohe Terminposition ein. Die Absicherung einer Kreditaufnahme erfolgt über den Verkauf von Zinskontrakten, und umgekehrt erfolgt die Absicherung einer Geldanlage über den Kauf von Zinskontrakten.

Da ja in den meisten Fällen die Zinskontrakte nicht ausgeübt werden, sondern schon vor Fälligkeit verkauft werden, entsteht über diese Glattstellung ein Gewinn oder auch Verlust, welcher der abzusichernden Kreditaufnahme oder Geldanlage hinzugerechnet werden muß. Ein Restrisiko ergibt sich daraus, daß die abzusichernden Zeiträume nicht genau auf die Future-Fälligkeiten passen, so daß entweder eine Sicherung für einen zu langen oder aber zu kurzen Zeitraum besteht. Dies führt dazu, daß Zinsfutures als Absicherungsinstrument von Firmenkunden weniger häufig nachgefragt werden als die flexibleren Forward Rate Agreements, auf die weiter unten noch einzugehen sein wird.

4.4 Kosten der Zinsfutures

Zinsfutures werden in der Regel auf der Basis des Preises gehandelt, der sich aus dem Zinssatz des zugrundeliegenden Wertpapieres ergibt. Bei Kontrakten auf *kurzfristige* Geldmarktinstrumente wie Schatzwechsel oder Euro-Währungseinlagen wird der Kontraktpreis immer als 100 minus den Zinssatz des Vermögenswertes notiert. Bei diesem Preisfestsetzungsverfahren bleibt das übliche inverse Verhältnis *zwischen dem Kurs und der Rendite von Schuldtiteln erhalten*. Bei *längerfristigen* Instrumenten wie solchen auf Notes und Anleihen, die höchst unterschiedliche Kupons und Laufzeiten aufweisen, ist die Preisfestsetzung komplexer. Um einen einigermaßen liquiden Kontrakt zu schaffen, wird der Preis jedes im Rahmen des Kontrakts zu liefernden Finanztitels um einen Umrechnungsfaktor berichtigt, der die Rendite auf einem konstanten Prozentsatz hält. Hiermit wurde ein Mechanismus entwickelt, eine breite und sich ständig wandelnde Palette von Anleihen für Lieferzwecke einander gleichwertig zu machen[172]. Grundsätzlich ist nun zu den Kosten des Zinsfuture folgendes anzumerken.

Im Kassahandel nennt man den Preis für sofortige Lieferung „Kassapreis" beziehungsweise „Spot-Preis". Der Futurepreis dagegen ist ein Preis, der für einen Finanztitel in der Zukunft bezahlt werden muß. Er enthält die Kosten für den Finanztitel bis zur Lieferung,

---

[172] Bericht der BIZ zur Entwicklung des internationalen Bankgeschäfts und der internationalen Finanzmärkte, Basel, Nov. 1995, S. 37.

die Versicherungsprämie und die Zinskosten für die Bindung des Kapitals. Diese Kosten werden als Cost of Carry (Nettofinanzierungskosten[173]) bezeichnet. Die Differenz zwischen dem Kassapreis und dem Futurepreis wird als Basis bezeichnet.

4.4.1 Fair Value

Allen Futures liegt bei der Findung des theoretisch korrekten Preises, also des arbitragefreien Preises *(fair value)* derselbe Mechanismus zugrunde. Der „Fair Value" des Future bestimmt sich aus dem Kassapreis minus Zahlungseingänge zuzüglich Finanzierungskosten. Durch Auflösung der Gleichung nach dem Kassapreis läßt sich der Wert auch bestimmen, wenn am Kassamarkt keine Transaktionen stattfinden.

4.4.2 Basis

Die gehandelte Basis wird definiert als Differenz zwischen dem Kassapreis des Finanztitels und dem Futurepreis. Bei einer *positiven Basis* ist der Futurepreis höher als der Kassakurs, während bei einer *negativen Basis* der Futurespreis kleiner ist als der Kassakurs. Dies ist wiederum abhängig von der Zinsstruktur, die entweder invers oder normal sein kann. Bis zum Ende der Kontraktlaufzeit konvergiert die Differenz der Basis gegen Null (Basiskonvergenz), da mit Näherrücken des Fälligkeitstages die Cost of Carry immer niedriger werden. Bei Zinsfutures läßt sich diese „Basis" in zwei Komponenten unterteilen: die „Carry-Basis" und die „Value-Basis"[174].

4.4.2.1 Carry-Basis

Die Carry-Basis drückt die sogenannten *Cost of Carry* aus. Diese entsprechen den Nettofinanzierungskosten, wobei je nach Zinsstruktur die Carry-Basis negativ oder positiv sein kann. Ist der langfristige Zinssatz niedriger als der kurzfristige (inverse Zinsstruktur), liegt eine negative „Cost of Carry" vor. Im umgekehrten Fall, in dem die langfristigen Zinsen höher sind als die kurzfristigen, ist die Carry-Basis positiv. Gegen Ende des Future (am Ende der Laufzeit, vor der Andienung) strebt der Preis der Futures gegen den Kassapreis, weil die Cost of Carry immer weniger werden.

---

173 Bei Warenfutures (Commodity Futures) ist der Futurepreis höher als der Kassapreis, da die Nettofinanzierungskosten durch die notwendige Einlagerung der Waren höher werden; anders verhält es sich bei Rohöl.
174 Ausführungen nach *Demolière/Werner*, Einsatz von Optionen und Financial Futures in Versicherungsunternehmen, in: Schwebler/Knauth/Simmert (Hrsg.) a.a.O., S. 91 f.

4.4.2.2 Value-Basis

Die Value-Basis ermittelt sich aus der Differenz der gehandelten und der Carry-Basis. Sie beinhaltet unter anderem die Markterwartung der Marktteilnehmer hinsichtlich der Zinsentwicklung, die Marktliquidität und alle weiteren Informationsaspekte, die im Zusammenhang mit einem Terminmarkt von Bedeutung sind. Nur wenn die gehandelte Basis genau den Cost of Carry entspricht, gibt es keine Value-Basis. der Preis des Future ist wegen des Gleichgewichts von Kassa- und Terminmarkt fair bewertet (fair value). Gibt es dieses Gleichgewicht nicht, kommt es am Futuremarkt zu Arbitragetransaktionen.

4.4.3 Kostenberechnung eines Future

An den Futuremärkten wird grundsätzlich nach dem Prinzip *100 minus Zinssatz* notiert. Dies bedeutet: Es ist eine Anlage mit dem Wert 100 zugrundezulegen, und von diesem Wert ist der Prozentsatz der Verzinsung abzuziehen. Würde diese Verzinsung etwa 8% bedeuten, dann wäre die Notierung: „100 minus 8 gleich 92 Punkte." Dies bedeutet als Grundregel auch für Zinsfutures: Steigt der Zinssatz, so fallen die Notierungen. Sinkt dagegen der Zinssatz, so steigen die Notierungen.

Die Kurse der Zinsfutures folgen während ihrer Laufzeit den Zinsbewegungen. Zinsanstiege drücken die Notierungen, während Zinssenkungen sie erhöhen. Wenn sich beispielsweise die Verzinsung für Euroanleihen von 6,5 % auf 6,8 % verbessern, dann fällt die Financial Future-Notierung am Markt nach der oben genannten Grundregel von 93,5 auf 93,2 Punkte. Der Inhaber eines Future-Kontraktes würde hier also einen Verlust von 30 Basispunkten (0,3 %) erleiden.

4.5 Abrechnungsverfahren

An allen Future-Börsen gibt es unterschiedliche Abrechnungsverfahren. Diese folgen den Laufzeiten der Future-Kontrakte, den Verfalltagen, den Valutierungen und der Lieferung der Basiswerte (Underlyings, Actuals) sowie den Zahlungsbedingungen.

4.5.1 Settlement

Das *Settlement* (Valuta, Wertstellung) erfolgt an dem Tag, an dem Zahlungseingänge gutgeschrieben werden und Zahlungsausgänge wertmäßig belastet werden. Die Wertstellung erfolgt im standardisierten Future-Handel täglich (mark-to-market)[175].

---

175 Im Devisenhandel beispielsweise ist die übliche Usance dagegen „Valuta zweitägig kompensiert", das heißt, Wertstellung zwei Werktage nach dem Handelstag.

Der *Settlement Price* wird an der Börse ermittelt und ist der Preis, der sich aus dem arithmetischen Mittel der letzten Handelsminuten an der Börse ermitteln läßt. Wird der Kontrakt erfüllt und muß der Käufer den Kontraktgegenstand (Actual) bezahlen, beginnt die *Delivery Procedure*. Erfüllungsort ist dabei in der Regel der Börsenplatz. Die Lieferung der gehandelten Futures erfolgt am ersten Werktag nach dem First Notice Day (meist der letzte Werktag des Monats vor dem Liefertermin der Future-Kontraktes). Ist die tatsächliche Lieferung des Kontraktgegenstandes (wie etwa bei den Index-Future- und Index-Options-Märkten) nicht vorgesehen, erfolgt ein Barausgleich der Position[176].

4.5.2 Margins

Future-Kontrakte werden nur selten erfüllt und nur selten (etwa bis zu fünf Prozent der gehandelten Kontrakte) bis zum Ende gehalten und durch Lieferung oder Abnahme des Finanztitels geschlossen. Üblich ist es meist, Future-Kontrakte durch ein Gegengeschäft vorzeitig glattzustellen Daher werden vom Händler und vom Hedger nur geringe Einschüsse (Margins) verlangt, die bei der Clearingstelle hinterlegt werden müssen und die als Sicherheitsleistungen für etwaige zukünftige Verbindlichkeiten zu sehen sind. Um überhaupt eine Position im Markt eingehen zu können, muß ein Einstand *(initial margin)* erbracht werden. Der tägliche Abgleich sämtlicher Positionen, der als *mark-to-market* bezeichnet wird, verrechnet Gewinne und Verluste mit dem Margin auf dem Konto. Fällt der Initial Margin unter einen bestimmten Satz, müssen Nachschüsse erbracht werden, um das *maintenance level* zu erreichen.

4.6 Beispiele für die Berechnung der Futures

An zwei Beispielen soll verdeutlicht werden, wie Finanzchefs oder Portfoliomanager die Futures als Instrument der Zinssicherung einsetzen können.

4.6.1 Absicherung von Geldmarktanlagen

Hat ein Investor zum jetzigen Zeitpunkt (Monat März) die Situation vor sich, daß genau drei Monate später ein Betrag von US$ 1 Mio. fällig wird, den er dann im Geldmarkt auf der Basis des Drei-Monats-US$-Libor-Satzes wieder investieren will, dann muß er die zukünftige (ungewisse) Zinsentwicklung einschätzen und berücksichtigen. Rechnet der Investor mit fallenden Zinsen und will er sich (als Anleger!) hiergegen absichern, dann kann er über den Kauf eines Futures-Kontraktes mit Valuta Juni im Wert von 1 Mio US$ eine Absicherung vornehmen. Grundlage sollen die derzeitigen Marktkurse (Monat März) sein (angenommen 10 %).

---

[176] Hierzu ausführlich *Dreesbach,* Terminhandel – Die Welt der Futures und Options, Wiesbaden 1994, S. 43 f.

- Wenn die Zinsen auf 9 % fallen, beläuft sich den Minderertrag auf 1 % (auf US$ 1 Mio. und 90 Tage sind dies US$ 2 500).
  Gleichzeitig erzielt er einen Gewinn aus dem Zinsfuture, da der Kurs von 90,0 auf 91,0 steigt (also um 100 Basispunkte zu je US$ 25; dies sind dann im Ergebnis US$ 2 500 Gewinn).
  Im Ergebnis heben sich Gewinn und Verlust auf.

- Wenn die Zinsen auf 11 % steigen, beläuft sich der Mehrertrag auf 1 % (auf US$ 1 Mio. und 90 Tage sind dies US$ 2 500).
  Gleichzeitig wird beim Zinsfuture ein *Verlust* erzielt, da der Kurs von 90,0 auf 89,0 fällt (also um 100 Basispunkte zu je US$ 25; dies sind im Ergebnis US$ 2 500 Verlust). Im Ergebnis heben sich auch hier Verlust und Gewinn auf.

Diese Beispiele, in denen Nebenkosten, „margins" und Spesen der Händler beziehungsweise Makler nicht berücksichtigt sind, zeigen auf, daß man in jeder Situation immer den Zinssatz der Ausgangsperiode erhält. Kontrakte in Financial Futures sind immer Verpflichtungsgeschäfte und nicht – wie bei den zuvor besprochenen Optionen – bloße Wahlgeschäfte.

4.6.2 Absicherung von Kreditaufnahmen

Angenommen, ein Unternehmen benötigt (vom Monat März aus gesehen) in genau drei Monaten eine Dreimonats-Finanzierung (für die Zeit von Juni bis September) in Höhe von US$ 10 Mio. Da die gegenwärtige Zinslage von 7 % günstig erscheint und das Unternehmen steigende Zinsen befürchtet, will das Unternehmen sich vor steigenden Zinsen schützen und daher einen Zinskontrakt (Eurodollar-Future) abschließen. Der Eurodollar-Future-Kontrakt für 90 Tage, gehandelt auf Juni des Jahres, soll einen angenommenen Kurs von 90,0 haben.

- Das Unternehmen verkauft zum jetzigen Zeitpunkt einen Eurodollar-Future über US$ 10 Mio., und kauft diesen Kontrakt erst nach drei Monaten – im Juni – wieder zurück und stellt damit seine Position wieder glatt. Hat sich der gegenwärtige Zinssatz (des Monats März) verändert, dann betrifft dies die Kreditaufnahme über die gesamte dreimonatige Laufzeit.
- Würde zum Beispiel der Zins für einen US$-Kredit zwischen März und Juni um 2 % auf dann 9 % steigen – und sinkt parallel die Kotierung des Future (von 90,0 auf 88,0), dann läßt sich dies wie folgt in Zahlen darstellen:
- Mehrkosten für den Kredit von 2 % (200 Basispunkte) auf den Betrag von US$ 10 Mio für 90 Tage:

$$\frac{US\$\ 10\,000\,000 \times 2 \times 90\ \text{Tage}}{360 \times 100} = US\$\ 50\,000$$

Der Gewinn auf den Future (Verkauf zum Kurs 90,0 und Rückkauf zu 88,0), also 200 Basispunkte, ist gleichgroß. Auch im Kreditfall ist der Future günstig. Dieses Beispiel hat allerdings den Nachteil, daß von einer absolut kongruenten Absicherung über den Zinsfuture ausgegangen wurde, was aber wegen der Kontraktlaufzeiten und -termine eher nur mit Problemen darstellbar ist.

Ist die Differenz zwischen den Zinssätzen des abzusichernden Finanzinstruments und des Zinsfuture (die sogenannte „Basis", siehe oben) nicht konstant – fallen also die Future-Kontrakte nicht um die Anzahl Punkte, wie die Zinsen der Position steigen – dann ist die Absicherung des Zinsänderungsrisikos über den Zinsfuture nicht in vollem Umfang vorteilhaft. Es ist dann eher zufällig ein positives Ergebnis zu erwarten, und eine gewollte, gezielte Absicherung wird nur teilweise oder gar nicht erreicht. Daher sollten Zinsfutures grundsätzlich so gewählt werden, daß sich Typ und Laufzeit (gegebenenfalls durch hintereinandergeschaltete Futures) mit der abzusichernden Position decken.

4.7 Bilanzierung und Bewertung

Futures sind als „schwebende Geschäfte" einzustufen und daher nicht bilanzierungsfähig[177]. Sie werden daher, wie schon bei den Zinsswaps erwähnt, auf Memokonten geführt, die lediglich den allgemeinen Grundsätzen des § 238 HGB genügen müssen. Danach müssen die Aufzeichnungen der Buchführung so beschaffen sein, daß sie einem sachverständigen Dritten innerhalb angemessener Zeit einen Überblick über die Geschäftsvorfälle (und über die Lage des Unternehmens) vermitteln kann. Die Geschäfte müssen sich in ihrer Entstehung und ihrer Abwicklung verfolgen lassen.

4.7.1 Bilanzierung

Wenn unter einem Future-Kontrakt eine Sicherheitsleistung *(initial margin)* in Geld hinterlegt werden muß, wird dieser Vorgang beim Käufer und beim Verkäufer unter „sonstige Forderungen und Vermögensgegenstände" aktiviert. Da es sich bei der initial margin nur um eine Sicherheitsleistung handelt, bei der das wirtschaftliche Eigentum nach wie vor beim Sicherungsgeber verbleibt, erfolgt bei einer Hinterlegung von Wertpapieren keine Umbuchung, da sich an den Eigentumsverhältnissen am Wertpapier nichts ändert[178]. Etwaige Vorleistungen auf schwebende Geschäfte in Form der *variation margin,* die eine Korrektur des bei Lieferung zu zahlenden Betrages darstellen und sich im Ergebnis als bei Abschluß des Futures vereinbarter Kaufpreis darstellen, werden auf einem gesonderten Konto verbucht[179].

---

177 Vgl. grundlegend die Stellungnahme des BFA des IDW 2/1993 „Bilanzierung und Prüfung von Financial Futures und Forward Rate Agreements", in: Die Wirtschaftsprüfung (WPg) 1993, S. 337 ff.; *Jutz,* Swaps und Financial und ihre Abbildung im Jahresabschluß, Stuttgart 1989.

178 *Jutz,* Bilanzierung und Bewertung von Financial Futures, BB 1990, S. 1517.

179 Die Variation Margin kann als geleistete oder erhaltene Anzahlung auf den Liefergegenstand bezeichnet werden, so der Ausschuß für die Bilanzierung des Bundesverbandes deutscher Banken, in: Bilanzielle Behandlung von DTB-Futures, Die Bank 1991, S. 106. Für die bilanzielle Behandlung ist vom Abschluß eines Kaufvertrages auszugehen, *Jutz* a.a.O., BB 1990, S. 1515 ff., auch wenn die Future-Kontrakte vorzeitig glattgestellt werden. Die Bilanzierung in einem gesonderten Konto ist daher vorteilhaft, da dem Charakter der Variation Margin als „Ausgleichszahlungen" entsprechende Zahlungen bilanziell erfolgsneutral zu behandeln sind, *Husch,* Bilanzierung derivativer Finanzinstrumente, in Schwebler/Knauth/Simmert a.a.O., S. 279.

Wird die Futureposition glattgestellt, also durch ein Gegengeschäft aufgelöst, wird die Futureposition auf diesem gesonderten Verrechnungskonto erfolgswirksam (innerhalb der Kapitalanlagenergebnisse über den Posten „sonstige Aufwendungen" für Kapitalanlagen beziehungsweise „Zinsen und ähnliche Erträge") aufgelöst. Wird die Position dagegen durch Erfüllung des Kontraktes aufgelöst, bestimmen sich die Anschaffungskosten nach dem Kontraktpreis. Eine etwa vorhandene Rückstellung für drohende Verluste wird (innerhalb des Postens „Erträge aus Kapitalanlagen") aufgelöst.

4.7.2 Bewertung

Der Käufer muß in der Bilanz eine Rückstellung für drohende Verluste aus schwebenden Geschäften gemäß § 249 Abs. 1 HGB (in der Gewinn- und Verlustrechnung über die „Aufwendungen für Kapitalanlagen") bilden, wenn der aktuelle Kurs des Future am Bilanzstichtag unter dem im Kontrakt vereinbarten Futurekurs liegt[180].

4.7.3 Steuerliche Behandlung

Die meisten Futures sind, da mit einer Laufzeit von unter einem Jahr gehandelt, keine Dauerschulden und daher auch bei der Ermittlung der Gewerbekapitalsteuer nicht zu berücksichtigen. Handelsrechtliche Gewinne und Verluste sind bei der Glattstellung von Futurepositionen in der Ermittlung des Einkommens zu berücksichtigen. Eine Anrechnung bei der Vermögenssteuer und der Umsatzsteuer erfolgt nicht.

4.7.4 Externes Meldewesen

Eine Einbeziehung der Futures in den Grundsatz I entfällt, da Futures zwischen Clearing-Mitgliedern und der Future-Börse gehandelt werden und Forderungen gegenüber Börsen nicht in den Grundsatz I aufgenommen sind. Allerdings erfolgt eine Berücksichtigung im Grundsatz I a, wenn die Futures als Zinsfuture in die Position der Zinsrisiken eingebunden werden.

---

180 *Husch* a.a.O. (Fußnote 179), S. 279; *Oestreicher,* Grundsätze ordnungsgemäßer Bilanzierung von Zinsterminkontrakten, 1992, S. 211.

5 Forward Rate Agreements

Forward Rate Agreements sind ein weiteres, im kurzfristigen Bereich gut nutzbares Zinssicherungsinstrument. Sie stellen eine Weiterentwicklung des börsenmäßig abgewickelten Handels von Zinsterminkontrakten dar und wurden erstmals 1983 durchgeführt[181].

Es handelt sich um ein Geschäft, bei dem zwei Marktteilnehmer einen Zinssatz festlegen, der auf eine bestimmte fiktive Einlage beziehungsweise Mittelaufnahme mit festgelegter Fälligkeit zu einem vereinbarten Erfüllungstermin zu zahlen ist. Der Käufer des Forward Rate Agreement (FRA) erhält einen Ausgleichsbetrag in Höhe der Differenz zwischen einem Referenzzins, der für die Laufzeit der Einlage gilt, und dem vereinbarten FRA-Zins, wenn der Referenzzins über (unter) dem vereinbarten FRA-Satz liegt. Forward Rate Agreements erfüllen dieselben Aufgaben wie Zinsfutures[182], sind aber wesentlich einfacher konstruiert und bieten den Marktteilnehmern hinsichtlich Betrag und Laufzeit eine erheblich höhere Flexibilität, da sie nicht standardisiert gehandelt werden. Auch werden keine „Margins" gefordert.

5.1 Grundlagen

Laufzeit	Briefkurs (Verkauf des FRA)	Geldkurs (Kauf des FRA)
3-Monats-Laufzeiten, z.B.:		
1/4	3,31	3,34
2/5	3,28	3,31
3/6	3,27	3,30
6-Monats-Laufzeiten, z.B.:		
1/7	3,32	3,35
2/8	3,33	3,36
3/9	3,35	3,38
9-Monats-Laufzeiten, z. B.:		
3/12	3,56	3,59
9/18	4,01	4,04
12-Monats-Laufzeiten, z. B.:		
6/18	3,87	3,90
12/24	4,61	4,64

Abbildung 20: Beispiele für FRA – Sätze mit unterschiedlichen Laufzeiten, Stand vom 1.4.1996

---

181 Vgl. hierzu *Büschgen,* Zinstermingeschäfte, Instrumente und Verfahren zur Risikoabsicherung an Finanzmärkten, Frankfurt 1988, S. 122.
182 Allerdings ist zu beachten, daß der Käufer eines FRA (welcher ein einlagenmäßiges Termingeschäft darstellt) von steigenden Zinsen profitiert und sich daher mit dem FRA gegen einen Zinsanstieg absichern kann. Der Käufer eines Zinsfuture (welcher ein kaufmäßiges Termingeschäft darstellt) dagegen profitiert von sinkenden Zinsen, da er das fiktive am Terminmarkt gehandelte Finanzprodukt zu höheren Kursen verkaufen kann.

Forward Rate Agreements erlauben es Geldgebern wie auch Geldnehmern, für eine kurz- bis mittelfristige Termineinlage oder auch Kreditaufnahme (marktübliche Laufzeiten bis zu maximal zwölf Monaten, beginnend frühestens in einem Monat, spätestens in einem Jahr), welche in der Zukunft liegen soll, schon zum jetzigen Zeitpunkt eine feste Zinsvereinbarung für die Zukunft zu treffen.

Es kann mit einem Forward Rate Agreement eine erwartete Liquiditätsposition für einen bestimmten Zeitraum von einem bis zu zwölf Monaten (meist findet man Vereinbarungen für drei, sechs, neun oder maximal für zwölf Monate) – beginnend zu einem späteren Zeitpunkt, der nicht weiter als ein Jahr entfernt liegt – zinsseitig geschlossen werden.

Positionen unter einem Forward Rate Agreement	Käufer des FRA	Verkäufer des FRA
– Festzins – Variabler Zins	– er zahlt den Festzins – er erhält den variablen Zins	– er erhält den Festzins – er zahlt den variablen Zins
– Zinseinschätzung	– Erwartung steigender Zinsen	– Erwartung sinkender Zinsen
– Ziel des Einsatzes des Forward Rate Agreement	– Sicherung von Verbindlichkeiten gegen steigende Zinsen	– Sicherung von Anlagen gegen fallende Zinsen
– Gewinnpotential – Verlustpotential	– unbegrenzt – unbegrenzt	– unbegrenzt – unbegrenzt

Abbildung 21: Positionen bei einem FRA

Die Spalte „Positionen unter einem Forward Rate Agreement" in Abbildung 21 zeigt die Grundtatbestände für die Anwendung des Instruments. Der Käufer des Forward Rate Agreement zahlt den Festzins und erhält den variablen Zins, während der Verkäufer die umgekehrte Position innehat: Er erhält den Festzins und zahlt den variablen Zins. Während der gesamten Forward Rate Agreement-Laufzeit fließt keine Liquidität! Am Ende der Laufzeit des Forward Rate Agreement werden die Cash Flows der beiden Vertragspartner ausgetauscht. Während der Käufer des Instruments die Erwartung steigender Zinsen hat und beispielsweise eine Verbindlichkeit mit variablem Zinssatz gegen steigende Zinsen schützen will, erwartet der Verkäufer des FRA fallende Zinsen und will seine Aktiva vor sinkenden Zinsen schützen. Das Gewinn- und Verlustpotential beider Parteien ist unbegrenzt und von der Entwicklung der steigenden beziehungsweise fallenden Zinsen abhängig.

5.2 Definition des Forward Rate Agreement

Beim Forward Rate Agreement handelt sich dabei um eine Vereinbarung zwischen zwei Vertragspartnern, die sich um feste Zinssätze für zukünftige Anlagen (Aktivseite) oder Verbindlichkeiten (Passivseite), die erst in einigen Monaten vorgenommen werden, dreht. Ziel des Forward Rate Agreement ist es, bereits heute einen Zinssatz für variabel verzinsliche Anlagen oder Verbindlichkeiten festzuschreiben (gemeint ist beispielsweise der Ein- bis Zwölf-Monats-Libor oder Fibor-Satz), der erst in Zukunft Gültigkeit hat. Damit wird für den Anwender des Forward Rate Agreement eine feste Kalkulationsbasis geschaffen, und es können Zinsrisiken aus variablen Zinsen ausgeschaltet werden Der fest vereinbarte Zinssatz wird als FRA-Zinssatz oder auch als Exercise-Price bezeichnet.

Ein Forward Rate Agreement ist deshalb ein Kauf oder Verkauf von Termingeldern per Termin. Zu beachten ist, daß bei einem Forward Rate Agreement keine Kapitalbewegungen stattfinden. Bei Erreichen der Zielperiode vergütet der eine Partner dem anderen Partner des Forward Rate Agreement lediglich die Abweichungen zwischen dem vereinbarten Zins und dem dann auf dem Geldmarkt aktuell geltenden Zins. Forward Rate Agreements werden gehandelt bis zu maximal 24 Monaten, und zwar in den obengenannten Drei-, Sechs, Neun- oder Zwölf-Monatsschritten.

Ein Forward Rate Agreement mit der Zahlenkombination 2/5 würde beispielsweise bedeuten: Es wird ein Zinssatz vereinbart, der Gültigkeit haben soll gerechnet ab Ablauf des zweiten Monats (gerechnet vom heutigen Tag) und für drei Monate (bis zum Ablauf des Monats 5, gerechnet ab heute) gelten soll. Schließt ein Kunde beispielsweise am 1. Januar ein Forward Rate Agreement 2/8 ab, dann vereinbart er einen Sechs-Monatszinssatz für den Zeitraum vom 1. März bis 31. August (also: Beginn nach zwei Monaten, Ende nach acht Monaten, gerechnet ab Abschlußdatum).

5.3 Anwendungsbereich

Marktteilnehmer können sich gegen Zinsänderungsrisiken generell dadurch absichern, daß sie die ihnen zum derzeitigen Zeitpunkt bekannten Zinskonditionen festschreiben und sich damit eine unveränderbare Kalkulationsbasis verschaffen. Bei Forward Rate Agreements liegt die Besonderheit darin, daß die Zinsperiode, über die eine aktive oder passive Zinsposition gesichert werden soll, erst nach Ablauf einer bestimmten Frist beginnt.

Zum Anwendungsbereich des Forward Rate Agreement soll ein kurzes Beispiel herangezogen werden. Angenommen, ein Unternehmen erhält in acht Monaten DM 10 Mio., die es dann als Drei-Monats-Geld (auf der Basis des DM-Drei-Monats-Libor-Satzes) anlegen möchte. Das Unternehmen hält sinkende Zinsen für wahrscheinlich und schließt deshalb schon heute mit einer Bank zum heutigen Zeitpunkt ein Forward Rate Agreement über DM 10 Mio. mit Laufzeitbeginn in acht Monaten und einer Laufzeitdauer von drei Monaten ab (FRA 8/11). Die zinsseitig abgesicherte Dreimonatsperiode beginnt in acht Monaten und endet nach Ablauf des elften Monats. Der mit der Bank heute vereinbarte Zinssatz beträgt 5,0 %.

Am Fixingtag, acht Monate später (acht Monate minus zwei Tage) stellt sich heraus, daß der aktuelle DM-Drei-Monats-Libor-Satz bei genau 4,5 % liegt. Daher ist die Bank jetzt verpflichtet, dem Unternehmen den Differenzbetrag zu erstatten. Der Betrag errechnet sich wie folgt:

$$\frac{\dfrac{\text{Nominalbetrag} \times (\text{FRA-Satz} - \text{LIBOR}) \times \text{Tage der abgesicherten Periode}}{360 \times 100}}{\left(\dfrac{\text{LIBOR} \times \text{Tage abgesicherte Periode}}{360 \times 100}\right)}$$

In konkrete Zahlen umgesetzt bedeutet dies:

$$\frac{\dfrac{\text{DM } 10\,000\,000 \times 0{,}5 \times 90 \text{ Tage}}{360 \times 100}}{\left(\dfrac{4{,}5 \times 90}{360 \times 100}\right)} = \text{DM } 12\,360{,}94.-$$

Aus diesem Beispiel ist erkennbar: Das Unternehmen kann nach Ablauf der acht Monate den Kapitalbetrag von DM 10 Mio. nur auf der Basis des aktuellen Zinssatzes, also zu 4,5 % anlegen. Da mit der Bank aber ein FRA-Satz von 5,0 % vereinbart worden war, hat die Bank diesen Ausgleich von 0,5 % zu zahlen.

In einer nur *überschlägigen* Rechnung käme man auf ein anderes Ergebnis von DM 12 500.–. Hiernach würde der aktuelle Libor-Satz 0,5 % unter dem vereinbarten FRA-Satz liegen, die abgesicherte Periode genau 90 Tage und der Nominalbetrag DM 10 Mio. betragen, so daß sich ein Differenzbetrag von DM 12 500 errechnet (DM 10 Mio. x 0,5 % x 90 Tage, dividiert durch 360 x 100). Die Differenz zur im obigen Beispiel genau errechneten Summe von DM 12 360,94.– ist mit der *vorschüssigen* Zahlung der Ausgleichszahlung zu erklären. Zwar hat hier im Beispiel der FRA eine Gesamtlaufzeit von elf Monaten (acht Monate Vorlaufzeit, drei Monate Zinslaufzeit). Es ist Praxis, daß zum Ende der Vorlaufzeit, also zu Beginn der Zinssicherungsperiode, die Ausgleichszahlung an den FRA-Vertragspartner geleistet wird. Diese hier im Beispiel also drei Monate vor Beendigung der Gesamtlaufzeit erfolgende Zahlung muß berücksichtigt werden

Umgekehrt: wäre der aktuelle Libor-Satz auf 5,5 % angestiegen, hätte das Unternehmen der Bank einen Zinsausgleich von 0,5 % zahlen müssen!

5.3.1 Anwendungsstrategien

Ein zum derzeitigen Zeitpunkt schon erkennbarer Kreditbedarf kann durch den Kauf eines Forward Rate Agreements gegen steigende Zinsen abgesichert werden. Eine geplante Geldanlage kann dagegen durch den Verkauf eines Forward Rate Agreement gegen sinkende Zinsen (und damit niedrige Erträge aus der Anlage) gesichert werden.

Das Besondere an Forward Rate Agreements besteht darin, daß es bei ihnen nicht auf kostspielige Liquiditätsbewegungen ankommt, sondern daß die betroffenen Geldströme auf Ausgleichszahlungen in Höhe der Differenz zwischen dem zukünftigen Marktzins und dem Zinssatz der Forward Rate Agreements beschränkt wird.

5.3.2 Voraussetzungen

Im Rahmen von Forward Rate Agreements werden, wie oben schon bei der Definition kurz angesprochen, üblicherweise Termingelder für drei-, sechs-, neun- oder zwölfmonatige Laufzeiten gehandelt, die mindestens einen, aber höchstens 24 Monate entfernt in der Zukunft liegen. Für Forward Rate Agreements, die innerhalb von zwölf Monaten liegen, ist der Markt derzeit besonders liquide. Je nach Marktlage sind Banken aber auch bereit, für noch weiter entfernte Zeiträume Forward Rate Agreements anzubieten. Allerdings liegt die (selten genutzte) Obergrenze für solche Vereinbarungen bei maximal drei Jahren, wobei wegen des kleineren Marktes für derartige Laufzeiten dann Auf- oder Abschläge in Kauf genommen werden müssen.

Forward Rate Agreements werden meist auf der Basis des LIBOR-Referenzsatzes quotiert, in Deutschland auch auf FIBOR-Basis. Die Mindestgröße für Forward Rate Agreement-Transaktionen sollte nicht unter einer Million DM liegen.

5.4 Ablauf eines Forward Rate Agreement

Die Vertragspartner eines Forward Rate Agreement vereinbaren bei Abschluß des Geschäftes immer folgende Grundlagen:

- die Dauer und Lage des Zins-Zeitraums
- den in Frage stehenden Kapitalbetrag, der mit dem Forward Rate Agreement gesichert werden soll
- den Zinssatz für die zukünftige Laufzeit.

Spätestens zwei Tage vor Beginn der vereinbarten Laufzeit wird der am Markt quotierte Referenzzins dem bei Geschäftsabschluß vereinbarten Zinssatz des Forward Rate Agreement gegenübergestellt. Der sich ergebende Differenzbetrag, welcher sich aus den beiden Sätzen ergibt, wird durch eine abdiskontierte Zahlung zwischen den Partnern des Forward Rate Agreement glattgestellt.

Der Käufer des Forward Rate Agreement, der eine zukünftige Kreditaufnahme gegen einen etwaigen Zinsanstieg abgesichert hat, erhält von seinem Vertragspartner zum Laufzeitbeginn eine Ausgleichszahlung, wenn der LIBOR- (oder FIBOR-)Satz über demjenigen des Forward Rate Agreement liegt. Die Ausgleichszahlung beläuft sich auf den Betrag, multipliziert mit der Dauer und der Zinsdifferenz.

Lassen sich die Zinserwartungen des Käufers eines Forward Rate Agreement dagegen nicht realisieren, dann muß der Käufer den entsprechenden Ausgleich an den Verkäufer zahlen. Damit hat das Forward Rate Agreement den Charakter eines Termingeschäfts. Mit einem solchen Geschäft wird eine sichere Kalkulationsbasis geboten, und es kann mit dem Forward Rate Agreement sowohl ein möglicher Verlust, andererseits aber auch ein möglicher Gewinn ausgeschaltet werden.

5.5 Vorteile eines Forward Rate Agreement

Die Vorteile eines Forward Rate Agreement liegen im Grunde auf der Hand: Das Instrument ist im Firmenkundengeschäft maßgeschneidert anwendbar und kann jederzeit in kurzfristigen Zeiträumen (seltener mittelfristig) angewendet werden. Es entstehen keine Vorabkosten (anders zum Beispiel als bei Zinsoptionen), da zwischen den Vertragspartnern des Forward Rate Agreement nur ein verbindlicher Zinssatz festgelegt wird. Es kommt bei diesem Instrumentarium zu keiner Bilanzverlängerung und Kreditlinienbelastung des Firmenkunden. Vorteilhaft ist schließlich auch, daß die Forward Rate Agreements immer auch getrennt von den Grundgeschäften (Kreditaufnahme oder Geldanlage) abgeschlossen werden können.

Vorteile des Forward Rate Agreement:
- Maßgeschneiderte Anwendung im Hinblick auf Laufzeit und Nominalbeträge
- Mangels Kapitalbewegung entsteht weder eine Bilanzverlängerung noch eine Ausweitung von Kreditlinienbelastungen.
- Ein FRA kann durch ein Gegengeschäft (FRA) wieder aufgehoben werden.
- Es gibt keine Einschuß- oder Nachschußpflichten (margins), keine weiteren Provisionen oder sonstige Vorabkosten.
- Der Markt ist im Laufzeitbereich von bis zu einem Jahr sehr liquide.
- FRA lassen sich auch zur Zinsabsicherung in Fremdwährung nutzen.

5.6 Bilanzierung, Bewertung und Meldewesen

5.6.1 Zeitpunkt des Geschäfts

Das Forward Rate Agreement basiert darauf, daß nach Abschluß des Geschäfts zunächst abgewartet werden muß, wie sich am Stichtag der aktuelle Geldmarktsatz darstellt. Daher ist das Forward Rate Agreement ein schwebendes Geschäft, welches nicht bilanziert, aber auf einem Memorandumkonto verbucht wird.

Für das Geschäft gilt das Prinzip der Einzelbewertung. Bei zu erwartenden Verlusten ist nach § 249 Abs. 1 HGB eine Rückstellung zu bilden. Werden mit dem Forward Rate Agreement dagegen Bilanzpositionen abgesichert und ist eine Bewertungseinheit gebildet, braucht solange keine Rückstellung gebildet zu werden, wie Gewinne aus dem Geschäft zu erwarten sind.

5.6.2 Feststellungstag

Ist der Feststellungstag (settlement day), also der Stichtag, an dem die vom FRA-Geschäft angesprochene Zinsperiode zu laufen beginnt, ereicht, wird das Forward Rate Agreement bilanzwirksam. Die Ausgleichszahlung (je nach Lage Zahlung oder Erhalt des Ausgleichs) wird erfolgswirksam über die Gewinn- und Verlustrechnung gebucht. Wurde das Forward Rate Agreement-Geschäft als Zins*sicherungs*geschäft abgeschlossen, dann wird die Ausgleichszahlung über Zinsaufwand beziehungsweise -ertrag verbucht; wurde dagegen das Geschäft als durchgehandeltes oder spekulatives Geschäft getätigt, dann erfolgt eine Verbuchung der Ausgleichszahlung im „Nettoergebnis aus Finanzgeschäften"[183].

5.6.3 Externes Meldewesen

Forward Rate Agreements müssen nach KWG-Grundsatz I Abs. 1 Ziff. 4 und Grundsatz I a Abs. 1 und 2 grundsätzlich berücksichtigt werden. Nach Grundsatz I kann die Anrechnung nach der Laufzeit- oder nach der Marktbewertungsmethode[184] erfolgen (KWG-Grundsatz I Abs. 6). Wird die Laufzeitmethode angewandt, dann ist das nominale Volumen des Einzelgeschäfts mit laufzeitbezogenen Prozentsätzen anzurechnen. Bei der Marktbewertungsmethode werden die Wiederbeschaffungskosten mit einem Zuschlag für die Ermittlung der Höhe des Kapitaläquivalenzbetrages zugrundegelegt (KWG-Grundsatz I Abs. 6, Satz 2 und 3; zu den laufzeitbezogenen Vomhundertsätzen vgl. KWG Grundsatz I Abs. 7)[185].

Für Forward Rate Agreements kommt daneben auch KWG-Grundsatz I a Abs. 2 KWG zur Anwendung (soweit es um FRA-Geschäfte in DM geht, Abs. 2, Ziffer 2. Wenn es um FRA in Fremdwährung geht, wird daneben auch Abs. 2, Ziff. 1 angewandt).

---

183 So *Anderle/Kaufmann,* Derivate Finanzprodukte am Geld- und Kapitalmarkt, Stuttgart 1995, S. 30; *Oestreicher,* Grundsätze ordnungsgemäßer Bilanzierung von Zinsterminkontrakten, 1992, S. 211; Stellungnahme Bankenfachausschuß des IDW 2/1993 (BFA 2/1993), Bilanzierung und Prüfung von Financial Futures und Forward Rate Agreements, in: Die Wirtschaftsprüfung 1993, S. 337 ff.
184 Dazu schon oben, Teil 2, 2.9.1.
185 Zu diesem Themenkomplex vgl. auch die Erläuterungen des Bundesaufsichtamtes für das Kreditwesen zur Bekanntmachung über die Änderung und Ergänzung der Grundsätze über das Eigenkapital und die Liquidität der Kreditinstitute vom 29.12.1992.

6 Zinscaps, Zinsfloors, Zinscollars

Caps und Collars sind Zinssicherungsinstrumente, die bei Verbindlichkeiten und Geldanlagen mit *variablem Zinssatz* angewendet werden können, um eine zeitraumbezogene Zinsbegrenzung zu erreichen. Caps (Zinsobergrenzenvereinbarungen), Floors (Zinsuntergrenzenvereinbarungen) und Collars (Zinsober- und -untergrenzenvereinbarungen[186]) sind immer dann von Bedeutung, wenn der variable Marktzins die jeweils vereinbarte Zinsbegrenzung durchbricht. Die Zinssicherung, die bis zu zehn Jahre lang duchgeführt werden kann, erfolgt mit Cap und Floor „automatisch". Das bedeutet, daß ein Ausübungswahlrecht, wie es bei einer Zinsoption besteht, nicht vorhanden ist. Aus technischer Sicht handelt es sich bei diesem Instrumentarium um nacheinandergeschaltete kurzfristige „Optionen" von jeweils drei oder sechs Monaten Laufzeit[187], da jede Option mit dem Verfall der vorherigen beginnt[188]. Über diese Aneinanderreihung lassen sich maßgeschneiderte Laufzeiten erreichen, die mit der abzusichernden, variablen Zinsfoderung oder -verbindlichkeit deckungsgleich sind.

6.1 Definitionen

Vor der Besprechung der drei Instrumente Cap, Floor und Collar müssen Definitionen angebracht werden.

6.1.1 Zinscap

Beim Cap handelt es sich um eine Vereinbarung zwischen einem Verkäufer des Cap und einem Käufer (Kreditnehmer) mit der Absicht, den Zinssatz einer variablen Verbindlichkeit des Schuldners für einen bestimmten Zeitraum (marktüblich für Laufzeiten von zwei bis zehn Jahren) nach oben zu begrenzen. Steigt der Marktzins während der Cap-Laufzeit an den Zinsanpassungsterminen, die gleichzeitig die Roll-over-Termine der Finanzierung darstellen, über die vereinbarte Obergrenze, muß der Cap-Verkäufer (der „Stillhalter") dem Inhaber des Cap die Zinsdifferenz vergüten.

---

[186] Cap (engl. = Kappe, Mütze, d.h. obere Grenze); Floor (engl. = Fußboden, Minimum, d.h. Untergrenze); Collar (engl. = Kragen, d.h. im Zinsmarkt: Zinsunter- und -obergrenze).
[187] Dies ist der klassische Ablauf, der auf dem Sechs-Monats-Libor-Satz der betreffenden Währung aufbaut. Natürlich sind auch andere Laufzeiten (1 bis 12 Monate) darstellbar. Kürzere Zinsterminlaufzeiten (1 bis 3 Monate) findet man häufiger bei kurzlaufenden Caps (etwa von nur zwei oder drei Jahren Laufzeit) und in Märkten mit fallendem Geldmarktzins.
[188] Bei wirtschaftlicher Betrachtungsweise entsprechen Caps einer Reihe von *europäischen* Optionen, die nur zu bestimmten Fälligkeitsterminen ausgeübt werden dürfen, mit zunehmend langer Vorlaufzeit auf die zugrundeliegenden Referenzzinssätze.

6.1.2 Zinsfloor

Der Floor ist das Gegenstück eines Cap. Dieses Instrument gibt einem Floorkäufer die Garantie für eine Zinsuntergrenze beziehungsweise Mindestverzinsung für eine variable Geldanlage. Fällt der Marktzins während der Floor-Laufzeit unter die vereinbarte Mindestzinsgrenze, so muß der Verkäufer des Floor dem Käufer die Zinsdifferenz vergüten.

Bei Cap und Floor erfolgt eine Zahlung nur, wenn an vorher festgelegten Stichtagen der zugrundeliegende Referenzzinssatz (zum Beispiel Sechs-Monats-Libor) *über* (beim Cap) oder *unter* (beim Floor) der Zinsgrenze liegt. Eine Zahlung erfolgt dann am Ende der Zinsperiode unter Berücksichtigung der Anzahl der Zinstage.

Angenommene Zinsentwicklung	Günstigste Zinsvariante
Das Zinsniveau ist rückläufig	Variabler Zinssatz für Geldaufnahme; fester Zinssatz für Geldanlage
Das Zinsniveau im Geldmarkt steigt langsam an, übersteigt aber erst nach einigen Jahren den Festsatz	Variabler Zins (evtl. mit Cap) für Kreditaufnahme
Das Zinsniveau im Geldmarkt steigt stark an und überschreitet rasch den alternativ ansetzbaren Festsatz: – es wird eine längere Hochzinsphase erwartet – es wird kurzfristig eine Hochzinsphase und danach wieder eine Phase sinkender Zinsen erwartet	Festzinsvereinbarung Variabler Zins mit Cap für Kreditaufnahme; Festzins bei Geldanlage

Abbildung 22: Zukünftige Zinsverläufe und die günstigste Zinsvariante

Im Grunde handelt es sich bei Cap und Floor um eine Art *„Zinsversicherung"*. Beim Cap bedeutet dies folgendes: Steigen die Marktzinsen, erhöhen sich an den Roll-over-Stichtagen die Zinssätze, die der Kreditnehmer für die kommende Zinsperiode für seine variable verzinsliche Kreditaufnahme zu erbringen hat. Für den Cap-Käufer sichert der Cap allerdings *immer nur* den *Referenzzinssatz* (nicht aber unter Einschluß der hinzuzurechnenden Kundenmarge der Bank). Die effektive maximale Zinsbelastung des Kunden besteht also aus dem maximalen Zinssatz (durch den Cap nach oben begrenzt) zuzüglich der mit der Bank vereinbarten Kreditmarge und der (auf das Jahr umgerechneten, aber für die Gesamtlaufzeit des Cap im voraus) zu entrichtenden annualisierten Capprämie.

Kreditgewährende Bank und Cap-Verkäufer können unterschiedliche Vertragspartner des Kreditnehmers sein. Gelegentlich werden variable Finanzierungen aber schon von vornherein mit einer Zinssicherung (Cap) kombiniert angeboten.

6.1.3 Zinscollar

Beim Collar[189] handelt es sich um eine Kombination von Cap und Floor. Es wird gleichzeitig ein *Cap gekauft* und ein *Floor verkauft,* so daß für den variablen Zinssatz eine Bandbreite festgelegt wird. Für den Kauf der Zinssicherung nach oben (Cap) zahlt der Käufer eine Prämie; für den Verkauf des Floor (Aufgabe einer Chance, von fallenden Zinsen unterhalb des Floor zu profitieren), erhält der Verkäufer eine Prämie. Ein variabler Zinssatz einer Verbindlichkeit wird durch den Collar dann an einer Bandbreite ausgerichtet, die nach oben durch den Cap beispielsweise durch 7 %, nach unten durch den Floor bei 4,5 % festgelegt wird. Steigen die Zinsen, ist der Capkäufer vor Zinssteigerungen über 7 % hinaus geschützt. Fallen die Zinsen, kann der Cap-Verkäufer von fallenden Zinsen nur bis zur Marke von 4,5 % profitieren – seine Mindestzinsbelastung beträgt stets 4,5 %, da er selbst bei noch weiter fallendem Zins dem Käufer des Floor die Differenz zwischen aktuellem Marktzins und vereinbartem Floor entrichten muß.

Da der Nutzer des Collar beim Verkauf des Cap eine Prämie zu zahlen hat, andererseits durch Verkauf des Floor aber eine Prämie erhält, ist es möglich, die Zinsober- und -untergrenze so zu wählen, daß sich die beiden Prämien betraglich angleichen oder sogar aufheben. Unter einem „Zero Cost Collar" heben dann die Erträge aus dem Verkauf des Floor die Kosten für den Kauf des Cap auf.

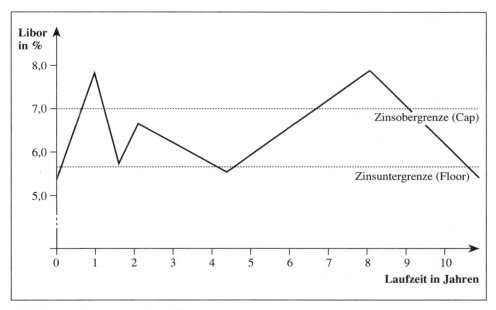

Abbildung 23: Beispiel eines Zinscollar

---

189 „Collar" (engl. = Kragen), der eine Ober- und Untergrenze hat. In England wird der Collar gelegentlich auch als *Interest Rate Agreement* bezeichnet.

Abbildung 23 zeigt einen angenommenen Cap bei 7 % bei einer Laufzeit von zehn Jahren. Innerhalb der Caplaufzeit kommt es zu zwei Abschnitten, in denen der aktuelle Marktsatz oberhalb des vereinbarten Cap liegt. An den in diesen Abschnitten liegenden Zinsanpassungsterminen muß der Capverkäufer die Differenz zwischen aktuellem Marktzins und vereinbarter Obergrenze erstatten. Gleichzeitig wurde ein Floor bei 5,5 % verkauft. Es liegt in dieser Konstallation also ein „Collar" vor, bei dem der Capverkäufer eine Prämie zahlt, gleichzeitig aus dem Floorverkauf einen Ertrag erhält.

6.1.3.1 Beispiel für die Anwendung eines Zero Cost Collar

Ein Hypothekenkunde einer Bank benötigt einen Kredit für zehn Jahre, und er möchte diesen Kredit mit einem variablen Zinssatz und einer Zinsobergrenze (Cap) ausgestattet haben. Gleichzeitig will er sich die Möglichkeit verschaffen, die Cap-Kosten möglichst weit zu reduzieren und deshalb mit seiner Bank auch über den gleichzeitigen Verkauf eines Floor sprechen.

Das Kreditinstitut kann in solch einem Fall wie folgt verfahren: Es kauft bei einem Dritten (einem anderen Marktteilnehmer) einen Cap und verkauft einen Floor dagegen. Werden nun die Höhe des Cap und des Floor so gewählt, daß sich der Kaufpreis des Cap und der Verkaufspreis (Ertrag) des Floor gegenseitig aufheben, dann ist dieser Collar für die Bank völlig kostenfrei, also ein *„Zero Cost Collar"*.

6.1.3.2 Weitergabe des Zero Cost Collar

Gegenüber dem Kunden kann die Bank ihren Zero Cost Collar wie folgt weitergeben. Sie verschiebt die Zinssätze des Cap und des Floor gleichermaßen um denselben Zinssatz parallel nach oben und gibt den solchermaßen veränderten „Zero Cost Collar" an den Kunden weiter.

Der Vorteil der Bank liegt in folgendem Umstand begründet: Zum einen wird der für den Kunden etwas höher angelegte Cap zwar zu „zero cost" verkauft; tatsächlich aber wäre ein nach oben verschobener Cap etwas billiger auf dem Markt zu kaufen. Das gleichzeitige Verschieben des Floor nach oben hätte – bei Einzelverkauf des Instruments – einen etwas höheren Ertrag erbracht, da der Floor desto mehr Ertrag bringt, je höher sein Zinssatz liegt. Genau genommen stellt die Weitergabe des „Zero Cost Collar" also einen Nachteil für den Kunden dar, da der Kunde wegen des parallelen Verschiebens eigentlich noch einen Ertrag erwirtschaftet hätte, nun aber mit dem bloßen Zustand des „zero cost" leben muß.

Nachfolgend werden nun die typischen in der Praxis genutzten Capvarianten dargestellt. Caps sind in der Art der Anbietungsform, der Flexibilität und der Markttiefe zu unterscheiden.

6.2.1 Stripped Caps

Bei Stripped Caps handelt es sich um Instrumente, die von zinsbegrenzten variabel verzinslichen Anleihen abgetrennt werden und dadurch auf dem Markt handelbar sind und für Investoren zum Kauf stehen. Allerdings haben Stripped Caps fest vorgegebene Konditionen. Der Cap-Satz (Obergrenze), die Cap-Laufzeit und die Referenzrate (Drei- oder Sechs-Monats-Libor) sind fest vorgegeben. Sucht ein Kreditnehmer nun einen Stripped Cap, um seine Zinsverbindlichkeit abzusichern, dann müßte diese Verbindlichkeit dem nicht flexiblen Cap angepaßt werden. Hier gibt es jedoch Schwierigkeiten, so daß der Stripped Cap in der Finanzierungspraxis seltener anzufinden ist.

6.2.2 Maßgeschneiderte Caps

Es ist daher günstiger, einen Cap an eine schon bestehende oder noch zu begründende variable Verbindlichkeit von vornherein maßgeschneidert anzupassen. Bei diesen maßgeschneiderten Cap-Vereinbarungen geht es um die Festlegung der nachfolgenden Grundlagen:

- den Referenzsatz (zum Beispiel Sechs-Monats-Libor);
- den durch den Cap abzusichernden Kapitalbetrag[190] (Mindestgröße ab DM 5 Mio.)
- die Zinsobergrenze,
- die Laufzeit (ab einem Jahr, bis zu zehn Jahre; broken dates sind möglich),
- den Beginn der Risikoabsicherung.

6.2.3 Corridor

Neben dem oben schon genannten „Collar", also dem gleichzeitigen Kauf eines Cap und Verkauf eines Floor gibt es noch den sogenannten „Corridor". Hierbei geht es um den gleichzeitigen *Kauf eines Cap* mit niedrigem Strike (zum Beispiel Kauf des Cap bei 6,0 %) und dem *Verkauf eines* anderen *Cap* mit einem hohen Strike (zum Beispiel Verkauf des zweiten Cap bei 8,0 %). Mit dieser Methode wird versucht, die Capkosten (für den niedrigen (zinssichernden) Cap zu reduzieren. Der Corridor-Käufer ist grundsätzlich geschützt, wenn der aktuelle Geldmarktsatz an den Zinsanpassungsterminen zwischen den beiden Caps (im Corridor, also zwischen 6,0 % und 8,0 %) liegt. Dagegen trägt der Corridor das Risiko in seiner Position als Capverkäufer (bei 8,0 %)

Eine Liquiditätsbeschaffung ist nicht sofort erforderlich. Beim Cap ist nur die Capprämie sofort zu zahlen, sobald die Vereinbarung wirksam geworden ist. Wie schon bei der Zinsoption beschrieben, werden auch Zinscaps nach der Optionspreismethode berechnet, also anhand komplizierter Marktdaten ermittelt.

---

190 Der Cap wird auf einen Nominalbetrag abgeschlossen, damit die etwaigen Zinszahlungen (Schadensersatzzahlungen) an den Roll Over-Terminen kalkulierbar sind. Es ist dabei unerheblich, ob eine Verbindlichkeit überhaupt besteht oder nicht; der Cap kann also auch (wie jede andere Art der Option) spekulativ eingesetzt werden, ohne daß ein hinsichtlich der Zinsrisiken abzusichernder Kredit überhaupt vorhanden ist oder bereits ganz oder erst teilweise ausgenutzt wird.

6.2.4 Weitere Cap-Varianten

6.2.4.1 Participating Cap

Schließlich kennt man den Participating Cap, der der gleichzeitige Kauf eines Cap und Verkauf eines Floor mit gleichem Strike-Preis, aber unterschiedlichen Nominalbeträgen ist. Aus der Struktur ergibt sich folgendes Risikoprofil: Die effektive Zinsobergrenze (Strike-Preis zuzüglich Absicherungskosten) liegt unterhalb der eines einfachen Cap, während der Käufer eines Participating Cap von Zinssenkungen nicht mehr in vollem Umfang, sondern nur anteilig, in Abhängigkeit von seinem Participation-Anteil, profitiert.

6.2.4.2 Cap-Option und Seasonal Cap

Die *Cap-Option*, die sich als Option auf den Kauf eines Cap zu einem bestimmten Zeitpunkt (europäisch) oder innerhalb eines bestimmten Zeitraums (amerikanisch) darstellt, wird seltener genutzt.

Der *Seasonal Cap* (Saison-Cap) ist ein vorübergehendes, zeitlich wiederkehrendes Instrument bei zeitlich wiederkehrendem Zinssicherungsbedarf, etwa bei sich jährlich wiederholendem variabel verzinslich gestaltetem Finanzierungsbedarf, der langfristig im voraus abgesichert werden soll. Auch diese Ausgestaltung ist ein selten genutztes Instrument, dessen Darstellung nur die Vielfalt des Cap deutlich machen soll.

6.2.4.3 Knock Out Cap

Eine interessante Variante entwickelte sich im Jahre 1994 mit dem sogenannten „Knock Out Cap". Der Knock Out Cap hat grundsätzlich dieselbe Struktur wie ein Standard Cap. Neben den gängigen Referenzgrößen ist der Knock Out Cap zusätzlich mit einem Knock Out-Zinssatz ausgestaltet, der oberhalb des vereinbarten Strike-Preises liegt. Für die Perioden, bei denen der Referenzzins über dem „Knock Out" gefixt wird, erfolgt für die jeweilige Referenzperiode keine Ausgleichszahlung.

Das Knock Out-Niveau ist also der entscheidende Parameter dieses Instruments. Je höher er angesetzt wird, desto geringer ist die Preisersparnis gegenüber dem Standard Cap.

Preisbeispiel für einen Zinscap (gegen DM-6-Monats-Libor)	Standard Cap, z. B. bei 6,5 %	Knock Out Cap, z. B. bei 10 %
Laufzeit in Jahren	Strike bei 6,5 %	Strike bei 6,5 % Knock-Out-Satz bei 10 %
4 Jahre 6 Jahre 10 Jahre	359 bp 506 bp 1045 bp	249 bp 336 bp 675 bp

Abbildung 24: Preisbeispiele für einen Cap

In Abbildung 24 werden jeweils die Kosten des Cap angegeben, dessen Prämie stets im voraus, gerechnet auf den Nominalbetrag, in % des Nominalbetrages zu zahlen ist. Dabei entsprechen 100 Basispunkte (base points, bp) 1 % des Nominalbetrages.

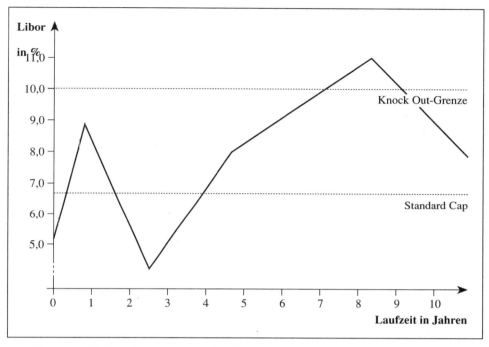

Abbildung 25: Beispiel eines Knock Out Cap

Abbildung 25 zeigt, wie der Standard Cap den Cap-Käufer vor steigenden Zinsen und Zinssätzen oberhalb des Strike-Preises von 6,5 % schützt (Schutz an den Zinsterminen, zweimal pro Jahr, über die gesamte Laufzeit). Übersteigt der dann aktuelle Sechs-Monats-Geldmarktsatz an den Zinsanpassungsterminen dagegen auch den Knock Out-Satz (hier 10 %), ist der Cap-Schutz hinfällig; ein Zinsausgleich wird dann durch den Stillhalter für die betreffende Zinsperiode nicht gezahlt. Dieses System verbilligt die Cap-Kosten.

Beide Parameter, der Strike-Preis und der Knock Out-Satz, sind natürlich frei wählbar und lassen sich den individuellen Erwartungen anpassen. Der besondere Vorteil dieses Instruments liegt in der potentiellen Prämienersparnis, die maßgeblich durch die Wahl des Knock Out-Niveaus bestimmt wird. Selbst wenn der Cap in einer Periode „ausgeknockt" werden sollte, stellt die Konstruktion sicher, daß die Folgeperioden weiterhin eine Zinssicherung bieten können.

6.3 Vorteile der Zinsbegrenzungsvereinbarungen

Ein Zinscap bietet den Vorteil, daß Kreditnehmer bei der Aufnahme von Kreditmitteln hinsichtlich der Zinsgestaltung flexibler sind – eine langfristige variable Zinsvereinbarung ist – da man ja jederzeit den Cap nutzen kann – nicht mehr unmittelbar von Nachteil, falls steigende Zinsen während eines längerfristigen Kredits zu befürchten sind.

Der Kreditgeber für die Finanzierung kann frei gewählt werden, da ja bei Caps nur Zinsgrenzen abgesichert werden und die Zinsbegrenzungsvereinbarung ein – neben der Kreditvereinbarung – eigenständiger Vertrag ist.

Caps und Floors sind bilanzneutral und führen mit Ausnahme der Capprämie zu keinen weiteren Kosten.

Caps sind im Firmenkundengeschäft immer dann vorteilhaft, wenn das Zinsniveau allgemein sehr hoch ist, eine längerfristige Kreditaufnahme ansteht und der Kreditnehmer mit fallenden Zinsen rechnet (aber eben auf die Dauer des Kredits nicht sicher sein kann, daß die Zinsen nicht dennoch wieder steigen).

6.4 Ablauf eines Zinscap

Ein Firmenkunde hat bei einem Kreditinstitut

- entweder eine bereits bestehende Kreditverpflichtung
- oder eine Neuaufnahme von Kreditmitteln.

In beiden Fällen geht es um eine langfristige Kreditverpflichtung, die angesichts eines hohen Zinsniveaus zu variablen Konditionen abgeschlossen wurde. So wollte der Firmenkunde sicherstellen, bei sinkendem Zinsniveau von fallenden Zinssätzen zu profitieren und an den Zinsanpassungsterminen des variablen Satzes (roll over dates) niedrigere Zinsen für die nächste Zinsperiode zu vereinbaren.

Es kann geschehen, was in Deutschland tatsächlich Anfang der 90er Jahre eintrat: Trotz der allgemeinen Erwartung sinkender Zinsen stieg das Zinsniveau tatsächlich weiter leicht an und es entstand die „inverse" Zinsstruktur, in der die kurzfristigen Zinssätze über längere Zeit erheblich höher waren als die mittel- bis langfristigen Sätze. Für Firmenkunden mit variablen Zinskonditionen, die sich im kurzfristigen Geldmarkt bewegten, war dies zwangsläufig von Nachteil. Es bot sich hier das Instrument des Cap an.

Der Kunde kann entweder seine den Kredit gewährende Bank oder auch ein beliebiges anderes Institut um das Zinssicherungsinstrument bitten. Die Bank quotiert dann, sobald der Kunde die Höhe der Zinsobergrenze angegeben hat, den für diese Cap-Grenze geltenden Preis (welcher, wie oben schon erwähnt, individuell errechnet wird wie bei Optionsgeschäften und deshalb auch nur sehr selten, beispielsweise über Reuters-Seiten, quotiert wird; dies wäre dann auch nur eine vage Indikation).

Wird die Cap-Vereinbarung geschlossen, dann bedeutet dies: Der Firmenkunde erhält für zwei Stichtage im Jahre (nach sechs und zwölf Monaten) die Bestätigung, daß der Cap-Verkäufer ihm für den Fall, daß der tatsächliche Sechs-Monats-Libor-Satz höher liegt als der vereinbarte Cap, die Differenz auszahlt. Wirtschaftlich steht damit der Cap-Käufer immer so da, als habe er nur maximal die Höhe des Caps als tatsächliche Belastung zu zahlen.

Der Vorgang ist folgender:

- Der Firmenkunde bedient sein variabel verzinsliches Darlehen (Sechs-Monats-Libor + Marge).
- Liegt der Libor-Satz oberhalb der Cap-Grenze, erstattet der Cap-Verkäufer die Differenz zwischen Cap und Libor-Satz.
- Rechnerisch kommt aber immer noch die Marge zur Belastung des Firmenkunden hinzu (der Cap sichert nur den Libor-Satz, nicht aber die Kundenmarge im Kredit).
- Außerdem muß zur Belastung auch die zu Anfang des Geschäfts fällige Capprämie auf die Laufzeit des Kredits umgerechnet werden.

Im Ergebnis ist hinsichtlich der Cap-Kosten also festzuhalten: Die wirtschaftliche Belastung des Cap-Käufers ist tatsächlich etwas höher als der Cap selbst ausdrückt, da die Kreditmarge und die annualisierte Capprämie noch hinzugerechnet werden müssen.

6.5 Bilanzierung und Bewertung beim Erwerber

6.5.1 Caps und Floors

Der Kauf von Caps und Floors ist als Kauf eines Vermögensgegenstands beziehungsweise Wirtschaftsgutes zu qualifizieren, da die Instrumente eigenständig verkehrsfähig und selbständig veräußerbar sind. Caps und Floors sind demnach aktivierungspflichtige immaterielle Wirtschaftsgüter, die unter der Position „Sonstige Vermögensgegenstände" auszuweisen sind. Als immaterielles Wirtschaftsgut sind Caps und Floors planmäßig über die Laufzeit abzuschreiben[191], gleichgültig, ob (wie üblich) die Capprämie zu Beginn der Vertragslaufzeit (front fee) oder zum Ende (end fee) entrichtet wird. Der Cap-Käufer erhält eine wirtschaftlich werthaltige Rechtsposition gegenüber dem Stillhalter an einem Instrument, für das ein Sekundärmarkt besteht, über den eine konkrete Veräußerbarkeit zu Verkehrswerten darstellbar ist.

6.5.2 Collars und andere Cap-Varianten

Gehandelte Cap-Varianten stellen keine eigene Kontraktart dar, sondern vielmehr eine typisierte Abwicklungsform rechtlich selbständiger Grundgeschäfte in einem Auftrag. Das weitere Schicksal der kombinierten Grundgeschäfte ist nach Abschluß der Kontrakte von-

---

[191] § 253 Abs. 2 HGB bzw. § 7 Abs. 1 EStG.

einander unabhängig. Die kombinierten Geschäfte können beispielsweise jeweils getrennt voneinander beendet werden, und sind daher einzeln zu bilanzieren und zu bewerten[192].

6.5.3 Bewertung

Caps und Floors sind nach Maßgabe der §§ 253 Abs. 1 und 255 Abs. 1 HGB mit den Anschaffungskosten anzusetzen. Am Bilanzstichtag sind aktivierte Zinsbegrenzungsvereinbarungen (ungeachtet eines eventuell höheren Verkehrswertes) mit den historischen Anschaffungskosten als Wertobergrenze anzusetzen, wobei diese Kosten um zwingende Abschreibungen vermindert werden. Liegt der sich anhand der aktuellen Marktpreise für vergleichbare Caps ergebende Wert zum Bilanzstichtag unter den um die planmäßigen Abschreibungen geminderten Anschaffungskosten, ist der Cap auf den niedrigeren Teilwert abzuschreiben (Niederstwertprinzip)[193].

6.6 Bilanzierung und Bewertung beim Stillhalter

Der Verkäufer der Zinsinstrumente (Stillhalter) erhält eine Prämie, die unter der Position „Sonstige Verbindlichkeiten" passiviert[194] wird und zeitanteilig[195] in die Gewinn- und Verlustrechnung übernommen wird. Die Passivierung von vereinnahmten Optionsentgelten bis zum Ende der Laufzeit des vereinbarten Geschäfts ist ein Entgelt für eine einmalige Leistung.

Erträge aus dem Verkauf der Instrumente werden unter „sonstigen betrieblichen Erträgen" ausgewiesen (§ 275 Abs. 2 Nr.4 HGB). Ausgleichszahlungen sind „sonstige betriebliche Aufwendungen" (§ 275 Abs. 2 Nr. 8 HGB).

---

192 Hierzu *Häuselmann/Wiesenbart,* Fragen zur bilanzsteuerlichen Behandlung von Geschäften an der Deutschen Terminbörse, Der Betrieb 1990, S. 646; *Häuselmann,* Die Besteuerung und Bilanzierung von Optionen und Terminkontrakten in Braunberger/Knipp (Hrsg.), Die Deutsche Terminbörse, Frankfurt 1989, S. 172 ff.

193 Je nach Zuordnung zum Anlage- und Umlaufvermögen gilt handelsrechtlich das eingeschränkte (§ 253 Abs. 2 Satz 3 HGB) beziehungsweise strenge Niederstwertprinzip (§ 253 Abs. 3 HGB), *Häuselmann,* Bilanzierung und Besteuerung von Zinsbegrenzungsverträgen, BB 1990, S. 2149, 2152 mit praktischen Beispielen.

194 Dies ist streitig. Die gegenteilige Ansicht vertritt die Meinung, daß der Stillhalter bis zur Ausübung oder zum Verfall gebunden ist und daß es sich daher um eine Verpflichtung aus einem schwebenden Geschäft handelt. Eine erfolgswirksame Vereinnahmung der Prämie ist daher aus Sicht des § 252 Abs. 1 Nr. 4 abzulehnen, *Häuselmann,* Die Bilanzierung von Optionen aus handelsrechtlicher Sicht, DB 1987, S. 1748; *ders.* a.a.O. (Fußnote193), BB 1990, S. 2153.

195 Aufgrund der laufzeitbezogenen Gegenleistung des Stillhalters muß zeitanteilig vereinnahmt werden und ein passiver Rechnungsabgrenzungsposten gebildet werden, § 250 Abs. 2 HGB. Da sich das Risiko des Stillhalters mit zunehmendem Zeitablauf vermindert, können die erhaltenen Prämien pro rata temporis in die GuV-Rechnung übernommen werden, *Häuselmann* a.a.O., S.2153.

Zeigt sich nach den Verhältnissen am Bilanzstichtag, daß der Stillhalter in Anspruch genommen wird, muß er eine „Rückstellung für drohende Verluste aus schwebenden Geschäften" (§ 249 Abs. 1 HGB) bilden. Die Höhe der Rückstellung ermittelt sich auf der Basis des aktuellen Marktzinses am Bilanzstichtag unter Berücksichtigung der Prämie und dem im Vertrag vereinbarten Strike-Preis. Am ehesten wird dem Vorsichtsgedanken des § 252 Abs. 1 Nr. 4 HGB die Rückstellungshöhe dann gerecht, wenn die Berechnung den Kosten auf Glattstellungsbasis folgt.

6.7 Besteuerung

6.7.1 Käufer des Instruments

Aufwendungen für den Erwerb von Zinsbegrenzungsvereinbrungen können je nach Ausrichtung des Geschäfts Vorgänge in der Vermögenssphäre, Spekulationsverluste oder Werbungskosten darstellen. Erhaltene Ausgleichszahlungen können entsprechend steuerfrei oder steuerpflichtig sein[196].

6.7.2 Stillhalter

Der gewinnbringende Verkauf eines Zinsbegrenzungsvertrages ist – wie auch bei Optionen – als Entgelt für eine sonstige Leistung im Sinne des § 22 Nr.3 EStG einkommensteuerpflichtig. Anfallende Ausgleichszahlungen des Stillhalters an den Roll over-Terminen stellen Aufwendungen dar, die in unmittelbarem wirtschaftlichen Zusammenhang mit der steuerpflichtigen Cap-Prämie stehen und damit den Werbungskostenbegriff nach § 9 Abs. 1 Satz 1 EStG erfüllen[197]. Ein Abzug der Werbungskosten ist allerdings auf die Höhe der vereinnahmten Cap-Prämien begrenzt. Bei einer Glattstellung des Capgeschäfts durch ein Gegengeschäft ist eine getrennte Bewertung – und damit auch eine getrennte Besteuerung – vorzunehmen[198].

6.7.3 Gewerbe- und Umsatzsteuer

Kauf und Verkauf von Caps, Floors, Collars und so weiter erbringen dem Steuerpflichtigen in bezug auf die Hinzurechnung von Dauerschulden nach § 8 Nr. 1 GewStG weder Vor- noch Nachteile. Der Abschluß dieser Instrumente beinhaltet keine Überlassung von Kapital. Sie sind daher keine Dauerschulden[199] und werden bei der Ermittlung der Gewerbekapitalsteuer nicht berücksichtigt.

---

196 *Häuselmann* a.a.O., BB 1990, S. 2154 mit weiterer Vertiefung uwN.
197 *Häuselmann* a.a.O., S. 2155; BFH vom 29.2.1980, BStBl II 1980, S. 395.
198 Diese „Trennungstheorie" ist streitig, vgl. *Häuselmann* a.a.O., S. 2155, der zwischen Stillhalterposition und späterer Glattstellung eine Einheit sieht und daher eine Möglichkeit der Anrechnung von Werbungskosten im Sinne des § 22 Nr. 3 EStG empfiehlt.
199 Zur ungeklärten Frage, ob Cap-Ausgleichszahlungen als Dauerschuldzinsen angesehen werden (entsprechend der BFH-Rechtsprechung zu Zinsverbilligungszuschüssen, Urt. v. 4.5.1965, BStBl.III 1965, S.417) vgl. mit vertiefenden Hinweisen *Häuselmann* a.a.O., S. 2155.

Der Abschluß dieser Zinssicherungsinstrumente sowie die Ausgleichszahlungen sind nach § 4 Nr. 8 g UStG von der Umsatzsteuer befreit[200].

6.8 Externes Meldewesen

Da Caps, Floors und so weiter als Derivate von Optionen eingestuft werden, erfolgt eine berücksichtigung nach KWG-Grundsatz I und I a.

Im KWG-Grundsatz I werden nur Käufe der Zinsinstrumente erfaßt. Die Zinsbegrenzungsvereinbarungen werden dazu in die einzelnen Teiloptionen unterteilt, wobei sich die Anzahl der Teiloptionen aus der Anzahl der Zinsanpassungstermine während der gesamten Cap- beziehungsweise Floor-Laufzeit ergibt. Die Anrechnung jeder einzelnen Teiloption aus dem Cap oder Floor erfolgt dann – wie auch bei der Option – nach der Laufzeit- oder der Marktbewertungsmethode (KWG-Grundsatz I, Abs. 6 in Verbindung mit Abs. 7).

Im KWG-Grundsatz I a erfolgt eine Anrechnung unter den Zinsoptionsgeschäften (Grundsatz I a, Abs. 2 Ziff. 2), wobei das Zinsbegrenzungsinstrument abhängig von der Periode der Zinssatzanpassung in mehrere Teiloptionen aufgeteilt wird. Jede Teiloption entspricht einer Option auf ein Zinstermingeschäft. Soweit die Zinssicherung mit einer Fremdwährung verknüpft ist, ist im übrigen eine Einbeziehung in Grundsatz I a, Abs. 2 Ziff 1 erforderlich.

Literatur

Eller/Spindler, Zins- und Währungsrisiken optimal managen, Stuttgart/Wiesbaden 1994
Graf von Bernstorff, Risiko Management im Auslandsgeschäft, 2. Auflage, Frankfurt 1995, S.142 ff.
Knippschild, Controlling von Zins- und Währungsswaps in Kreditinstituten, Frankfurt 1991
Kümpel, Zum Termin- und Differenzeinwand bei Zinsterminkontrakten und Zinsswapgeschäften, WM 1986, S. 661 ff.
Lerbinger, Swap-Transaktionen als Finanzierungsinstrumente, Die Bank 1985, S. 245 ff.
Lerbinger, Zins- und Währungsswaps, Neue Instrumente im Finanzmanagement von Unternehmen und Banken, Wiesbaden 1988
Reinhardt, Die Risiken der Banken im Swapgeschäft, Kreditwesen 1985, S. 671 ff.
Rittinghaus, Einsatz von Swaps für Versicherungsunternehmen, in Schwebler/ Knauth/ Simmert, Einsatz von Finanzinnovationen in der Versicherungswirtschaft, Karlsruhe 1993, S. 117 ff.
Storck, Zins- und Währungsswaps im Euromarkt, Die Bank 1985, 56 ff.
Walmsley, Interest Rate Swaps: The Hinge between Money and Capital Markets, The Banker 1985, S. 37 ff.
Wichmann, Zinsswaps als Spezialfall der Ricardianischen Tauschtheorie, Kredit und Kapital 1988, S. 278 ff.

---

200 Grundlegend dazu das BFH-Urteil vom 14.12.1989, BStBl.II 1990, S.401 und das 2. Gesetz zur Änderung des UStG vom 30.3.1990.

Teil 4:

Innovationen im Währungsbereich

1 Grundlagen der Methoden zur Wechselkurssicherung

Vor der ausführlichen Behandlung der innovativen Instrumente, die zum Währungsrisikomanagement eingesetzt werden können, soll an dieser Stelle in einem Überblick auf die grundsätzliche Methodik der Risikobegrenzung im Währungsbereich eingegangen werden.

1.1 Risiken im Devisenhandel

Die typischen Risiken im Zusammenhang mit dem Handel von Währungen sind das *Wechselkursrisiko*, das *Swapsatzrisiko*, das *Erfüllungsrisiko* und das *Transferrisiko*. Dabei ist das Wechselkursrisiko das wohl typischste Devisenhandelsrisiko, während sich die anderen genannten Risiken auch in anderen Bereichen des Bankgeschäfts finden.

1.1.1 Das Wechselkursrisiko

Wechselkursrisiken entstehen immer dann, wenn eine offene Position eingegangen wird. Wenn etwa eine Bank von einem Firmenkunden oder einer anderen Bank einen Währungsbetrag ankauft, so ist sie bis zum Wiederverkauf des Betrages das Risiko eingegangen, daß der Wert der gekauften Währung sich verringert – also besteht ein Kursrisiko während der Zeitdauer bis zur Glattstellung der Währungsposition, das heißt bis zum Weiterverkauf des Währungsbetrages. Im Hinblick auf die oft gehandelten großen Währungsbeträge können schon kleine Veränderungen im Wechselkurs leicht zu Kursverlusten in namhafter Größe führen.

1.1.2 Das Swapsatzrisiko

Ein Swapsatzrisiko entsteht immer dann, wenn Terminpositionen bestehen, die zwar betragsmäßig, aber nicht laufzeitmäßig geschlossen sind. Wenn eine Bank einen bestimmten Währungsbetrag auf Termin (zum Beispiel drei Monate) gekauft hat und dagegen auf Termin (zum Beispiel fünf Monate) verkauft, ist zwar *betragsmäßig* die Position geschlossen, aber die Position ist *laufzeitmäßig* nicht deckungsgleich. Es besteht dann kein Wechselkursrisiko, sondern ein Swapsatzrisiko. Bis zum Ende des dritten Monats, wenn die Bank die sich öffnende Position durch Abschluß eines Swapgeschäfts (für die restlichen zwei Monate) erneut schließen will, wird sich der Swapsatz so weiterentwickelt haben, daß der erneute Swap zu höheren Kosten abgeschlossen werden muß.

Das Swapsatzrisiko spielt im Firmenkundengeschäft eine große Rolle. Banken werden von Kunden oft aufgefordert, entsprechend der zugrundeliegenden Warengeschäfte Kurssicherungsgeschäfte auf die sogenannten „broken dates" (also nicht auf Laufzeiten, die durch

Monate beziehungsweise 30 Tage teilbar sind) abzuschließen. Diese broken dates werden im Markt nicht gehandelt, so daß Banken im Interbankenhandel immer den nächstgelegenen glatten Abschlußtag für Ihr Termingeschäft (zur Absicherung der aus dem Kundengeschäft resultierenden Position) wählen. Die dadurch entstehende Laufzeitlücke zwischen Kundengeschäft (mit broken date) und Interbankenhandel (glatte Laufzeit) wird dann durch Abschluß kurzlaufender Swapgeschäfte (bis hin zu Tagesswaps) geschlossen. Bei der Kalkulation gehen Kreditinstitute von den Marktgegebenheiten zum Zeitpunkt des Abschlusses des Termingeschäft aus und rechnen eine kleine „Sicherheitsmarge" mit ein.

1.1.3 Das Erfüllungsrisiko

Das Erfüllungsrisiko bezeichnet die Gefahr, daß der Partner des Devisenhandelsgeschäfts seiner Verpflichtung zur Erbringung seiner Leistung (Lieferung oder Abnahme der gehandelten Währung) nicht nachkommt, so daß die Transaktion für die Bank mit einem Verlust enden kann (je nach aktuellem Wechselkurs). Hat eine Bank einem Kunden einen Betrag zu einem ausgehandelten Kurs verkauft und zur eigenen Kurssicherung sofort ein Gegengeschäft im Interbankenmarkt getätigt, dann stellt sich bei Fälligkeitstag /Anschaffungstag der Valuta die Situation wir folgt dar: Kann der Firmenkunde (zum Beispiel wegen Konkurses) seiner Verpflichtung zur Anschaffung des Währungsbetrages nicht nachkommen, dann wird das Kunden-/Bankgeschäft nicht erfüllt. Die Bank muß andererseits mit gleicher Valuta ihr Interbanken-(Kurssicherungs-)geschäft erfüllen, so daß sie – je nach inzwischen veränderter Kursbasis – durchaus einen Kursverlust erleiden kann, wenn sie die für das Interbankengeschäft nun die Fremdwährung teurer einkaufen muß.

Das Erfüllungsrisiko ist damit ein „Bonitätsrisiko", da es einhergeht mit der Bonitätsbeurteilung des Kontrahenten und der Analyse der Gefahr, die vom Firmenkunden ausgehen kann. Banken verlangen daher bei Aufnahme von Devisenhandelsgeschäften mit Firmenkunden oft eine Sicherstellung und gehen grundsätzlich davon aus, daß das Firmenkundengeschäft ein „Erfüllungsrisiko" beinhaltet. Dieses Erfüllungsrisiko wird auch als *Kursausfallrisiko* bezeichnet und üblicherweise mit 20 % der für den Kunden eingeräumten Devisenhandelslinie bewertet.

1.1.4 Das Transferrisiko

Das Transferrisiko im Devisenhandel ist identisch mit demselben Begriff aus der Exportkreditversicherung. Transferrisiken gehören zum großen Komplex der politischen (oder auch Länder-) Risiken, da sie durch staatliche Maßnahmen oder behördliche Vorgaben überhaupt erst entstehen. Ein „Einfrieren" von Guthaben aufgrund staatlicher Entscheidungen würde beispielsweise dazu führen, daß die zur Erfüllung eines Devisenhandelsgeschäfts erforderliche Anschaffung eines Geldbetrages nicht möglich ist.

Das „Länderrisiko" spielt daher im Devisenhandel ebenfalls eine – wenn auch geringere – Rolle. Absichern lassen sich solche Risiken nicht, außer in der Form, daß diese Währungsgeschäfte bei offensichtlichen politischen (Transfer- oder Zahlungsverbots-Risiken) gänzlich unterlassen werden.

1.2 Instrumente zur Absicherung von Währungsrisiken

Zur Absicherung von Währungsrisiken kommen zunächst die klassischen Instrumente der Kurssicherung in Frage. Vor einer kurzen Einführung in die Grundsätze des Kassa- und Terminhandels ist auf die Kursfeststellung an Devisenbörsen einzugehen.

1.2.1 Kursfeststellung an Devisenbörsen

Wenn es um Währungsgeschäfte geht, stellt sich zunächst die Frage, auf welcher Grundlage Devisengeschäfte durchgeführt werden können.

1.2.1.1 Amtliche Kursfeststellung

An den Devisenbörsen werden für fremde Währungen *amtlich* die entsprechenden DM-Kurse[201] festgelegt, welche für viele der Fremdwährungsgeschäfte zwischen Banken und ihren Kunden als Abrechnungsbasis herangezogen werden. Die Devisenbörsen in Berlin, Hamburg, Düsseldorf, München und Frankfurt/M. sind Abteilungen der dortigen Wertpapierbörsen.

Die amtliche Notierung erfolgt werktäglich durch amtlich bestellte Kursmakler in Zusammenarbeit aller fünf Devisenbörsen unter der technischen Führung der Frankfurter Börse. Alle fünf deutschen Devisenbörsen notieren (anders als die Wertpapierbörsen) gleichlautende amtliche Mittelkurse, die werktäglich gegen 13 Uhr festgestellt werden[202].

1.2.1.2 Kassakurse

An den deutschen Devisenbörsen werden grundsätzlich nur Kassakurse notiert, nicht aber Devisenterminkurse. Die letztgenannten entwickeln sich am Markt frei nach Angebot und Nachfrage, und etwaige Veröffentlichungen in Tageszeitungen oder bei Banken sind dann keine amtlichen Notierungen, sondern nur eine unverbindliche Orientierungshilfe.

1.2.2 Devisenkassageschäft

Beim Devisenkassageschäft verpflichten sich die Partner eines solchen Geschäfts gegenseitig, die gehandelten Beträge oder deren Gegenwerte im Rahmen der geltenden Usancen „2-arbeitstägig Valuta kompensiert"[203] anzuschaffen. Diese Usance bedeutet,

---

[201] Derzeit werden 17 Devisenkurse „amtlich" ermittelt.
[202] Zum Verfahren vgl. *Wermuth/Ochynski,* Strategien an den Devisenmärkten, 3. Auflage 1987, S. 67 ff.
[203] Eine Abweichung hinsichtlich der Valutierung ist möglich, muß aber gesondert vereinbart werden und kann etwas teurer sein, da eine gleichtägige oder eintägige Anschaffung nicht marktüblich ist. Zu derartigen Grundfragen des Devisenhandels vgl. z.B. *Lipfert,* Devisenhandel, 2. Aufl., Frankfurt 1981; *Wermuth/Ochynski,* Strategien an den Devisenmärkten, 3. Aufl., Wiesbaden 1984.

daß Verkäufer und Käufer sich gegenseitig am zweiten Arbeitstag nach Abschluß des Geschäfts die gehandelten Beträge bei vorher genannten Anschaffungsadressen (Banken) zur Verfügung stellen. Der Devisenkassahandel ist vor allem im internationalen Zahlungsverkehr von Bedeutung und hat die Funktion, die benötigten Devisenbeträge zur Verfügung zu stellen, oder im umgekehrten Falle eingehende Devisenbeträge anzukaufen und dem Kunden inländische Währung zur Verfügung zu stellen.

1.2.3 Devisentermingeschäft

Wird die Erfüllung der abgeschlossenen Geschäfte zu einem späteren Zeitpunkt als beim Kassahandel üblich vereinbart, dann wird vom Devisentermingeschäft gesprochen. Bei diesem Geschäft wird schon zum Zeitpunkt des Geschäftsabschlusses zwischen den Partnern verbindlich vereinbart, wie der (Termin-)Kurs für ge- oder verkaufte Währung am Anschaffungstag sein soll. Devisentermingeschäfte sind für die Kurssicherung das wichtigste Instrument, da sie bei schwankenden Wechselkursen schon ab dem Abschlußtag eine feste Kalkulationsbasis für die Marktteilnehmer bieten[204].

2 Devisenoption

Auch im Währungsbereich spielt die Option eine wichtige Rolle. Auf das Grundinstrument der Option ist oben (Teil 2) bereits sehr ausführlich eingegangen worden, so daß an dieser Stelle nur noch die Besonderheiten der Devisenoption herausgestellt werden müssen.

2.1 Handelsmöglichkeiten der Devisenoption

Zu unterscheiden sind Devisenoptionen zunächst danach, wo sie gehandelt werden. In Betracht kommt ihr Handel an Börsen oder im Freiverkehr.

2.1.1 Börsenhandel

Devisenoptionen werden zur Zeit vor allem an folgenden Börsenplätzen gehandelt: an der Philadelphia Stock Exchange, der Chicago Mercantile Exchange (CME), der London International Financial Futures Exchange (LIFFE), der Montreal Exchange und der European Options Exchange in Amsterdam. Dabei spielen vor allem die beiden US-amerikanischen Börsen die herausragende Rolle mit der Mehrzahl der börsengehandelten Devi-

---

[204] Zur Vertiefung: *Fischer-Erlach,* Handel und Kursbildung am Devisenmarkt, 3. Aufl., Stuttgart 1988, S. 59 ff; *Wermuth/Ochynski* a.a.O. (Fußnote 203) S. 71 ff.; *Lipfert* a.a.O. (Fußnote 203), S. 57 ff.

senoptionen. Üblicherweise werden dabei die sogenannten „amerikanischen" Optionstypen gehandelt, deren Besonderheit es ist, daß sie während der Optionslaufzeit an jedem beliebigen Tag bis hin zum Verfalltag ausgeübt werden können. Abbildung 26[205] gibt einen kleinen Einblick in die Kontraktspezifikation der an der Philadelphia Stock Exchange (PHLX) gehandelten Devisenoptionen.

Kontraktspezifikation der Devisenoption an der PHLX				
Währung	Austral. $	Engl. £	DM	ECU
Kontraktgröße	50 000	31 250	62 500	62 500
Gehandelte Verfallmonate	März, Juni, September und Dezember			
Letzter Handelstag	Samstag vor dem dritten Mittwoch eines Verfallmonats			
Abrechnungstag	Dritter Mittwoch eines Verfallmonats			
Handelszeiten	8.00 Uhr bis 14.30 Uhr			

Abbildung 26: Kontraktspezifikation an der PHLX

Aus Abbildung 26 gehen bereits die Charakteristika des Handels an Börsen hervor.

2.1.1.1 Standardisierung der Kontraktspezifikation

So bezieht sich die *sachliche* Standardisierung auf die Vertragswährung, die Vertragshöhe und auch die Mindestprämienveränderung[206]. Die *zeitliche* Standardisierung erstreckt sich auf die Vertragslaufzeiten, die Verfall- und Abrechnungstage sowie die letztmöglichen Handelstage. Die *persönliche* Standardisierung ergibt sich daraus, daß der Vertragspartner stets die Abrechnungsstelle der jeweiligen Devisenbörse (Clearing House) ist.

2.1.1.2 Clearing House und Margin

Auf die Aufgaben des Clearing House ist ebenfalls oben schon grundlegend eingegangen worden. Es übernimmt die Abwicklung der Börsengeschäfte, übernimmt am Ende eines Börsentermins für alle Kontraktgeschäfte des Börsenpublikums die jeweilige Marktge-

---

205 Nach *Mehl,* Devisenoptionen als Instrumente des Währungsrisikomanagements, Frankfurt 1991, S. 22 mwN.
206 Diese ist in Abbildung 26 nicht enthalten. Sie beträgt beispielsweise bei der PHLX bei allen gehandelten Währungen (Austral $, brit. £, , DM, ECU, Can $ und Schweizer Franken) 0,01 US-cent pro Fremdwährungseinheit, dagegen beim japanischen ¥ 0,000001 US-cent pro ¥ und beim Französischen Franc 0,002 US-cent pro FF.

genseite und übernimmt gegenüber einem Optionskäufer die Rolle des Stillhalters beziehungsweise gegenüber dem Optionsstillhalter die Rolle des Käufers. Durch diesen Selbsteintritt garantiert das Clearing House die Erfüllung der Kontrakte.

Der Börsenkunde hat für das Eingehen der Optionsposition eine *initial margin* zu leisten, die sich hinsichtlich der Höhe nach der relativen Volatilität des Basiswertes beziehungsweise nach dem Risikograd der eingegangenen Optionsposition bemißt. Eine initial margin beträgt üblicherweise nur wenige Prozentpunkte, so daß sich aufgrund geringer Kursschwankungen des Basiswertes große Gewinnchancen beziehungsweise Verlustrisiken ergeben können[207]. Ferner sind für das Halten der Optionsposition die sogenannte *variation margin* (Nachschußpflicht) und eine *maintenance margin* zu halten.

2.1.2 Freiverkehrshandel

Der übliche Handel von Devisenoptionen findet im Freiverkehr (Over the Counter) zwischen Banken und zwischen Kunden und deren Banken statt.

2.1.2.1 OTC-Optionsgeschäfte

Der OTC-Markt für Devisenoptionen hat sich seit der Markteinführung der Option auch für den Währungsbereich sehr rasch entwickelt und stellt sich heute als ein täglicher 24-Stunden-Handel der Instrumente rund um die Welt dar. Nach einer Übersicht der BIZ[208] spielt der Währungsoptionshandel allerdings im Hinblick auf den Handel mit Aktienindex- und Zinsoptionen eine nur untergeordnete Rolle.

Devisenoptionshandel	Börsenhandel	OTC-Handel
Kontrakte	standardisiert	individuel und maßgeschneidert
Ausübung des Kontrakts	sehr selten	(je nach Markt) sehr häufig
Handelszeiten	beschränkte Börsenzeiten	weltweit, täglich, rund um die Uhr
Handelspartner	Clearing House	Andere Marktteilnehmer

Abbildung 27: Devisenoptionshandel

---
207 Sog. „leverage-Effekt", vgl. *Mehl* a.a.O., S. 35.
208 Bank für Internationalen Zahlungsausgleich (BIZ), Basel, zur „Entwicklung des internationalen Bankgeschäfts und der internationalen Finanzmärkte", Bericht zum Jahr 1995, Basel 1996, belief sich im Jahr 1995 das Gesamtvolumen aller *börsengehandelten* Finanzfutures und -optionen auf ca. 390 Mio. Kontrakte, wobei die Chicago Board Options Exchange (CBOE) durch die Einführung einer bar abgewickelten europäischen Option auf den Index Latin 15 maßgeblichen Einfluß auf die Umsatzsteigerung gegenüber dem Vorjahr 1994 hatte. Der Anteil der Währungsoptionen hieran betrug aber nur einen Anteil von ca. 12 %. Für den außerbörslichen Handel legt die BIZ keine statistischen Werte vor.

Devisenoptionen haben den Vorteil, daß sie kundengerecht und maßgeschneidert gestaltet werden können und somit dem jeweilgen Kundeninteresse Rechnung tragen können. Beinahe alle Konstellationen sind darstellbar, doch haben sich bestimmte Standards herausgebildet, für die der Devisenoptionsmarkt besonders liquide ist: Die besten Preise erhält man für Devisenoptionsgeschäfte im Bereich von einem bis zwölf Monaten, wobei die Haupthandelswährungen im OTC-Bereich der US-Dollar, das Britische Pfund, die Deutsche Mark, der Schweizer Franken und der Japanische Yen sind. Übliche Beträge liegen zwischen 1 und 10 Mio., doch sind natürlich auch größere Beträge (und „broken amounts") handelbar.

2.1.2.2 Besondere Devisenoptionsformen

Die Möglichkeit, Devisenoptionen „maßgeschneidert" auf die Kundenwünsche auszurichten, führte bald zur Einführung von Besonderheiten, die Devisenoptionen für die Marktteilnehmer attraktiv machten. Man entwickelte die Kombination von unterschiedlichen Optionstypen oder verknüpfte verschiedene Positionen unter Optionen, so daß sich beispielsweise folgende Varianten[209] ergaben:

- zunächst eine Variante durch ein Aufschieben der Prämienzahlungen bis zum Ausübungszeitpunkt *(deferred premium options)* sowie durch völligen Wegfall der Optionsprämie (zum Beispiel „Boston Option")
- sowie ferner der für die Marktteilnehmer interessante Komplex der „Bandbreitenoptionen durch:
  - die Darstellung einer kostenfreien Devisenoption (zero cost option)
  - eine Herabsetzung der Optionsprämie durch Verknüpfung unterschiedlicher Positionen (debit cost option) bis hin zur
  - Erzielung eines Prämienertrags (credit cost option), die allerdings mögliche Gewinnpotentiale aus der Devisenoption einengt beziehungsweise ganz ausschließt.

2.1.2.3 Break Forward Option

Bei Optionen, die das Aufschieben der Prämienzahlungen bis zum Ausübungszeitpunkt ermöglichen, findet man im Markt unterschiedliche Bezeichnungen für das Produkt *(break forward option, cancellable forward* und andere). Diese Optionsart ist eine Kombination von Devisentermingeschäft und Devisenoption. Der Marktteilnehmer schließt ein Devisentermingeschäft zu einem festgelegten Terminkurs und erwirbt gleichzeitig das Optionsrecht, das Devisentermingeschäft bei Fälligkeit zu einem festgelegten Devisenkurs, der „break rate" zu erfüllen. Bei Vertragsschluß wird keine Prämie gezahlt, da Terminkurs und „break rate" bei Geschäftsabschluß so festgelegt werden, daß der Preis der Optionsvereinbarung der Differenz beider Größen entspricht[210].

---

209 Aufzählung nach *Mehl* a.a.O., S. 41.
210 *Mehl* a.a.O. (Fußnote 209), zusätzlich mit Hinweis auf andere Benennungsformen wie etwa „CAPO", „FXFG" oder „FOX". Das „X" in den Namen wird dabei meist als Abkürzung für „Foreign Exchange" verstanden und ist der Hinweis auf eine Verknüpfung mit einem Devisengeschäft.

Eine Sonderform hierzu ist die sogenannte „Boston Option"[211], die eine gewöhnliche Devisenoption ist. Allerdings ist hier die Prämie im Ausübungspreis enthalten. Eine Prämienzahlung ist am Fälligkeitstag der Option nur dann zu bezahlen, wenn die Option *nicht* ausgeübt wird.

2.1.2.4 Bandbreitenoptionen

Zu den weiteren Sonderformen von Devisenoptionen zählen die Bandbreitenoptionen (*„Cylinders", „Range Forwards", „Collars", „Fences"* und so weiter), bei denen die Prämienzahlung entweder entfällt, verringert wird oder sogar zu einem Ertrag führen kann. Man verknüpft Short- und Long-Positionen so, daß den Prämienzahlungen für den Optionskauf Prämienerträge durch den Verkauf von Gegengeschäften gegenüberstehen. Der Marktteilnehmer ist dadurch zugleich Optionsinhaber (und Prämienzahler) sowie Stillhalter (und Prämienempfänger), eine Variante, wie sie oben im Zinsbereich bei Beschreibung von Cap und Floor bereits deutlich gemacht wurde.

2.2 Marktteilnehmer im Devisenoptionsgeschäft

Teilnehmer am Devisenoptionsmarkt sind neben den Ex- und Importeuren auch Banken und spekulativ tätige Privatleute oder Unternehmen.

2.2.1 Exporteure

Für Exporteure ist das Devisenoptionsgeschäft sinnvoll, wenn sie eine Warenlieferung in Fremdwährung fakturiert haben und sich mit Hilfe einer Putoption den vereinbarten Basispreis absichern wollen. Sofern der Marktpreis bei Erhalt des Warenentgelts *unter* dem Basispreis liegt, ist es vorteilhaft, die Putoption auszuüben. Liegt dagegen der Marktpreis über dem Basispreis, läßt man die Option ungenutzt verfallen.

Zwar läßt sich eine Wechselkurssicherung auch über ein normales Devisentermingeschäft erreichen, doch bietet die Option den Vorteil, daß es bei Vorliegen bestimmter Umstände vorteilhafter ist, die Option verfallen zu lassen. Dies ist beispielsweise dann der Fall, wenn der Exporteur erst ein Verkaufsangebot an seinen Vertragspartner abgegeben hat und bereits jetzt – da er mit einem Währungseingang rechnet und seinen Preis genau kalkulieren will – sein Wechselkursrisiko für den Fall absichern will, daß der ausländische Vertragspartner dem Angebot zustimmt und der Vertrag damit zustandekommt. Wird der Vertrag abgeschlossen, hat der Exporteur den Wechselkurs gesichert. Kommt der Vertrag nicht zustande, verliert der Exporteur im schlimmsten Fall die bereits gezahlte Optionsprämie (er wird die Option aber ausüben, sofern der Wechselkurs sich zu seinen Gunsten verändert hat, weil er hierdurch einen zusätzlichen Ertrag erwirtschaften kann).

---

211 *Mehl* a.a.O.

2.2.2 Importeure

So wie Exporteure sich mit Hilfe der Putoption absichern können, haben Importeure die Möglichkeit, eine Call-Option einzusetzen. Importeure, die ständig Devisenbedarf haben, um nach Anlieferung der Waren die Fremdwährungs- Kaufpreisforderung des ausländischen Lieferanten erfüllen zu können, können entweder die benötigte Währung auf Termin kaufen, oder aber eine Devisenoption *verkaufen*.

Im letzteren Fall vereinnahmen sie als Stillhalter die an sie zu entrichtende Optionsprämie. Dies führt dazu, daß sich der spätere Devisenerwerb um diesen Betrag verbilligt, wenn der Wechselkurs bis zum Verfalltag der Option angestiegen ist und der Optionsinhaber die Option ungenutzt verfallen läßt. Problematisch wird es in dem Fall, daß der aktuelle Devisenkurs am Verfalltag der Option *unter* den vereinbarten Wechselkurs der Währung fällt: Der Importeur muß dann die Währung vom Optionsinhaber zu dem in der Währungsoption vereinbarten (teureren) Wechselkurs kaufen und verliert dadurch seinen mit der Call-Option angestrebten Vorteil.

2.2.3 Spekulanten

Spekulanten wählen das Optionsgeschäft mit dem vorrangigen Ziel, zu arbitrieren und einen Differenzgewinn zu erwirtschaften. Für Banken ist diese Situation, in der Optionsgeschäfte nicht zu Hedgingzwecken, sondern aus Spekulation getätigt werden, dann problematisch, wenn sie die Optionsgeschäfte mit Privatleuten betreiben. Geschäfte mit Privatpersonen sind wegen der dann einschlägigen Vorschrift des § 58 Abs. 1 BörsenG unwirksam. Nur wenn der Kunde auf das mit Differenzgeschäften einhergehende Risikopotential ausdrücklich hingewiesen wurde und er eine Informationsschrift im Sinne des § 53 Abs. 2 BörsenG erhält und unterschreibt, wird er als Marktteilnehmer angesehen, der Kaufleuten gleichgesetzt wird und der keinen Termin- und Differenzeinwand (mit der Folge der Unwirksamkeit der getätigten Geschäfte) mehr erheben kann.

2.3 Devisenoptionen im Überblick

Abbildung 28 soll einen zusammenfassenden Überblick über mögliche Devisenoptionen geben. Die Tabelle gibt in vier Beispielen einen Überblick über den Kauf und den Verkauf von je einer Kauf- und einer Verkaufsoption.

Ausgehend von der jeweiligen Definition wird im folgenden Schritt gezeigt, mit welcher Erwartung der Nutzer der Option die Option einsetzen will. Im nachfolgenden Zahlenbeispiel wird dies mit einer Wechselkursrelation des US-Dollar zur D-Mark unterlegt. Abschließend wird angesprochen, wann der Optionsinhaber die Option nutzt, und wann er sie ungenutzt verfallen läßt.

Kauf einer Kaufoption (Long Call)	Verkauf einer Kaufoption (Short Call)	Kauf einer Verkaufsoption (Long Put)	Verkauf einer Verkaufsoption (Short Put)
Der Käufer erwirbt das Recht, einen bestimmten Währungsbetrag an einem festgelegten Fälligkeitstag zu einem bestimmten Kurs zu beziehen.	Der Verkäufer/Stillhalter verpflichtet sich, einen bestimmten Betrag in Fremdwährung an einem vereinbarten Termin zu einem Kurs zu liefern.	Der Käufer hat das Recht, einen bestimmten Währungsbetrag an einem festgelegten Termin zu einem festgelegten Kurs zu verkaufen.	Der Verkäufer verkauft das Recht, zu einem bestimmten Basispreis einen bestimmten Basiswert zu verkaufen, d. h. der Inhaber erwirbt das Recht, an den Verkäufer bei Verfall zu verkaufen.
Der Käufer der Option, ein Importeur, muß in der Zukunft eine Fremdwährungszahlung erbringen. Er will sich vor einem steigenden Wechselkurs schützen und von etwa fallenden Kursen profitieren.	Der Verkäufer, ein Exporteur, erwartet in der Zukunft eine Zahlung in Fremdwährung. Er muß den Zahlungseingang dann konvertieren und will sich vorab vor fallenden Kursen schützen; bei steigenden Kursen profitiert er ohnehin.	Der Käufer erwartet in Zukunft eine Zahlung in Fremdwährung. Er will sich vor fallenden Kursen schützen; bei steigenden Kursen profitiert er ohnehin. Er zahlt zur Kurssicherung eine Optionsprämie.	Der Verkäufer ist an steigenden Kursen interessiert.
Laufzeit: 3 Monate Basispreis: DM 1,50 Prämie: DM 0,04 Kassakurs: DM 1,5500	Laufzeit: 6 Monate Basispreis: DM 1,50 Prämie: DM 0,08 Kassakurs: DM 1,5800	Laufzeit: 6 Monate Basispreis: DM 1,50 Prämie: DM 0,08 Kassakurs: DM 1,4200	Laufzeit: 3 Monate Basispreis: DM 1,50 Prämie: DM 0,04 Kassakurs: DM 1,4600
Bei einem aktuellen Kurs *über 1,50* übt der Käufer die Option aus. Bei einem niedrigeren Kurs läßt er die Option verfallen. Der Verlust ist auf die gezahlte Prämie begrenzt.	Bei einem Kurs *über 1,50* übt der Käufer die Option aus; der Verkäufer muß die Währung zu 1,50 liefern. Ist der Kurs unter 1,50, verfällt die Option; der Stillhalter hat die Prämie als zusätzlichen Ertrag.	Bei einem Kurswert *unter 1,50* übt er die Option aus; bei einem Wert über 1,50 läßt er sie verfallen. Sein Risiko ist auf die Zahlung der Prämie begrenzt.	Bei einem Kurs *unter 1,50* muß der Verkäufer die Währung zum Basispreis kaufen. Bei einem Kurs über 1,50 wird die Option nicht ausgeübt und der Stillhalter erwirtschaftet einen Gewinn in Höhe der Prämie.
Diese Option ist geeignet für: – Importeure – Anleger – sowie alle anderen Marktteilnehmer mit der Erwartung *steigender* Kurse.	Diese Option eignet sich für: – Exporteure – Anleger – sowie alle anderen Marktteilnehmer mit der Erwartung *fallender* Kurse.	Diese Option eignet sich für: – Exporteure – Anleger – sowie alle anderen Marktteilnehmer mit der Erwartung *fallender* Kurse.	Die Option eignet sich für: – Importeure – Anleger – sowie alle anderen Marktteilnehmer mit der Erwartung *steigender* Kurse.

Abbildung 28: Beispiele für den Kauf und Verkauf einer Kauf- und einer Verkaufsoption

2.4 Weitere aktuelle Optionsarten

Abschließend zur Behandlung von Optionsarten sollen nun noch diejenigen aktuellen Typen angesprochen werden, die im Firmenkundengeschäft der Banken zur Absicherung von Wechselkursen eingesetzt werden und gleichzeitig entweder *maßgeschneidert* auf das Kundenbedürfnis eingehen oder *preisgünstiger* (low cost-Option[212]) zu erhalten sind.

Ausgangspunkt für die nachfolgenden Beispiele soll folgendes Fallbeispiel sein: Ein Unternehmen erwartet in 90 Tagen einen Zahlungseingang von US$ 10 Mio, die in DM konvertiert werden sollen. Um das Risiko eines fallenden Wechselkurses bis zum Zahlungseingang auszuschalten, hat das Unternehmen zum einen die Möglichkeit, mit dem traditionellen Kurssicherungsgeschäft, dem Devisentermingeschäft, zum heutigen Zeitpunkt den erwarteten US$-Betrag gegen D-Mark auf Termin (in 90 Tagen) zu verkaufen. Alternativ kommt das Nutzen von low cost-Optionen in Betracht. Ausgangspunkt der nachfolgenden Produktbeschreibung ist ein 90-Tage-Terminkurs von 1 US$= DM 1,50.

2.4.1 Range Forward-Option

Es kann sein, daß der Wechselkurs in den 90 Tagen fällt, also unter den Gegenwert von DM 1,50 fällt. Dieses Risiko kann durch den Kauf einer Putoption auf US$ 10 Mio., Verfalltag in 90 Tagen, abgesichert werden. Der Ausübungspreis könnte beispielsweise auf DM 1,45 vereinbart werden (das Unternehmen ist dann vor einem weiteren Kursverfall unterhalb der Marke von DM 1,45 geschützt).

Allerdings dürfte das Unternehmen angesichts der Optionskosten vor dem Einsatz der Putoption zurückschrecken. Es gibt aber die Möglichkeit, die Optionskosten zu reduzieren. Die Möglichkeit besteht darin, eine Call-Option über US$ 10 Mio. zu verkaufen (Short Put), wobei der Ausübungspreis des Call auf US-Dollar beispielsweise bei DM 1,55 beispielsweise annähernd den Ertrag bringt, den der Kauf der Putoption kostet.

Bei diesem Beispiel ist ein denkbarer Verlust auf maximal DM 500 000 limitiert, während bei steigendem Dollarkurs wegen der gegenläufigen Option ein Gewinn von maximal DM 500 000 möglich ist[213]. Vorteil des Range Forward ist es, daß Wechselkursgewinne mitgenommen werden können, wenn das Unternehmen die Erwartung steigender Wechselkurse hat; andererseits sind etwaige Kursverluste begrenzt. Schließlich lassen sich die Kosten des Kaufs der Putoption noch verringern.

---

212 Die nachfolgend beschriebenen Optionsarten einschließlich der Erläuterung ihrer Besonderheiten folgen *Fürer,* Währungsabsicherung mit low cost-Optionen, Die Bank 1992, S. 206 ff. mit zahlreichen Beispielen, Rechenbeispielen und Abbildungen.
213 Die Maximalwerte sind dabei jeweils die Ausübungspreise der beiden Optionen: je DM 0,05 oberhalb oder unterhalb des aktuellen US-Dollarkurses von DM 1,50, multipliziert mit DM 10 Mio.

2.4.2 Reverse Range Forward-Option

Andersherum ist es auch möglich, diese Instrumente einzusetzen, wenn der Marktteilnehmer die Erwartung fallender Wechselkurse hat. Sollen gleichzeitig die Optionskosten niedrig gehalten werden, kann das Unternehmen eine US$ 10 Mio.-Putoption kaufen, zu einem Ausübungspreis von beispielsweise DM 1,55, und die durch diese Option entstehenden Kosten dadurch zu reduzieren versuchen, daß gleichzeitig eine Call Option mit identischem Betrag und gleicher Laufzeit (Ausübungspreis beispielsweise bei 1,45) verkauft wird. Von einem fallenden US$- Wechselkurs bis hin zum Wert von 1,45 kann dann profitiert werden.

2.4.3 Average Rate-Option

Die „Average" Rate-Option, die auch als „Asian-Option" bezeichnet wird, unterscheidet sich von den herkömmlichen Standardoptionen durch folgende Besonderheiten. Bei Ausübung der Option werden nicht die Nominalbeträge ausgetauscht, sondern nur die sich am Verfallstag ergebenden Differenzbeträge.

Dieser Betrag wird nicht aus der Differenz zwischen Ausübungspreis und Wechselkurs am Verfalltag der Option berechnet, sondern aus der Differenz zwischen dem Ausübungspreis und dem durchschnittlichen Wechselkurs während der Laufzeit der Option.

2.4.4 Compound-Option

Unter dem Begriff der „Compound-Option" versteht man eine „Option auf eine Option". Bekannt sind diese Formen einer Call-Option auf einen Call sowie einer Call-Option auf einen Put.

Der Käufer einer Compound-Option erwirbt das Recht, an einem bestimmten Datum eine Option zu einem festen Preis zu kaufen. Der Preis dieses zusätzlichen Rechts hängt ab vom Preis der zweiten Option: Ist die zweite Option sehr teuer, dann ist die Compound-Option günstiger zu haben. Diese Optionsart ist immer dann anwendbar, wenn noch nicht ganz sicher ist, ob zu einem bestimmten Termin ein Hedginginstrument gegen Währungsrisiken benötigt wird oder nicht (zum Beispiel in Auslandsausschreibungen, Bietungsverfahren und so weiter, wenn Zuschläge erst nach Ablauf einer längeren Frist zu erwarten sind).

2.4.5 Knock Out-Option

Der Optionstyp der Knock Out-Option (auch „Down and Out-Option" genannt) setzt voraus, daß neben dem Ausübungspreis auch ein „outstrike" vereinbart wird. Dieser Outstrike bezeichnet den Wechselkurs, zu dem die Option unverzüglich verfällt, wenn der Wechselkurs im Laufe der Geltung der Option den Outstrike-Kurs erreicht.

2.4.5.1 Down and Out

Eine solche Option basiert immer auf dem Grundtyp der Call-Option. Der Outstrike liegt unterhalb des Ausübungspreises. Die Option wird zu einem Ausübungspreis von DM 1,50 gekauft; fällt der Wechselkurs während der Optionslaufzeit unter den vereinbarten Outstrike von DM 1,40, dann verfällt sie sofort.

2.4.5.2 Up and Out

Eine Up and Out-Option verfährt umgekehrt. Basis ist immer eine Putoption, deren Outstrike über dem Ausübungspreis liegt. Die Option hat einen Ausübungspreis von DM 1,50 und einen Outstrike von DM 1,60. Steigt der Wechselkurs während der Optionslaufzeit über DM 1,60, dann verfällt die Option sofort.

2.4.5.3 Vorteile der Knock Out-Option

Das Besondere an dieser Optionsart liegt an der günstigen Preisgestaltung, da der Outstrike die Optionslaufzeit verkürzen kann. Die Preisdifferenz zur Standardoption hängt von der Volatilität der betroffenen Währungen und der Differenz zwischen Ausübungspreis und dem Outstrike ab.

3 Währungsswaps

Der Währungsswap (Currency Swap) ist – aus Sicht der Praxis – genau genommen eine Kombination von Zins- und Währungsswap, doch hat sich der Begriff des „Währungsswap" durchgesetzt. Der Währungsswap wird nämlich üblicherweise mit einem gleichzeitigen Austausch der Zinsen in den unterschiedlichen Währungen verknüpft (Cross Currency Interest Rate Swap).

3.1 Begriff des „Währungsswap"

Im Unterschied zum reinen Zinsswap erfolgt beim Währungsswap zu Beginn der Laufzeit ein Kapitaltausch, und zwar zum aktuellen Kassakurs bei Geschäftsabschluß (reiner Währungsswap). Während der Laufzeit werden dann üblicherweise auch die Zinsen getauscht (Cross Currency Interest Rate Swap). Dabei zahlt jeder Swappartner in der Währung, in der er einen Kapitalbetrag empfangen hat. In jeder der beiden Währungen können feste oder variable Zinsen gezahlt werden, immer in der Höhe des Zinsniveaus der jeweiligen Währung für die zu vereinbarende Laufzeit.

Bei Fälligkeit werden die zu Beginn getauschten Kapitalbeträge zurückgetauscht, und zwar zum gleichen Kurs. Es besteht daher kein Kursänderungsrisiko, da der Kassakurs bei Abschluß auch für den Rücktausch bei Fälligkeit festgeschrieben wird.

Der Kapitaltausch zu Beginn der Swaplaufzeit kann unterbleiben, doch wird in jedem Fall der Kurs für den Kapitaltausch bei Fälligkeit bereits bei Abschluß des Swap auf der Basis des Kassakurses festgelegt.

*Währungs*swaps stellen somit eine Alternative zu *Devisen*termingeschäften dar, besonders bei Laufzeiten von über zwei Jahren weisen Währungsswaps eine größere Markttiefe auf. Zudem wäre für eine Sicherung über Devisentermingeschäfte eine größere Anzahl von Transaktionen erforderlich, nämlich je ein Termingeschäft für die Zinszahlung und ein weiteres für den Kapitalbetrag. Die Besonderheiten des Devisenswaps werden im nachhinein nochmals dem Währungsswap gegenübergestellt (dazu weiter unten).

3.1.1 Grundstruktur des Währungsswap

Ausgehend von der Beschreibung des Begriffs des „Währungsswap" bleibt damit folgende Kurzdefinition: Bei Währungsswaps vereinbaren die Parteien, während des vertraglich vereinbarten Zeitraums Geldzahlungen, die auf unterschiedliche Währungen lauten, auszutauschen. Die Kapitalbeträge, die üblichweise eine Größe von DM 5 Mio. nicht unterschreiten sollen, werden auf der Basis des bei Laufzeitbeginn geltenden Devisenkassakurses festgelegt, und am Ende der Laufzeit erfolgt der Rücktausch der Kapitalbeträge auf der Basis des ursprünglichen Devisenkassakurses.

Abbildung 29 zeigt die Grundstruktur eines Währungsswap.

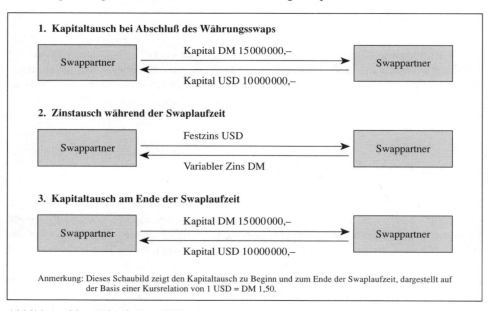

Abbildung 29: Ablauf eines Währungsswaps

3.1.2 Abgrenzung zum Devisenswap

3.1.2.1 Begriff des Devisenswap

Der *Währungsswap* ist vom sogenannten *Devisenswap* abzugrenzen. Beim Devisenswap wird der Austausch von Währungsbeträgen zum Devisenkassakurs mit dem zu einem späteren Zeitpunkt durchzuführenden Rücktausch der Währungsbeträge zum Devisenterminkurs kombiniert, und es kommt dadurch zu einem Nutzungsaustausch der Währungen. Diese Nutzungen sind nicht gleichwertig, sofern sie ein unterschiedliches Zinsniveau haben. Letzteres spiegelt sich in einem Terminab- oder -aufschlag wieder und bestimmt maßgeblich den Devisenterminkurs.

Der Devisenswap wird beispielsweise eingesetzt, wenn etwa unter einem Exportgeschäft der Kaufpreis nicht rechtzeitig eingeht und der Exporteur dadurch nicht in der Lage ist, seiner Bank, mit der er im Hinblick auf den erwarteten Fremdwährungseingang bereits ein kurssicherndes Devisentermingeschäft geschlossen hat, die vereinbarte Währungsanschaffung zum vereinbarten Zeitpunkt zu bewirken. In solch einem Fall kann der Exporteur seine Bank um eine Prolongation des bereits geschlossenen (aber nicht rechtzeitig erfüllten) Devisentermingeschäfts bitten.

Die Bank setzt nun den „Devisenswap" wie folgt ein: Sie überläßt dem Exporteur den zur Erfüllung des Devisentermingeschäfts benötigten Fremdwährungsbetrag stichtagsbezogen (per Kasse) und kauft diesen Fremdwährungsbetrag per Termin (zum Prolongationstermin) zu einem neu zu vereinbarenden Terminkurs zurück. So wird der Exporteur in die Lage versetzt, seine Verpflichtungen aus dem ursprünglichen Devisentermingeschäft fristgerecht nachzukommen.

3.1.2.2 Synthetischer Devisenswap

Synthetische Devisenswapgeschäfte (synthetic agreements for forward exchange)[214] schließlich sind seit 1987 entwickelte Swapverträge, die das Eingehen und das Glattstellen von Swappositionen am Devisenmarkt ohne Zahlung von Kapitalbeträgen ermöglichen. Anders als beim herkömmlichen Devisenswap wird bei dieser Swapvariante nur eine einzige Zahlung geleistet, die die Veränderung der Swapsätze und gegebenenfalls der Kurse zwischen dem Zeitpunkt des Vertragsabschlusses und der Erfüllung widerspiegelt. Damit entfällt zwar das Erfüllungsrisiko, doch ist andererseits dadurch auch die Verwendbarkeit eingeschränkt.

Die synthetischen Devisenswapgeschäfte sind das Gegenstück zum Forward Rate Agreement als Zinssicherungsinstrument im Geldmarkt. Während das Forward Rate Agreement eine Zinssicherung für künftige Zeiträume ohne die Zahlung von Kapitalbeträgen ermöglicht, kann man mit synthetischen Devisenswapgeschäften die Festschreibung der heute

---

[214] Hierzu ausführlich *Fischer-Erlach,* Was sind synthetische Devisenswapgeschäfte, Die Bank 1989, S. 193 ff. Das 1987 im englischen Bankenmarkt eingeführte Instrument wird auch „Exchange Rate Agreement" beziehungsweise „Forward Exchange Agreement" genannt.

geltenden Swapbedingungen für künftige Swapperioden erreichen, ohne daß die bei einem traditionellen Swapgeschäft anfallenden Kapitalzahlungen mit in den Swapvertrag einbezogen werden müssen[215].

3.1.2.3 Sonderformen des Devisenswap

Abschließend sollen in diesem Exkurs noch zwei Sonderformen des Devisenswap angesprochen werden.

Beim *Participating Forward* wird das augenblickliche Kursniveau – korrigiert um die Zinsdifferenz – für spätere Zahlungstermine festgeschrieben. Hieraus kann aber ein Nachteil entstehen, wenn sich bis zur Fälligkeit der Wechselkurs über den Terminkurs hinaus verbessert hat. Der Participating Forward weist gegenüber dem üblichen Devisentermingeschäft einen Vorteil auf, wie das nachfolgende Beispiel beschreibt.

Angenommen, ein Exporteur erwartet in 90 Tagen den Zahlungseingang von USD 1 Mio., die er mit einem Devisentermingeschäft bei USD/DM 1,50 absichert. Ist bei Zahlungseingang der US-Dollar auf einen Kurs von DM 1,60 gestiegen, muß der Exporteur einen Opportunitätsverlust von DM 0,10 hinnehmen, da er im Kassamarkt die erhaltenen US-Dollar für DM 1,60 verkaufen kann, das Termingeschäft aber bei DM 1,50 erfüllen muß. Der Participating Forward gibt hier die Möglichkeit, den Exporteur etwas besserzustellen. Es wird der Terminkurs vereinbart, der im ungünstigsten Fall erzielbar ist (und der immer unter dem normalen Terminkurs liegt, zum Beispiel bei 1,45). Als Gegenleistung erhält der Exporteur die Möglichkeit, mit einer bestimmten Quote (Participation Margin) an einer eventuellen Kursverbesserung übr den Terminkurs hinaus teilzuhaben. Im Beispiel könnte die Partizipationsquote bei 50 % liegen. Dies rechnet sich wie folgt: 1,45 + 0,5 x (1,60-1,45) = 1,525. Erkennbar ist, daß der Exporteur mit dieser Form der Kurssicherung (bei 1,525) günstiger kurssicher als mit dem normalen Devisentermingeschäft (1,50).

Beim *Range Forward* wird der feste Terminkurs des üblichen Termingeschäfts durch eine Bandbreite ersetzt, innerhalb derer sich der Kurs bei Fälligkeit bewegen darf. Um auf das vorhergehende Beispiel erneut einzugehen: anstelle des Terminverkaufs der 1 Mio. USD zu 1,50 wird dem Exporteur eine Bandbreite (Range) von 1,48 – 1,52 angeboten. Liegt nach 90 Tagen bei Zahlungseingang des Währungsbetrages der aktuelle Kassakurs unter 1,48, erhält der Exporteur auf jeden Fall den unteren Bereich des Range, also 1,48. Liegt der aktuelle Kassakurs dagegen über 1,52, erhält der Exporteur nur maximal 1,52. Technisch wird der Range Forward durch zwei gegenläufige Devisenoptionen dargestellt, deren Prämien sich gegenseitig neutralisieren.

---

215 *Fischer-Erlach* a.a.O. (Fußnote 214), S. 194.

3.2 Einsatzmöglichkeiten des Währungsswap

Anders als beim zuvor beschriebenen Devisenswap der Fall, wird beim *Währungsswap* dagegen zum Anfang und zum Ende der Laufzeit zum Devisenkassakurs getauscht. Die Zinsdifferenz der Währungen (welche beim Devisenswap zu einem Terminauf- oder -abschlag und damit zu einem vom Kassakurs abweichenden Terminkurs führt), wird beim Währungsswap durch die während der Laufzeit des Vertrages zu entrichtenden Zahlungen ausgeglichen.

3.2.1 Beispiel für einen Standardswap

Ein kleines Beispiel soll das Szenario eines typischen Währungsswap verdeutlichen helfen. Angenommen:

Ein Unternehmen A in Deutschland kann jederzeit einen günstigen DM-Kredit erhalten. Eine Kreditaufnahme in Fremdwährung wäre für A teurer, da A im Ausland keinen bekannten „Namen" hat, also einen Risikozuschlag zahlen müßte. A benötigt aber Fremdwährung und versucht deshalb einen Swappartner zu finden, der in der umgekehrten Situation günstig an die Fremdwährung herankommt, jedoch DM sucht.

Ein Unternehmen B findet sich in der umgekehrten Situation. Man erhält günstig Fremdwährung (zum Beispiel US-Dollar), sucht aber in Wirklichkeit DM, die für B als Auslandsunternehmen wegen des „Risikozuschlags" teurer aufgenommen werden könnten.

In dieser Situation vermag ein Währungsswap zu helfen. A und B einigen sich auf einen Währungsswap, das heißt, A stellt dem B die DM zur Verfügung, und B überläßt dem A die günstigere US-Dollar-Aufnahme. Technisch geschieht folgendes: der Währungsswap erfolgt zum günstigen *Kassakurs* US-Dollar / DM zum Zeitpunkt des Swapvertragsabschlusses, und zum gleichen Zeitpunkt vereinbart man den Rücktausch der Kapitalbeträge zum Zeitpunkt des *Endes* der Swaplaufzeit zu *genau demselben Wechselkurs*. Auf diese Weise werden die Kursrisiken aus dem Währungsswap ausgeschaltet, und beide Swappartner können mit Hilfe des Swap im Ergebnis billiger die benötigte Fremdwährung aufnehmen. Erkennbar ist aus diesem Beispiel zweierlei.

Zum einen dienen Währungsswaps der Absicherung gegen Wechselkursrisiken, weil sich jeder Swappartner nur in seiner Heimatwährung verschuldet, durch den Swap auch kein weiteres Kursrisiko eingeht.

Außerdem verschaffen sich die Swappartner durch dieses Instrument einen direkten Zugang zu einem ihnen ansonsten nur teurer zugänglichen ausländischen Geld- oder Kapitalmarkt.

Im Ergebnis können die Swappartner also komparative Kostenvorteile ausnutzen, da sie sich die jeweils benötigten Fremdwährungsmittel unterhalb ihres eigenen nationalen Marktsatzes beschaffen können (gleiches gilt umgekehrt auch für die Geld*anlagen*).

Der Begriff der Ausnutzung der komparativen Kostenvorteile ist bei Beschreibung der Zinsswaps bereits erläutert worden. Gemeint ist damit – zurückgehend auf ein zweihundert Jahre altes volkswirtschaftliches Konzept von Ricardo – daß sich in internationalen Märkten durch Tausch (früher war der Warentausch gemeint; dies ist heute auch auf Kapital-, Zins- und Währungstausch übertragbar) angesichts der gegebenen unterschiedlichen Kostenverhältnissse letztlich Kosten einsparen lassen. Für den hier behandelten Währungsswap ist dies im oben gemachten Beispiel verdeutlicht worden. Das Prinzip läßt sich sogar noch dadurch optimieren, daß man den schon früher in diesem Buch angesprochenen Zinsswap mit einem Währungsswap kombiniert, also gleich zwei verschiedene komparative Kostenvorteile nutzbringend einsetzt.

3.2.2 Emissionsgebundene Währungsswaps

Währungsswaps entstanden vor allem auch deshalb, weil eine besondere Art von Schuldinstrumenten, die als „Swap-Driven Primary Issuance"[216] bezeichnet wurden, im US-amerikanischen Markt aufkam.

Der Währungsswap und die sich hieraus ergebenden günstigen Möglichkeiten der Wechselkurssicherung und (Re-)finanzierung waren vor allem im Zusammenhang mit der Emission einer Anleihe hervorragend einsetzbar. So konnte vor allem, wenn eine Anleihe wegen der Nachfrage im Markt in nur einer bestimmten Währung günstig plazierbar war, durch einen Währungsswap erreicht werden, daß der Emittent dennoch schließlich eine Finanzierung in der von ihm gewünschten Währung erhielt. Es spielte dadurch unter Zuhilfenahme des Währungsswaps seither keine Rolle mehr, daß beispielsweise ein ausländisches Kreditinstitut eine (im Markt gut absetzbare) Währungsanleihe plazierte, die mittels Währungsswaps mit identischer Laufzeit in die vom Emittenten gewünschte Währung übergeleitet werden konnte. Nachdem zu Anfang der 80er Jahre hauptsächlich US-Dollar-Anleihen emittiert wurden, sind nunmehr alle gängigen Eurowährungen als Anleihewährung bekannt.

Der Währungsswap in Zusammenhang mit einer Anleiheemission besteht damit aus vier Schritten: der Emission der Anleihe, dem Austausch der durch die Emission aufgenommenen Beträge, den periodischen Zinszahlungen der Swappartner und schließlich am Laufzeitende dem Zurücktausch der Anleihebetrages (Abbildung 30).

---

216 Hauptcharakteristikum dieser Instrumente war, daß Neuemissionen, die durch eine Swapmöglichkeit angeregt wurden, meist über die gesamte Laufzeit tilgungsfrei waren und eine Festverzinsung (straight bonds) zeigten, wobei diese Emissionen – der besseren Verwendbarkeit im Swapbereich wegen – meist glatte Beträge aufwiesen.

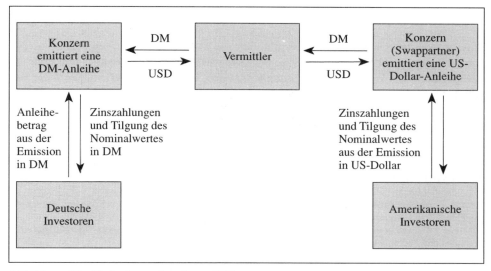

Abbildung 30: Emissionsgebundener Währungsswap

Anmerkungen zu Abbildung 30: Beim Konzern (einem in Deutschland ansässigen, aber ausländischen Unternehmen) handelt es sich um ein Unternehmen, das auf dem deutschen Markt aufgrund erstklassiger Bonität zu einem günstigeren Zinssatz emittieren kann als in einem anderen Markt. Dem Swappartner im Ausland geht es ebenso; auch der Swappartner reduziert durch eine Emission am US-Kapitalmarkt die Kosten für die Kapitalbeschaffung. Abbildung 30 zeigt die Zahlungsströme, die den Emissionen unter dem Währungsswap folgen. Das in Deutschland ansässige Auslandsunternehmen erreicht durch den Währungsswap, daß es wie gewünscht die jährlichen Zahlungen in US-Dollar erbringen muß; umgekehrt ergeht es dem ausländischen Swappartner. Der Vermittler in diesem Schaubild wird in der Praxis dann dazwischengeschaltet, wenn (gegen Gebühr) das Bonitätsrisiko der Swapparteien übernommen werden soll.

3.2.3 Gründe für den Einsatz von Währungsswaps

Da der Währungsswap (meist in Verbindung mit einem Zinstausch) einen Austausch von Zahlungen in verschiedenen Währungen darstellt, gibt es mehrere Motive für den Einsatz dieses Instruments. Zum einen erreicht man günstigere Finanzierungskosten, wie Abbildung 30 bereits aufzeigt.

Des weiteren kann über den Währungsswap die Investorenbasis erweitert werden, was gerade im Zusammenhang mit internationalen Geschäften von nicht zu unterschätzendem Wert sein kann. Ein wichtiger Vorteil ist weiterhin, daß inländische Emittenten oft weniger Restriktionen unterliegen als etwa Auslandsemittenten.

3.3 Bilanzielle Bewertung

Aus bilanziellen Gesichtspunkten ergibt sich ein Vorteil des Währungsswap. Das Gesamtvolumen der Verbindlichkeiten vor dem Swap entspricht dem Volumen zum Ende der Swaplaufzeit. Ein Währungsswap ermöglicht es den Swappartnern zudem, durch die Verwendung des Kassakurses als Schlußterminkurs eine kontinuierliche und einfache Bedienung der jeweils bestehenden Zinsverpflichtungen ohne arbeitsaufwendige und kostenintensive Währungstransaktionen vorzunehmen[217].

Literaturhinweise

Adams, Finanzinnovationen in der praktischen Anwendung eines internationalen Konzerns, in: v.Stein (Hrsg.), Innovationsmanagement bei Finanzdienstleistungen, Frankfurt 1988, S. 47 ff.
Albrecht, Wechselkurssicherung – Die Möglichkeiten der Wechselkurssicherung und ihre Eignung für Bank- und Nichtbankunternehmen, Hamburg 1977
Beck, Devisenmanagement, Wechselkursrisiken aus operativer und strategischer Sicht, in: Hagenmüller/Engels/Kolbeck (Hrsg.), Schriftenreihe für Finanzierung Bd. 5, Wiesbaden 1989
Eilenberger, Währungsrisiken, Währungsmanagement und Devisenkurssicherung, 3. Aufl., Frankfurt 1990
Eller/Spindler, Zins- und Währungsrisiken optimal managen, Stuttgart 1994
Fischer-Erlach, Handel und Kursbildung am Devisenmarkt, 3. Aufl., Stuttgart 1988
ders., Wie funktionieren Devisenoptionen, Die Bank 1984, S. 329 ff.
Fürer, Währungsabsicherung mit „low cost"-Optionen, Die Bank 1992, S. 206 ff.
Gondring/Hermann, Zins- und Währungsswaps aus bankbetrieblicher Sicht, ÖBA 1986, S. 327 ff.
Holterhus, Bilanzierung von Optionsgeschäften, Die Bank 1987, S. 154 ff.
Kloy/Welcker, Drei Arten von Währungsoptionen, Die Bank 1986, S. 298 ff.
Knippschild, Controlling von Zins- und Währungsswaps in Kreditinstituten, Frankfurt 1991
Lombard/Marteau, Devisenoptionen, Wiesbaden 1990
Mehl, Devisenoptionen als Instrumente des Währungsrisikomanagements, Frankfurt 1991
Reszat, Währungsmanagement von Unternehmen, Stuttgart 1991
Rohr, Devisenoptionen – Ausgestaltung und praktische Bedeutung, Neuss 1988
Rübel, Devisen- und Zinstermingeschäfte in der Bankbilanz, Berlin 1990
Wermuth/Ochynski, Strategien an den Devisenmärkten, 3. Aufl., Wiesbaden 1987

---

217 *Lerbinger,* Swap-Tanskationen als Finanzinstrument, Die Bank 1985, S. 245, 246.

Teil 5:

Neue Finanzdienstleistungen des Euromarktes

1 Neuere Entwicklungen im Euromarkt

Der Euromarkt hat sich in den vergangenen Jahren über den Einsatz der bereits beschriebenen Produkte zum Zins- und Währungsmanagement hinaus erheblich verbreitet und weitere innovative Instrumente geschaffen. Dieses neue Instrumentarium basiert auf dem Einsatz von Wertpapieren, die bestehende Forderungen verbriefen.

Nachstehend wird zunächst auf den Grundgedanken der „Verbriefung" (Securitisation) eingegangen. Danach werden die innovativen Instrumente des Eurogeldmarktes und des Eurokapitalmarktes beschrieben, soweit sie auf Wertpapieren aufbauen.

1.1 Die Securitisation

1.1.1 Entstehen der Securitisation

Die auf Wertpapieren aufbauenden Finanzinnovationen haben in den vergangenen Jahren einen enormen Aufschwung erfahren. So werden nach der Aufstellung der BIZ[218] etwa 40 % der Nettofinanzierungen auf den internationalen Märkten bereits auf Wertpapierbasis dargestellt, wobei insbesondere die nachfolgend beschriebenen Euronotes eine sehr hohe Attraktivität im Markt genießen.

Die meisten der auf Wertpapierbasis entstandenen Finanzinnovationen resultieren aus Strukturveränderungen an den internationalen Finanzmärkten, als sich seit Beginn der 80er Jahre der Kreditmarkt der Weltwirtschaftslage, nämlich den Inflationstendenzen in den hochentwickelten Staaten und einem ständig steigenden Defizit im Staatshaushalt der USA auf der einen Seite, dagegen aber Zahlungsbilanzproblemen der erdölproduzierenden Länder, der Schuldenkrise in der Dritten Welt und so weiter auf der anderen Seite gegenübersahen.

Institutionelle Anleger, vor allem aus den Industrieländern, versuchten damals, überschüssige Liquidität auf den Markt zu bringen. Es entstand ein Trend, Kreditmittel an den internationalen Märkten nicht mehr durch Aufnahme von Bankkrediten, sondern durch die Begebung von handelbaren Wertpapieren zu beschaffen.

Diese *Securitisation*[219] (Verbriefung von Forderungen in Wertpapieren) führte in den 80er Jahren insgesamt gesehen zu einem Rückgang des internationalen Kreditmarktes (commercial banking) und zu einem starken Anwachsen des internationalen Bondmarktes (investment banking) bis zum heutigen Zustand, in dem der noch vor 20 Jahren meistgenutzte klassische Eurokredit immer mehr zurückgedrängt wird und nur noch einen geringen Anteil an den internationalen Finanzierungen hat.

---

218 Die internationalen Forderungen der berichtenden Banken insgesamt (Auslandsforderungen in allen Währungen zuzüglich Inlandsforderungen in fremder Währung) beliefen sind nach der Statistik der BIZ in 1993 auf 205 Mrd. USD, in 1994 auf 195 Mrd. USD und in 1995 auf ca 350 Mrd.USD (vorläufig). Der Anteil der Euronote Plazierungen belief sich für denselben Zeitraum auf 72,1 Mrd. USD (in 93), 140,2 Mrd. USD (in 1994) und ca 135 Mrd. USD in 1995 (vorläufig).
219 Hierin steckt das Wort „securities" (engl. = Wertpapiere).

1.1.2. Desintermediation

Der Begriff der Desintermediation ist ein weiterer Trend, der vor allem in den USA zu beobachten war. Unter Desintermediation versteht man allgemein eine Umgehung des Bankensystems. Für den Kapitalgeber ist eine Umgehung der Banken nur sinnvoll, wenn dadurch etwaige Kosten gesenkt werden können. Die traditionelle Begründung für das Bestehen von Finanzintermediären ist die damit verbundene Kostenersparnis und eine Risikoreduzierung in den Geschäften. Transaktionskosten sanken aufgrund von Strukturveränderungen im gesamten Finanzsystem: Informationen bezüglich der Bonität von Marktteilnehmern erhält man von Ratingagenturen, und Marktinformationen werden von darauf spezialisierten Firmen geliefert. Die Finanzintermediäre unterstützen damit den Vorgang der Desintermediation.

1.1.3 Marktzugang

Die Besonderheit der innovativen Finanzinnovationen auf Wertpapierbasis besteht darin, daß der Marktzugang erheblich erschwert wurde. So ist einem großen Teil der potentiellen Schuldner der Zugang zu den innovativen Instrumenten schon dadurch versperrt, daß die nachgefragten Volumina zu klein für den Markt sind. Oft handelt es sich bei den nachfragenden Schuldnern aber auch um staatliche Schuldner mit einer niedrigen Bonität. Schließlich eignen sich die alternativen Finanzierungsformen kaum für kleinere und mittelständische Unternehmen, wenn sie selber kein gutes Standing oder ihre Emission im internationalen Markt kein gutes Rating vorweisen kann. Institutionelle Anleger suchen handelbare Papiere von ersten Adressen und achten daher auf ein möglichst gutes Rating der Papiere. Zu den weltweit bekanntesten Ratingagenturen, die teilweise schon seit Ende des vorigen Jahrhunderts bestehen, zählen vor allem Standard & Poor's und Moody's (beide USA)[220].

1.1.3.1 Ratingagenturen

Ratingagenturen sind aus dem heutigen Wirtschaftsleben nicht mehr wegzudenken. Ursache des Entstehens von Ratingagenturen ist vor allem der Umstand, daß in den Staaten des anglo-amerikanischen Rechtskreises massive Probleme darin bestehen, ein Unternehmen hinsichtlich seiner Bonität zu beurteilen. Aus Deutschland bekannte Methoden der Bonitätsbeurteilung schlagen fehl (Bedeutung der Rechtsform der Unternehmen, Handelsregisterauszug, Bilanzanalyse und so weiter) oder führen zu einer grundsätzlich anderen Deutung oder Wichtung der Ergebnisse, weil ausländische Rechtsordnungen andere Interpretationswege kennen, als es in Deutschland der Fall ist[221].

---

220 Zum Rating vgl. *Everling,* Ratingagenturen weltweit, Die Bank 1991, S. 151 ff.
221 Hierzu ausführlich und vertiefend *Graf von Bernstorff,* Risiko Management im Auslandsgeschäft, 2. Aufl., Frankfurt 1995, S. 30 ff.

Der Bedarf nach einer Aussage einer unabhängigen Unternehmung, die sich eingehend mit der Bonitätsfrage eines zu beurteilenden Unternehmens beschäftigt, ist daher vor allem in den USA als schon damals wichtiger Wirtschaftsmacht sehr groß gewesen. Es entwickelte sich hieraus das Konzept von spezialisierten „Kreditauskunfteien", die schließlich, auf Anforderung des Kunden und gegen von diesem zu zahlendes Entgelt, eine Einstufung des beurteilten Unternehmens in eine Skala vornahm. Wie wichtig es heute ist, ein solches Rating zu haben und vor allem eine möglichst hohe Einstufung zu erreichen, mag daraus gefolgert werden, daß Anleger am liebsten Papiere von Emittenten hoher Bonitätseinstufung kaufen (hohe Bonität = niedriges Risiko von Ausfällen), während spekulativ eingestellte Anleger am ehesten schlechter bewertete Papiere (mit deshalb höherer Verzinsung) ins Portefeuille nehmen.

1.1.3.2 Schwerpunkte der Ratingagenturen

Der Schwerpunkt der Ratingagenturen liegt eindeutig in den USA. Hier entstand der Gedanke der Unternehmensbewertung durch unabhängige Agenturen. So ist die älteste Agentur, das heute unter Standard & Poor's weltweit bekannte Unternehmen, 1941 entstanden[222], kann aber seine Wurzeln bis nach 1860 auf einen von Henry Varnum Poor gegründeten Wirtschaftsverlag zurückführen. Die Ratingagenturen nehmen heute fast alle die Emittenten- und Emissionsratings, sowohl national wie (teilweise) auch international vor. Die Ratings werden üblicherweise veröffentlicht und damit der Finanzwelt publik. Es werden neben den Unternehmensbewertungen auch Banken- und Industrieunternehmensbewertungen durchgeführt, während nur sehr wenige Ratingagenturen auch Länderratings vornehmen (zum Beispiel Moody's)[223].

Das Ratingsystem wurde stärker standardisiert, nachdem die 1913 gegründete und heute noch tätige Agentur Fitch Investors Service Inc. im Jahre 1922 eine Ratingskala eingeführt hatte, die seit 1960 von Standard & Poors und danach in gleicher oder ähnlicher Form von vielen anderen Agenturen übernommen wurde. Das Ratingssystem der USA fand außerhalb der USA erst seit den 70er Jahren Nachahmung, nachdem zunächst zwei Agenturen in Kanada in 1972 und eine in Japan (1975) entstanden. Seither ist eine Fülle neuer Agenturen entstanden, so daß der Markt heute auf die Analysen von etwa 35 Ratingagenturen zurückgreifen kann. Zu den besonders wichtigen Agenturen zählen heute neben Standard & Poor's (USA), Moody's (USA) und Fitch (USA) die 1978 gegründete IBCA (London) und die 1985 gegründete Nippon Investors Service (NIS, Tokio).

---

222 Durch Fusion durch den Wirtschaftsverlag Poor und das seit 1923 tätige Büro für die Bewertung von Industrieanleihen, das Standard Statistics Bureau; hierzu vertiefend und mit einer Darstellung der heute wichtigsten Ratingagenturen *Everling,* Ratingagenturen weltweit, Die Bank 1991, S. 151 ff. (S. 154 f. mit einer tabellarischen Übersicht über die Tätigkeitsbereiche der Agenturen). Zu diesem Themenkreis weiterhin *ders.,* Credit Rating für Geldmarktpapiere, Die Bank 1992, S. 78 ff.; *ders.,* Bestimmungsgründe des langfristigen Rating, Die Bank 1991, S. 608 ff.
223 Vgl. hierzu die Zusammenfassung bei *Everling* a.a.O. (Fußnote 222), Die Bank 1991, S. 154 f.

1.1.3.3 Überblick über die wichtigsten Agenturen

Abbildung 31[224] soll abschließend die wichtigsten Agenturen aufführen und zeigen, welche Tätigkeitsschwerpunkte wahrgenommen werden. Zu beachten ist, daß einige der Ratingagenturen ihre Ratings nicht veröffentlichen (zum Beispiel IBCA), sondern ihre Analyseergebnisse grundsätzlich nur zahlenden Kunden zur Verfügung stellen.

Rating-agenturen	Name	Ort	Gründung	Emittenten/Emissionsrating	Rating national	Rating international	Länderrating
CBRS	Canadian Bond Rating Service Inc.	Montreal	1972	ja	ja	nein	nein
IBCA	IBCA Ltd.	London	1978	ja	ja	ja	nein
NIS	Nippon Investors Services	Tokio	1985	nur Emission	ja	ja	ja
Moody's	Moody's Investors Service, Inc.	New York	1900	ja	ja	ja	ja
S&P	Standard & Poor's Corporation	New York	1860/ 1941	ja	ja	ja	ja
Fitch	Fitch Investors Services Inc.	New York	1913	ja	ja	ja	nein
ENF	Euronotation France	Paris	1990	ja	ja	nein	nein

Abbildung 31: Wichtige Ratingagenturen

---

224 Der Übersicht bei *Everling* a.a.O., Die Bank 1991, S. 154 ff. entnommen; vgl. die komplette Zusammenstellung dort.

1.1.3.4 Das Rating

Die Ratingagenturen unterscheiden kurz- und langfristige Ratings, weil zum einen die Bonitätsrisiken mit unterschiedlichen Fristigkeiten unterschiedlich groß sind und weil zum anderen die nachfragenden Investoren unterschiedliche Informationsbedürfnisse haben.

Das kurzfristige Rating hat die Aufgabe, dem Anleger einen Bonitätsmaßstab an die Hand zu geben, der die Identifizierung von bonitätsmäßig erstklassigen Emittenten ermöglicht und die Erkennbarkeit weniger guter Risiken vereinfacht. Die typischen Einstufungen zeigt Abbildung 32.

	Standard & Poor's	**Moody's**	**IBCA**	**ENF**
Investment Grade	A 1 + A 1 A 2 A 3	Prime-1 Prime-2 Prime-3	A 1 + A 1 A 2 B 1	EN 1 EN 2 EN 3
Speculative Grade	B C D	not prime	B 2 C 1 D 1	EN 4

Abbildung 32: Überblick über das kurzfristige Rating ausgewählter Agenturen[225]

Im langfristigen Bereich reicht die Skala des Ratings erheblich weiter untergliedert von AAA bis D (bei Standard & Poor's), wobei das dreifache A (triple A) die beste Kategorie ist und Werte im B-Bereich und darunter bereits in den spekulativen Bereich gerechnet werden. Ähnlich verhält es sich bei anderen Agenturen (wie zum Beispiel Moody's). Das langfristige Rating betrifft Anleihen und bezieht sich auf die Wahrscheinlichkeit, daß der Emittent einer Anleihe während oder am Ende der Laufzeit seinen Verpflichtung zum Zinsen- und / oder Tilgungsdienst nicht nachkommen kann. Berücksichtigt wird also der potentielle Zahlungsausfall.

	Standard & Poor's	**Moody's**	**IBCA**
Investment Grade	AAA, AA, A BBB	Aaa, Aa, A	AAA, AA, A BBB
Speculative Grade	BB, B CCC, CC, C D	Baa, Ba, B Caa, Ca, C D	BB, B CCC, CC, C
Zwischen- stufen	+ −	1 2 3	+ −

Abbildung 33: Überblick über das langfristige Rating

---
225 Nach *Everling* a.a.O., Die Bank 1992, 79.

1.1.4 Vorteile der Securitisation

Für Emittenten der innovativen Wertpapiere ist die Neuerung der vergangenen Jahre besonders vorteilhaft, da die am Eurobondmarkt entwickelten Finanzinstrumente dem Bedürfnis nach kostengünstiger und flexibler Finanzierung erheblich besser entsprechen als die herkömmlichen Methoden zur Außenhandelsfinanzierung.

Gab es auf dem internationalen Kapitalmarkt bis zu dieser Zeit die traditionelle Festsatzanleihe *(straight bond)*, so ist es für die innovativen Instrumente bezeichnend, daß hier Laufzeiten, Zinssätze oder Ausgabekurse jederzeit variieren können. So entstanden *zerobonds* (Anleihen ohne laufende Zinszahlung), *Doppelwährungsanleihen* (Anleihen mit unterschiedlicher Währung für Zinsen und Rückzahlung) und *floating rate notes* (variabel verzinsliche Anleihen).

1.2 Innovationen im Eurogeldmarkt

1.2.1 Euronotes

Euronotes gibt es seit 1978[226], doch haben sie erst seit Ende der 80er Jahre eine herausragende Bedeutung erlangt. Unter dem Begriff Euronote werden alle möglichen Varianten erfaßt, doch unterscheiden sich die Varianten[227] nur wenig voneinander.

1.2.1.1 Besonderheiten der Euronotes

Die Besonderheit der Euronotes besteht darin, daß es sich bei ihnen um eine mittel- bis langfristige Vereinbarung (mit einer durchschnittlichen Laufzeit von fünf bis sieben Jahren) zwischen einem Kapitalnehmer und Banken handelt, die es dem Kapitalnehmer ermöglichen, sich durch *revolvierende Plazierung* von *Geldmarktpapieren* am Euromarkt bis zu einem festgelegten Höchstvolumen zu finanzieren.

Euronotes sind kurzfristige Schuldverschreibungen mit Laufzeiten von einem, zwei, drei oder sechs Monaten, welche nicht an der Börse notiert werden. Besonders wertvoll für den Kapitalnehmer ist die sogenannte *back-up-* oder auch *stand-by*-Zusage der die Euro-

---

226 Hierbei handelt es sich um eine Euronote für die New Zealand Shipping Corp. über 30 Mio. US$, welche von der Citicorp. als sole bank arrangiert wurde.
227 Die bekanntesten Varianten sind „ruf" und „nif". „Ruf" steht für „revolving underwriting facility", „nif" für „note issuance facility". Beide Varianten wurden Anfang der 80er Jahre von Merrill Lynch entwickelt. Hier erhält der Emittent eine stand-by-Zusage oder eine back-up-Zusage, wobei die Plazierung der Papiere im Markt bei rufs von nur einem einzigen Agenten (sole placing agent) und bei nifs von einem aus mehreren Kreditinstituten bestehenden tender panel, welches meist mit den Kreditinstituten des Underwriting-Konsortiums identisch ist, übernommen wird. Käufer der Papiere handeln auf eigenes Risiko. Die Banken sind nur für den Verkauf, nicht aber für die Bonität, verantwortlich.

notes plazierenden Bank, da die Bank hiermit die Verpflichtung übernimmt, eventuell am Markt nicht absetzbare Euronotes selbst zu übernehmen oder dem Emittenten einen stand-by-Kredit für die betroffene Finanzierungsperiode zu gewähren.

1.2.1.2 Vorteile der Euronotes

Für den Anleger bieten Euronotes den Vorteil, daß sie in diesem Instrument eine kurzfristige Anlagemöglichkeit finden, die häufig eine höhere Rendite bringt als herkömmliche Terminanlagen. Da Emittenten von Euronotes – wegen der hohen Volumina – Staaten und große international tätige Unternehmen sind, bietet sich dem Anleger zudem die Möglichkeit der Diversifizierung. Dagegen wird nicht jeder Anleger Zugriff auf das Instrument der Euronotes erhalten können, da deren Stückelung üblicherweise mindestens USD 250 000 oder ein Vielfaches von diesem Betrag ausmacht.

Merkmale	Euronotes ermöglichen dem Emittenten den direkten Zugriff auf den kurzfristigen Euromarkt und das Plazieren direkt beim Investor.	*Emittent* *Volumen* *Stückelung* *Währungen* *Laufzeiten* *Angebot*	Staatsschuldner, Finanzinstitute US$ 100–500 Mio. 250 000 US$ Eurowährungen 30 bis 180 Tage verzinst oder diskontiert
Vorteile	Erschließen von neuen Finanzierungsquellen und Investoren; Zeitliche Flexibilität; Ankaufszusage (back up)		
Kosten	*Arrangement fee*		sofort zahlbar, etwa 5 bis 25 bp, beinhaltet auch Rechtsberatungskosten
	Annual Facility fee		halbjährlich (rückwirkend), 1/16 bis 3/16 % p. a., berechnet auf das Gesamtvolumen der zugesagten Fazilität.
	Back up fee		entsteht nur, wenn Ankaufszusage in Anspruch genommen werden muß und die Bank die Notes ankauft (z. B.: Libor + 1/16 bis zu 3/8 % p. a.).

Abbildung 34: Überblick über die Euronotes

Der *Kreditnehmer* (Emittent) profitiert von Euronotes am meisten dadurch, daß er angesichts der kurzen Laufzeiten der Euronotes auch nur entsprechende Zinsverpflichtungen hat, obwohl doch die Kreditzusage eine Gesamtlaufzeit von zwischen drei und sieben Jahren hat. Der Kreditnehmer macht sich in der kurzfristigen Nutzung der Notes auch unabhängiger von den kreditgebenden Banken.

Die beteiligten *Banken* haben Vorteile auf dem Euronotes-Geschäft durch die fälligen Provisionseinnahmen. Hierzu gehören die pauschalen „arrangement fee" (auch „front end fee" genannt) sowie die Bereitstellungsprovision („annual facility fee"), welche auf das Gesamtvolumen der zugesagten Fazilität und nicht nur auf die in Anspruch genommenen Beträge berechnet wird. Schließlich entsteht auch eine „back up fee", sofern die Ankaufszusage in Anspruch genommen werden muß.

1.3 Euro Certificates of Deposit

1.3.1 Entstehen des CD

In den USA gab es als Folge der Problematik der sogenannten „Regulation Q" eine Produktneuentwicklung: die Certificates of Deposit. Mit der Regulation Q wurde den Kreditinstituten in den USA die Verzinsung von Kundeneinlagen über einen bestimmten Zinssatz hinaus untersagt[228]. Betroffen waren von dieser Regelung alle bis dahin im Markt bekannten Geldanlagearten. Der Markt entwickelte daraufhin die „Certificates of Deposit", die nichts weiter darstellten als Geldanlagezertifikate, die von Banken, die die Einlagen erhielten, ausgestellt wurden. Diese Certificates durften dann höher verzinst werden und entwickelten sich im US-Markt sehr rasch zu einem erfolgreichen Instrument.

1.3.1.1 Merkmale des CD

Ein Certificate of Deposit ist im Herkunftsland USA heute eine kurz- oder mittelfristige Schuldverschreibung, die von Commercial Banks oder Savings Banks ausgegeben und am Geldmarkt gehandelt wird. Ein Certificate of Deposit ist mit einem Coupon ausgestattet. Die marktgängigen Laufzeiten sind im kurzfristigen Bereich (ein bis drei Monate), doch sind Laufzeiten grundsätzlich von 14 Tagen bis zu zehn Jahren darstellbar. Die Größenordnungen beginnen bei USD 100 000[229], doch sind die markttypischen Volumina meist Einheiten von 1 Mio. US-Dollar (oder ein Vielfaches davon), was zur Folge hat, daß der CD-Markt sich auf große Unternehmen und Finanzinstitutionen beschränkt.

Hat ein Certificate of Deposit nur eine kurze Laufzeit von unter einem Jahr, dann werden bei Fälligkeit auch die Zinsen gezahlt. Ist das (im US-amerikanischen Inlandsmarkt gehandelte) Certificate of Deposit dagegen mit einer längeren Laufzeit als ein Jahr ausge-

---

228 Die Bestimmungen des Federal Reserve Board werden mit Buchstabenabkürzungen bezeichnet. „Regulation Q" regelt den Maximalzinssatz, den Banken für verbriefte Termineinlagen bezahlen dürfen. Einlagen von über USD 100 000 waren von Regulation Q ausgenommen. Konkret sagt die Regulation ferner aus, daß die Banken für Kundeneinlagen mit Laufzeiten von 14 Tagen bis zu 18 Monaten (und mit Beträgen von unter USD 100 000) eine Mindestreserve von 3 % des Nominalwertes stellen müssen.
229 Die Federal Deposit Insurance Corporation (FDIC), eine 1933 gegründete Bundesbehörde, sichert Kundengelder der angeschlossenen Banken nur bis zur Höhe von USD 100 000, was für die Certificates of Deposit bedeutet, daß grundsätzlich eine höhe Bonität oder ein ausgezeichnetes Rating des Emittenten gefordert wird.

stattet, dann werden Zinsen mittels eines halbjährlichen Coupons gezahlt. Nur für die nachstehend beschriebenen Euro Certificates of Deposit gilt, daß die Zinsen, die auf der Grundlage 360/365 gerechnet werden, einmal jährlich nachträglich ausgezahlt werden.

1.3.1.2 Verzinsung

Neben den bereits genannten Unterschieden der Zinszahlung je nachdem, ob es sich um Inlands- oder Euro-CDs handelt, ist zu beachten, daß für niedrige Betragsgrößen von nur bis zu US-Dollar 100 000 und kurzen Laufzeiten von bis zu eineinhalb Jahren die Banken eine Mindestreserve von 3 % zu stellen haben.

Im übrigen werden in Certificates of Deposits die zwischen dem Emittenten und den Investoren festgelegten Zinssätze für die Verzinsung zugrundegelegt. Bei der Verhandlung des Zinssatzes haben daher die Bonität des Emittenten, die Höhe des Liquiditätsbedarfs, das Volumen der Emission sowie die Laufzeit ausschlaggebende Bedeutung. Im kurzfristigen Bereich nähern sich die CD-Zinssätze oft denjenigen der Treasury Bills des US-Marktes an.

1.3.2 Weiterentwicklung des CD

Seit 1966 wurde die Idee des Certificate of Deposit auch im Euromarkt umgesetzt, wo erste CDs (beginnend in England) emittiert wurden. Man verfolgte mit diesen ersten Euro-Dollar-CDs den Zweck, den damals noch recht neuen Euromarkt auch für Unternehmen sowie Institutionelle und Privatkunden zugänglich zu machen. Diese potentiellen Anleger waren daran interessiert, auch kleinere Summen in dem neuen attraktiven Markt anzulegen, der zum damaligen Zeitpunkt sich noch ausschließlich in Millionenbeträgen im Interbankengeschäft abspielte.

Für die Emittenten von Eurodollar-CDs zeigte es sich, daß wegen der Besonderheit der Papiere eine billigere Refinanzierung des Aktivgeschäfts eher möglich war als über die damals üblichen Bankeinlagen. Es entwickelte sich bald ein größerer Sekundärmarkt (wiederum ausgehend von London), wobei amerikanische und englische Banken und Investmenthäuser als zentrale Marktmacher auftraten.

1.3.3 Anwendungsbereich des Euro CD

Euro Certificates of Deposit sind, wie das US-amerikanische Grundinstrument, Empfangsbescheinigungen (in Wertpapierform, zahlbar an den Inhaber) einer Bank gegenüber einem Einleger über die Anlage von Geld. Diese Papiere sind nicht börsennotiert. Da sie Inhaberpapiere sind, werden sie durch Einigung und Übergabe übertragen. Ihre Laufzeiten reichen von einem Monat bis zu einigen Jahren, doch ist ihre kurzfristige Laufzeit eher die Norm. Die Certificates of Deposit haben eine Durchschnittsgröße von ab 100 000 US-Dollar, doch ist solch ein niedriger Betrag eher die Ausnahme – typische handelbare Größen liegen bei mehr als 5 Mio. US-Dollar.

Wegen der jederzeitigen Verkäuflichkeit werden diese Papiere wie Geldmarktpapiere behandelt. Die Verzinsung erfolgt üblicherweise auf der Basis eines Festzinssatzes, doch kann auch eine variable Verzinsung (auf der Basis zum Beispiel des Sechs-Monats-Libor-Satzes) erfolgen. Die Papiere können wegen des bestehenden Sekundärmarktes (noch sehr eingeschränkt in Deutschland) problemlos weiterverkauft werden, da sie die „Garantie" einer Bank auf Bezahlung zuzüglich Zinsen tragen. In Deutschland hat sich trotz einer Genehmigung der Deutschen Bundesbank vom 1.5.1986 noch kein lebhafter Sekundärmarkt entwickeln können.

Laufzeit	Im Markt darstellbar zwischen 14 Tagen und 10 Jahren; üblicherweise hohe Marktliquidität bei Laufzeiten von 30 bis 90 Tagen
Bonität	Geringes Bonitätsrisiko, da durch Banken emittiert
Zins	Couponinstrument
Emittent	Commercial und Saving Banks (sog. Thrifts)
Stückelung	US$ 1 Mio.
Sicherung	In den USA gibt es eine Sicherung seitens der FDIC nur für CDs im Gesamtwert von bis zu 100 000 US$. Diese Größenordnung ist aber marktunüblich.

Abbildung 35: Überblick über das Certificate of Deposit

1.3.4 Vorteile der Euro Certificates of Deposit

Wegen des im Euromarkt stets möglichen Handels mit diesen flexiblen Papieren sind Certificates of Deposit in diesem Markt attraktiv. Bei Weiterentwicklung eines Sekundärmarktes kann auch in Deutschland mit den Euro-DM-Certificates of Deposit ein interessantes Produkt genutzt werden. Als Inhaberpapiere sichern sie die Anonymität, und die hohe Bonitätseinstufung des jeweiligen Emittenten (Banken) hilft, Risiken zu vermeiden.

Gegenüber dem „*Domestic*" Certificate of Deposit stellt der „Euro CD" sich nur dadurch unterschiedlich dar, daß der Ort der Emission nicht die USA sind, sondern ein anderer Finanzplatz der Welt. Der weitere übliche Begriff des „*Yankee* CD" bezeichnet wiederum einen in den USA in US-Dollar emittierten CD eines ausländischen Schuldners.

Ein wichtiger Vorteil des Investors besteht darin, daß er am Euromarkt ein – im Gegensatz zur Festgeldanlage – handelbares Papier kauft, welches er am Euromarkt jederzeit wieder verkaufen kann. Die hohe *Flexibilität* und Liquidität dieser „Bank"-Papiere machen Certificates of Deposit zu einem sehr interessanten Produkt.

Außerdem gewährleisten Certificates of Deposit als *Inhaberpapiere* ein hohes Maß an Anonymität, was sich vor allem bei Kauf und Verkauf am Sekundärmarkt zeigt. Dem Investor kommt zudem zugute, daß er bei Erwerb von Certificates of Deposit mit einem variablen Zinssatz für die gesamte Laufzeit mit einer marktgerechten, an den roll over-Terminen stets zu aktualisierenden Verzinsung rechnen kann.

1.3.5 Floating Rate Certificate of Deposit

Das Produkt der Floating Rate Certificates of Deposit ist seit 1977 bekannt, nachdem es erstmals im Euromarkt emittiert worden war. Ursächlich war die damals hohe Volatilität der Kreditmärkte und der Wunsch der Marktteilnehmer und Investoren nach einer Reduzierung des Zinsrisikos. Die rasante Weiterentwicklung dieses variablen (floating) Papiers war vor allem begünstigt durch die kurze Zeit später entwickelten Zinsswaps, mit denen eine Zinsstruktur grundsätzlich von variabel in fest umgekehrt werden konnte und damit das Risiko sich ändernder Zinsen ausgeschlossen wurde.

Floating Rate Certificates of Deposit beruhen also auf variablen Zinssätzen, wobei die Couponzahlungen üblicherweise viertel- oder halbjährlich, bei kürzeren Laufzeiten aber auch auf Monatsbasis festgelegt werden. Je häufiger die Couponzahlungen erfolgen, desto eher gelingt eine Zinsanpassung des Coupons an das aktuelle Zinsniveau. Auch diese Situation hat Einfluß auf die Preisbestimmungen des Certificate of Deposit.

1.4 Euro Commercial Papers

Der Euro Commercial Paper-Markt hat seine Ursprünge in den USA, wo Commercial Papers schon seit über 150 Jahren als typisches Finanzierungsinstrument bekannt ist. Der *Euro Commercial Paper-Markt* entwickelte sich seit etwa 1983 von London aus und kannte zunächst nur staatliche Marktteilnehmer, denen sich ab 1984 auch supranationale Institutionen, international emissionsfähige Unternehmen sowie Banken als *Emittenten* hinzugesellten.

1.4.1 Commercial Papers im US-Markt

In den USA sind (Domestic) Commercial Papers ein altbekanntes Instrument. Sie sind ungesicherte Schuldscheine mit einer Laufzeit von bis zu neun Monaten, doch sind die markttypischen Laufzeiten im Bereich von zwei bis vier Wochen zu finden. Sie werden auf Diskontbasis emittiert, wobei sich die Rendite aus der Differenz von Kauf- und Verkaufspreis und der Laufzeit des Instruments errechnet.

Emittenten sind große Industrieunternehmen oder Kreditinstitute, die mittels Emission der Commercial Papers kurzfristige Liquiditätsbedürfnisse abdecken wollen. Die Plazierung der Papiere im Markt erfolgt entweder direkt[230] bei Investoren oder über einen Händler.

---

[230] Sog. „direct placement" oder auch „private placement", das seit Anfang der 80er Jahre im Investmentbanking große Beliebtheit erfuhr und sich dadurch auszeichnet, daß nicht breit im Markt gestreut wurde, sondern stattdessen nur an wenige Investoren direkt verkauft wurde.

Commercial Papers werden nicht direkt abgesichert, so daß der Markt ausschließlich für Adressen mit hoher Bonität und gutem Rating liquide ist. Wegen der kurzen Laufzeiten lautet ein Rating beispielsweise bei Standard & Poor's auf A-1+, A-1, A-2 oder A-3[231]. Alle anderen Ratingstufen würden als „spekulativ" eingestuft, das heißt, daß die Bedienung der Papiere unsicher ist.

1.4.2 Wesen der Commercial Papers

Im heutigen internationalen Euromarkt sind Commercial Papers Inhaberschuldverschreibungen, die auch im Rahmen eines zeitlich unbegrenzten Programms (also als Daueremission) emittiert werden können. Commercial Papers gehören zum Instrumentarium des *Eurogeldmarktes,* weil sie kurzfristige Laufzeiten ab sieben Tagen (bis zu maximal zwei Jahren) haben. Diese kurzfristigen, diskontiert angebotenen Papiere mit Fälligkeiten zwischen typischerweise sieben und 365 Tagen (in den USA 7 bis 270 Tagen[232]) werden in den gängigen Eurowährungen (US-Dollar, ECU, Australdollar, Can-Dollar und seit 1991 auch DM) ausgestellt.

Bei Euro Commercial Papers übernehmen die Banken keine Verpflichtung, nicht plazierte Papiere ins eigene Portefeuille zu nehmen (sogenanntes „back up"), so daß der jeweilige Emittent bei diesen Wertpapieren das Plazierungsrisiko selbst trägt.

Diese Papiere stellen eine besonders günstige Finanzierungsmöglichkeit für den Emittenten dar, da die Back-Up-Gebühr der plazierenden Bank entfällt.

1.4.3 Plazierung am Markt

Der Emittent der Commercial Papers trägt selbst das Plazierungsrisiko. Meist erfolgt die Plazierung wie folgt:

Der Emittent beauftragt den Arrangeur zur Auflegung eines Programms, welches als Rahmenvereinbarung ohne Laufzeitbegrenzung die Daueremission von Papieren vorsieht. Die Plazierung mit Hilfe von Händlern, die einen entsprechenden Ruf für die Unterbringung erstklassiger Papiere haben (zum Beispiel Citicorp., Merrill Lynch und so weiter), benötigt etwa vier Wochen.

---

231 Dem entspricht bei derselben Ratingagentur im langfristigen Bereich das Rating AAA, AA, A und BBB.
332 Längere Laufzeiten sind denkbar, doch müssen die Papiere dann bei der Security and Exchange Commission registriert werden.

Laufzeiten	15 bis 270 Tage in den USA; weltweit 7 Tage bis zu 2 Jahren
Bonität	Abhängig von Kreditwürdigkeit des Emittenten: Rating der bekannten Ratingagenturen beachten.
Zins	Diskontinstrument
Emittent	Industrie- und Finanzunternehmen
Stückelung	Eurowährungen (in USD: 25 000 US$ oder Vielfaches davon)

Abbildung 36: Überblick über Commercial Papers

1.4.4 DM-Commercial Papers

In Deutschland machte die Abschaffung der Börsenumsatzsteuer zum 31.12.1990 die Plazierung und den Handel kurzfristiger Titel nunmehr auch wirtschaftlich attraktiv. Außerdem wurden die §§ 795 und 808 a BGB, welche für in Deutschland ausgestellte Inhaberschuldverschreibungen eine staatliche Genehmigung vorsahen, aufgehoben. Somit ist nun auch in Deutschland die Entwicklung eines DM-Commercial-Paper-Sekundärmarktes möglich.

Für deutsche Kreditinstitute ist die Attraktivität eines Commercial Paper-Programms zur Zeit noch eingeschränkt gegeben, da diese Papiere noch der Mindestreserve unterliegen, was die Mittelaufnahme verteuert. Allerdings besteht für ausländische Emittenten die Möglichkeit zur Auflage eines Commercial Paper-Programms, wenn sie über eine deutsche Tochtergesellschaft verfügen; die Emission ist dann mit einer Garantie der ausländischen Mutter zu unterlegen. Für ausländische Gesellschaften ohne Sitz in Deutschland ist der Markt bisher noch versperrt, da die Richtlinien der Deutschen Bundesbank für die Begebung von DM-Auslandsanleihen nach wie vor eine Mindestlaufzeit von zwei Jahren vorsehen. Diese zweijährigen Anleihen heißen *DM Euro Medium Term Notes*.

Das Verfahren der DM-Commercial Paper-Programme wurde bereits oben angesprochen. Der Emittent beauftragt den Arrangeur mit der Auflegung eines Programms. In der *Rahmenvereinbarung* werden das Mindestvolumen der Tranchen (DM 5 Mio.), die Laufzeit (sieben Tage bis zu zwei Jahren minus einem Tag) und die Mindeststückelung der Notes (DM 500 000) abgesprochen. Die DM-Commercial Papers werden sodann auf Diskontbasis begeben und auf 365/360 Tage-Basis abgerechnet. Eine vorzeitige Kündigung der Papiere durch den Emittenten ist nicht möglich. Die Summe aller ausstehenden Notes darf das Gesamtvolumen des Rahmenprogramms zu keiner Zeit übersteigen.

Bei Geschäftsabschluß ergänzt die Emissionsbank die hinterlegten, blanko unterschriebenen Globalurkunden und leistet eine Kontrollunterschrift. Danach werden die Urkunden in das deutsche Kassenvereinssystems eingebracht; Clearingstellen sind die deutsche Kassenverein AG, EUROCLEAR und CEDEL. Die Überweisung des Emissionserlöses und die Gutschrift beim Schuldner erfolgt mit zweitägiger Valuta. Es erfolgt keine Börsennotierung, da Commercial Papers wie Privatplazierungen angesehen werden.

Produkt	– Inhaberschuldverschreibungen, die im Rahmen eines zeitlich unbegrenzten Programms (Daueremission) emittiert werden können. – Plazierung in kleinen Tranchen; – Laufzeiten 7 Tage bis zu 2 Jahren (minus 1 Tag) – Emission in gängigen Eurowährungen; seit 1.1.91 auch in DM. – Mindeststückelung der DM-CPs: DM 500 000. – Begebung der DM-CPs auf Dikonstbasis; Abrechnung auf 365/360 Basis. – Vorzeitige Kündigung der Papiere durch den Emittenten ist nicht möglich.
Abwicklung	– Bei Geschäftsabschluß Ergänzung der Blankourkunden; Kontrollunterschrift; Einbringen in das deutsche Kassenvereinssystem. – Überweisung des Emissionserlöses und Gutschrift beim Schuldner mit 2-tägiger Valuta; die Anforderung der Rückzahlungssumme in Höhe des Nominalbetrages wickelt die Emissionsbank ab. – Clearing durch Dt. Kassenverein AG. Euroclear und Cedel. – Keine Börsennotierung, das CP wie eine Privatplazierung anzusehen ist.

Abbildung 37: DM-Commercial Papers

1.4.5 Bedeutung der Euro Commercial Papers für die Marktteilnehmer

Die Emission von Euro Commercial Papers hat für die Marktteilnehmer unterschiedliche Vorteile und Risiken.

1.4.5.1 Emittent

Der Emittent erhält mit der Emission eine sehr flexible, kurzfristige Finanzierungsmöglichkeit. Mangels back up fee ist dieses Instrumentarium für ihn sogar noch preiswerter als die ohnehin schon attraktive Euronote. Als Nachteil für Marktteilnehmer, die gerne eine Emission in der Form eines Euro Commercial Paper tätigen wollen, ist ausschließlich nur die Beschränkung auf „erste Adressen" anzuführen. Diese Beschränkung auf wenige, hochklassige Emittenten hat allerdings den Vorteil, daß Investoren die nachgefragten Papiere nur von verhältnismäßig wenigen Emittenten erhalten können.

1.4.5.2 Investoren

Die Investoren, die sich aus international tätigen Konzernen und institutionellen Anlegern zusammensetzen, haben mit dem Euro Commercial Paper die Chance, Renditen zu erzielen, die beinahe an die Anlagezinssätze im Interbankengeschäft heranreichen.

Da die Papiere einen ständig größer werdenden Sekundärmarkt vorfinden und zudem jederzeit wieder einlösbar sind, sind sie für Investoren attraktiv. Das – allerdings geringe – Risiko für den Investor beschränkt sich daher auf das Bonitätsrisiko des Emittenten.

1.4.5.3 Händler

Üblicherweise hat der Händler von Commercial Papers nur die Funktion eines Maklers. Er erhält für seine Dienste, nämlich für die emittierten Papiere Käufer zu finden, eine Vermittlungsprovision. Da Händler aber gelegentlich Papiere zunächst in das eigene Portefeuille nehmen, um sie dann erst später an Investoren weiterzuvermitteln, haben sie für diesen Fall das Zinsänderungsrisiko sowie das – zu vernachlässigende – Bonitätsrisiko des Emittenten zu tragen.

1.5 Weitere Instrumente des Geldmarktes

Im Geldmarkt spielen zwei weitere Instrumente des US-Marktes eine Rolle: die Treasury Bills und die Repurchase Agreements.

1.5.1 Treasury Bills

Treasury Bills sind kurzfristige Schuldobligationen, die von der US Treasury (Schatzamt) im Rahmen einer Auktion begeben werden. Für das Management der US-Staatsschulden sind die Treasury Bills ein sehr wichtiges Instrument; die hohe Liquidität dieses Papiers machen sie zu einem attraktiven Geldmarktpapier.

Man unterscheidet Treasury Bills nach ihrer Laufzeit. In den wöchentlichen Auktionen werden Treasury Bills mit Fälligkeiten von 91 bis 182 Tagen ausgegeben, in einer monatlichen Auktion Papiere mit einer Laufzeit von einem Jahr. Die Gebote der Interessenten werden nach Höhe sortiert; den Zuschlag erhält derjenige, bei dem die niedrigste Rendite zu zahlen ist.

Laufzeiten	3, 6 oder 12 Monate
Zins	Couponinstrument
Emittent	US-Treasury (Schatzamt)
Stückelung	USD 10 000; 15 000; 50 000; 100 000 USD 500 000; 1 000 000
Bonitätsrisiko	sehr niedrig, da Ausgabe durch das US-Schatzamt erfolgt
Liquidität	sehr hoch; großer Sekundärmarkt
Steuern	Im Gegensatz zu anderen Geldmarktinstrumenten sind Treasury Bills von staatlicher und regionaler Besteuerung ausgenommen.

Abbildung 38: Überblick über Treasury Bills

Treasury Bills sind Diskontinstrumente und haben keinen festen Zinssatz. Die Rendite errechnet sich aus der Laufzeit und der Differenz von Kaufpreis und Nominalwert. Der Kauf der Papiere wird nur technisch im Abwicklungssystem der Clearingstelle dokumentiert; es gibt also keinen Vertragsaustausch.

1.5.2 Repurchase Agreements

Repurchase Agreements (Repos) sind vergleichbar mit den Wertpapierpensionsgeschäften deutscher Prägung[233]. Konkret ist ein Repurchase Agreement im US-Markt eine Vereinbarung zwischen einem Kapitalgeber und einem Kapitalnehmer über den Erwerb liquider Mittel durch den Verkauf von Wertpapieren und gleichzeitig über den Rückkauf der Wertpapiere zu einem späteren, fest bestimmten Zeitpunkt.

1.5.2.1 Definition

Repos sind einerseits eine kurzfristige Anlage für Investoren wie Commercial Banks, Savings Banks, Versicherungen, Kommunen und so weiter, andererseits aber auch eine preisgünstige Finanzierungsmöglichkeit für Makler. Treasurer von Unternehmen nutzen Repos oft, da sie überschüssige Mittel zu einer gesicherten Rendite anlegen können, bis die Mittel wieder benötigt werden. Die am 1.8.1979 eingeführte Regulation Q der Amerikaner erfaßt nur Repos mit Laufzeiten über 90 Tagen und Beträgen unter US$ 100 000, greift also nicht auf die Repo-typischen, noch kürzeren Laufzeiten zu.

1.5.2.2 Reverse Repo

Während bei einem Repo Mittel gegen Stellung einer Sicherheit ausgekehrt werden, stellt ein Reverse Repurchase Agreement den Kauf von Wertpapieren seitens eines Kapitalgebers mit gleichzeitiger Vereinbarung über deren Verkauf dar[234]. Mit diesem Instrument läßt sich vor allem Zinsarbitrage betreiben.

Laufzeit	kurzfristig, je nach Vereinbarung, häufig unter 90 Tagen
Stückelung und Zinssatz	nach Vereinbarung
Emittent	keine Emission, sondern Einzelvereinbarung
Sicherheit	durch Wertpapiere

Abbildung 39: Überblick über das Repurchase Agreement

---

[233] Nach *Kollmann*, Der US-Kapitalmarkt, Wien 1988, S. 97 f. ist ein Repo am ehesten vergleichbar mit kurzfristigen Lombardkrediten. Dennoch ist der Lombardkredit die Gewährung eines kurzfristigen Darlehens gegen Verpfändung von Wechseln oder Wertpapieren des Schuldners. Wesentliche Unterschiede liegen in der Beleihungsgrenze, die bei Repos höher liegt, sowie in der rechtlichen Auslegung der Verpfändung.
[234] *Kollmann* a.a.O. (Fußnote 233), S. 100.

2 Der Euro-Kapitalmarkt

Die internationalen Kapitalmärkte werden in zwei Kategorien untergliedert: in die nationalen Kapitalmärkte, die Ausländern zugänglich sind, und die Eurokapitalmärkte. Die an diesen Märkten emittierten Anleihen trennt man folglich in Auslandsanleihen (foreign bonds) und Euroanleihen (Eurobonds). Die erste Kategorie ist im Grunde nur eine Modifikation des inländischen Kapitalmarktes, der seinen internationalen Charakter vom ausländischen Schuldner ableitet. Dagegen ist der Eurokapitalmarkt international im eigentlichen Sinne[235].

2.1 Entstehen des Euro-Kapitalmarktes

Die Aufnahme von Fremdkapital im Ausland ist seit dem 18. Jahrhundert bekannt, also keine innovative Methode. Die Suche nach Geldquellen außerhalb des eigenen Regentschaftsbezirks betrieben Regenten, wenn für notwendige Projekte die eigenen Mittel nicht ausreichten. Unterstützung durch Bankensyndikate gab es ab dem Beginn des 19. Jahrhunderts, wobei eines der einflußreichsten Konsortien das sogenannte Rothschild-Konsortium[236] war. Spätere Konsortien zur Finanzierung großer Eisenbahnprojekte förderten das Entstehen und die Weiterentwicklung des internationalen Anleihegeschäfts.

2.2 Charakteristische Merkmale des Euro-Kapitalmarktes

Es ist eine Besonderheit des Euro-Kapitalmarktes, daß Euroanleihen von Konsortien aus Banken und Emissionshäusern verschiedener Staaten garantiert (underwriting) oder übernommen und weiterverkauft werden. Die Schuld der Anleihenehmer ist in Wertpapieren, den sogenannten „Eurobonds" oder „Euronotes" verbrieft, die auf den Inhaber lauten. Die Papiere sind Inhaberschuldverschreibungen und keine Namenspapiere, da es dem Investor auf die Anonymität beim Kauf ankommt[237].

2.2.1 Vorteil der Euroanleihe

Ein wesentlicher Vorteil der Euroanleihe besteht darin, daß die Anleihe dann nicht den inländischen Kontrollen unterliegt, wenn sie außerhalb des betreffenden Währungsgebietes plaziert wird. Weder der Zeitpunkt der Begebung, noch die Teilnehmer an der Emission

---

235 Dazu *Finsterwalder/Musulin,* Internationale Kapitalmärkte, in: Obst/Hintner, Geld-, Bank- und Börsenwesen, 38.Aufl., Stuttgart 1988, S. 1103.
236 *Finsterwalder/Musulin* a.a.O. (Fußnote 235). Bei diesem Konsortium ging es um eine Anleihe aus dem Jahre 1873, als Ungarn eine Emission von 15 Mio. Pfund Sterling 6 %iger Schatzbons begab und das Rothschild-Konsortium die Hälfte dieser Anleihe übernahm.
237 *Finsterwalder/Musulin* a.a.O., S. 1104.

werden Vorschriften unterworfen; konsequenterweise lassen sich daher Anleihen den Bedürfnissen der Marktteilnehmer maßgeschneidert anpassen.

Der Euro-Kapitalmarkt ist mithin ein unregulierter Markt, wie auch der Euromarkt schlechthin seine Existenz diesem Umstand verdankt. Er verdankt sein Entstehen und seine Entwicklung zur heutigen Form zum einen den Ursprüngen des Euromarktes, zum anderen der Einführung der Zinsausgleichssteuer in den USA im Jahr 1963, die zur Bekämpfung des wachsenden Zahlungsbilanzdefizits der USA (Grund war das wachsende Eurodollarvolumen) eingeführt und sich gegen amerikanische Käufer von Aktien und Obligationen nichtamerikanischer Emittenten richtete. Diese US-Investoren suchten verstärkt nach Auswegen und trugen somit maßgeblich dazu bei, daß der Euro-Kapitalmarkt sich rasch entwickeln konnte. Die Abschaffung dieser Steuer im Jahre 1974 konnte an der bis dahin gewonnenen Attraktivität des Euro-Kapitalmarktes nichts mehr ändern.

2.2.2 Währungsanleihen

Euroanleihen sind in jeder frei transferierbaren und konvertierbaren Währung darstellbar.

Neuankündigungen im Jahr[238]	1993	1994	1995 (1.–3. Quartal)
Gesamtvolumen	446,7	362,5	286,2
davon: – festverzinsliche – und zinsvariable Notes – Eigenkapitalbezogen	348,8 58,3 39,6	254,0 75,3 33,2	165,9 47,7 13,6
US-Dollar	159,7	115,8	93,0
Yen	55,0	69,8	50,0
D-Mark	55,8	38,1	43,8
Schweizer Franken	27,5	20,5	21,8
Französischer Franc	39,8	25,4	9,6
Andere	68,2	66,5	44,0

Abbildung 40: Hauptmerkmale des internationalen Anleihemarktes[239]

---

238 Nach der Statistik der BIZ, Basel Nov. 1995, S. 6
239 Wandelanleihen und Anleihen mit Option zum Bezug von Aktien.

2.2.2.1 Einfache Währungsanleihen

Die Praxis geht bei den Grundformen der Währungsanleihen darauf aus, nur in denjenigen Währungen zu emittieren, die für die internationalen Finanzwelt eine Rolle spielen. Den größten Anteil hält nach wie vor der US-Dollar, der – etwa gleichberechtigt – gefolgt wird von DM und Yen. Weniger stark werden Euroanleihen in Schweizer Franken, Pfund Sterling, Französischem Franc oder anderen Währungen emittiert. Nach Mitteilung der BIZ und den dort veröffentlichen Zahlen zur Entwicklung des Euromarktes befindet sich der internationale Anleihemarkt in einer bislang ungebremsten Aufwärtsentwicklung.

2.2.2.2 Doppelwährungsanleihen

Doppelwährungsanleihen sind laufend verzinsliche und mit Zinscoupons ausgestattete Anleihen. Die Besonderheit besteht darin, daß der Anleger ein Wahlrecht hat, die Zahlung des Zinses in DM oder in einer anderen Währung[240] zu verlangen[241].

Bei diesem Instrument erfolgt der Kapitalaustausch in verschiedenen Währungen. Der Emissionserlös und die Zinszahlungen werden meist in der Landeswährung der Investoren, der Rückzahlungsbetrag in derjenigen des Schuldners vorgenommen. Der Emission wird ein Basiskurs zugrundegelegt, der das Austauschverhältnis zwischen den Währungen festlegt.

Kennzeichnend für Doppelwährungs-Anleihen ist die erzielte Aufteilung von Wechselkursrisiken zwischen Gläubiger und Schuldner. Die Anleihen bedürfen einer ausreichend großen Zinsdifferenz zwischen zwei Märkten, um für Anleger und Schuldner zugleich Zinsvorteile zu gewähren. Dem Schuldner wird ermöglicht, die niedrigeren Zinsen eines Kapitalmarktes zu nutzen, ohne das damit einhergehende und für das Unternehmen ohne ausreichende Einnahmequellen in dieser Währung erhebliche Wechselkursrisiko in seiner Gesamtheit tragen zu müssen. Der Schuldner trägt nur das Wechselkursrisiko auf die Zinszahlungen. Die der Anleihe zugrundeliegende Kursbasis stellt für den Gläubiger die Schwelle von Kapitalgewinn zu Verlusten dar.

Diese Konstruktion bietet sowohl für die Schuldner als auch für die Gläubiger günstigere Konditionen als bei traditionellen Anleihen. Allerdings tragen die Anleger das größere Wechselkursrisiko, da sie den Rückzahlungsbetrag zu einem noch unbekannten Wechselkurs einkaufen müssen. Die eingeräumte Basis erlaubt dennoch einigen Spielraum, bis Kursabwertungen der Rückzahlungswährung gegenüber der Emissionswährung zu Verlusten führen.

---

240 Für die Auszahlung des Zinses in Fremdwährung ist ein insoweit erzielter Ertrag nach Maßgabe der in dem BMF-Schreiben vom 26.10.1992 (BStBl. I 1992, 693) unter Ziff. 3.5. getroffenen Regelung auf der Basis des Devisengeldkurses, der am Tag des Zuflusses der Kapitalerträge gilt, umzurechnen, um die materielle Einkommenssteuerpflicht errechnen zu können.

241 Häufig werden die Zahlungsströme nur in einer Währung abgewickelt. Der Charakter der Doppelwährungsanleihe wird dadurch gewahrt, daß der Rückzahlungskurs des Anleihebetrages abhängig ist vom Verhältnis des aktuellen Wechselkurses zu dem vereinbarten Basiskurs. Übersteigt das gegenwärtige Austauschverhältnis diesen festgelegten Kurs, so erfolgt die Rückzahlung des Anleihebetrages in entsprechender Weise über pari. Bei einem Kursrückgang unter den Basiskurs wird unter pari zurückgezahlt.

2.2.3 Der Euro-DM-Kapitalmarkt

Die D-Mark spielt, wie dargestellt, im Euromarkt nach dem US-Dollar die zweitwichtigste Rolle. Allerdings hat es recht lange gedauert, bis der deutsche Kapitalmarkt liberalisiert war.

Die Anfänge des deutschen Euro-Kapitalmarktes lassen sich bis zum Ende der 50er Jahre zurückverfolgen, als der Zugang zum deutschen Kapitalmarkt schrittweise liberalisiert wurde. Nachdem 1965 eine 25 %ige Kuponsteuer für ausländische Käufer von DM-Anleihen deutscher Emittenten eingeführt worden war, gewann der deutsche Markt in den 60er Jahren an Bedeutung und konnte seine Position, vor allem bedingt durch Aufwertungen der D-Mark gegenüber dem US-Dollar, bis zu den 70er Jahren weiter ausbauen. Zum 1.Mai 1985 wurde der Markt für internationale DM-Anleihen „rest"-liberalisiert und es wurde die Möglichkeit eröffnet, daß die Emission von DM-Auslandsanleihen nun auch von in Deutschland tätigen Niederlassungen ausländischer Kreditinstitute möglich war. Neben festverzinslichen Anleihen wurde auch die Begebung von Floating Rate Notes und Null-Kupon-Anleihen in DM genehmigt[242]. Weitere Schritte zu Beginn der 90er Jahre, wie etwa die Abschaffung der Börsenumsatzsteuer zum 31.12.1990, trugen weiter zu einer Öffnung und Steigerung der Attraktivität des deutschen Kapitalmarktes bei.

2.3 Marktteilnehmer im Euro-Kapitalmarkt

Der Euro-Kapitalmarkt war anfänglich nur für erstklassige Adressen aus westlichen Industriestaaten und supranationale Institutionen eröffnet. Inzwischen haben auch andere Marktteilnehmer die Möglichkeit, von den Vorteilen des Marktes zu profitieren.

2.3.1 Emittenten

Die Euro-Kapitalmärkte werden von den Anleihenehmern aus verschiedenen Gründen in Anspruch genommen. Während der private Sektor meist die Finanzierung konkreter kommerzieller Vorhaben verfolgt, dienen die Schuldaufnahmen des öffentlichen Sektors der Aufstockung von Währungsreserven, dem Ausgleich der Zahlungsbilanz oder der Projektfinanzierung großer staatlicher Investitionsvorhaben, wobei diese Investitionen meist in Infrastrukturmaßnahmen oder im Energiebereich (Staudammbau, Kraftwerke und so weiter) getätigt werden[243].

---

242 *Finsterwalder/Musulin* a.a.O., S. 1107 mwN und Beschreibung der Entwicklung auch der anderen Märkte (US$, Gulden, Can$, FRF, brit. £ usw.) a.a.O., S. 1106 ff.
243 *Finsterwalder/Musulin* a.a.O., S. 1112.

2.3.2 Investoren

Die Investoren sind keine homogene, leicht zu identifizierende Gruppe von Marktteilnehmern. Euroanleihen werden als Inhaberpapiere emittiert und können dadurch anonym erworben werden. Investoren sind Privatleute ebenso wie institutionelle Anleger, wobei letztere häufig diejenigen Banken und Vermögensverwaltungsgesellschaften sind, denen Privatleute für die Verwaltung ihrer Eurobonds Verwaltungsvollmacht eingeräumt haben, so daß der Eindruck täuschen kann, daß Banken als institutionelle Anleger im Eigeninteresse in diesem Markt aktiv werden.

2.4 Anleihearten

Im Euro-Kapitalmarkt sind die nutzbaren Instrumente insbesondere die Anleihen, welche sich als *festverzinsliche* oder *variable verzinsliche* Instrumente präsentieren. Es ist eine Vielzahl von unterschiedlichen Kombinationen denkbar, so daß hier nur auf die wichtigsten Ausprägungen des Euro-Kapitalmarktes eingegangen werden soll.

Die Kombinationen richten sich nach der Art der Verzinsung (fest oder variabel), den Zinszahlungszeitpunkten (bestimmte Fälligkeiten, jährlich oder am Ende der Gesamtlaufzeit), der vereinbarten *Währung* und *Laufzeit* sowie der Besicherung des Instruments.

2.4.1 Festverzinsliche Instrumente

Zu den festverzinslichen Möglichkeiten zählen die *straight bonds,* die sogenannten *partly paid bonds* (Anleihen mit Teileinzahlungen), die Null-Kupon-Anleihen *(Zero bonds)* sowie einige weitere Sonderformen. Diese Produkte werden nachfolgend kurz beschrieben.

2.4.1.1 *Festverzinsliche Anleihen*

Festverzinsliche Anleihen (straight bonds) sind Anleihen mit festen Zinszahlungen während der Laufzeit (fixed rate bonds). Bekannt sind festverzinsliche Anleihen mit fester Endfälligkeit, Tilgungsanleihen sowie Anleihen mit einem Schuldner- beziehungsweise Gläubigerkündigungsrecht.

Sie geben dem Emittenten und dem Anleger eine feste Kalkulationsbasis für den Zinsaufwand und -ertrag. Diesem Vorteil steht das Risiko einer längerfristigen Festlegung gegenüber. Für den Anleger beziehungsweise Investor sind festverzinsliche Anleihen dann mit einem Zinsänderungsrisiko und möglichen entsprechenden Verlusten behaftet, falls der Marktzins sich in eine andere Richtung bewegt als der Investor es vermutete, und wenn dadurch die Kurse der Anleihen nachgeben. Außerdem trägt der Anleger das Wiederanlagerisiko bei den Zinserträgen. Der Emittent begibt sich der Möglichkeit, bei Zinssenkungen später kostengünstigere Finanzierungen zu realisieren.

Festverzinsliche Anleihen haben bis zu 30jährige Laufzeiten, wobei eine derart lange Laufzeit wohl eher die Ausnahme ist. Typisch ist eine Laufzeit der festverzinslichen Anleihen von fünf bis zu zehn Jahren.

In Deutschland bieten festverzinsliche Anleihen neben Renditeanreizen und hoher Fungibilität ein großes Maß an Anlagesicherheit. Dies gilt vor allem für öffentliche Anleihen und Bankschuldverschreibungen, vor allem dann, wenn ihre Ausgabe an spezialgesetzliche Deckungserfordernisse gebunden ist (Pfandbriefe, Kommunalobligationen).

Als Modifikationen der Festzinsanleihen hat sich – damit die Anleihe veränderten Marktverhältnissen angepaßt werden kann – die Möglichkeit herausgebildet, daß in zuvor festgelegten Zeitabschnitten eine Laufzeitverlängerung oder -verkürzung von Emittent oder Anleger vorgenommen werden darf. Außerdem können Festzinsanleihen mit Optionsrechten ausgestattet werden, die zum Bezug weiterer Festzinsanleihen berechtigen (siehe auch: Optionsanleihen). Die Step Down-Variante erlaubt es dem Emittenten einer Festzinsanleihe, zu bereits vereinbarten Zeitpunkten die Verzinsung um einen bestimmten Prozentsatz zu reduzieren. Auf diese Weise soll einer erwarteten Zinssenkung im Anschluß an eine Hochzinsphase Rechnung getragen werden. Unter einer „Roly Poly"-Anleihe versteht man Festzinsanleihen, bei denen der Zinssatz lediglich für einen Teil der Laufzeit fixiert und zu einem vereinbarten Termin für eine weitere Periode neu festgelegt wird.

2.4.1.2 Anleihen mit Teileinzahlung

Anleihen mit Teileinzahlung (partly paid bonds) sind ebenfalls festverzinslich, doch erfolgt die Einzahlung des Gegenwerts durch den Investor in Raten – ein erster Teilbetrag wird bei der Emission der Anleihe eingezahlt, ein Restbetrag erst später. Anleihen mit Teileinzahlungen sind also durch mehrere Zahlungstermine gekennzeichnet.

Über die ausstehenden Anleihebeträge werden Interimsscheine ausgestellt, die gehandelt werden können und je nach Zinsentwicklung die Realisierung von Kursgewinnen erlauben. Mit dem Entstehen und Wachsen des Future-Marktes, der ähnliche Chancen auf Zinsentwicklungen eröffnet, hat die Bedeutung der Partly Paid Bonds abgenommen.

2.4.1.3 Null-Kupon-Anleihen

Bei den Null-Kupon-Anleihen (Zero Bonds) ist nicht der Zinsertrag das entscheidende Merkmal, sondern der Kapitalzuwachs. Die Anleihen werden abgezinst ausgegeben und bei Fälligkeit zum Nennwert getilgt. Der Anleger zahlt beispielsweise einen Preis weit unter dem Nennwert der Anleihe und erhält als Ausgleich für die laufenden Zinszahlungen einen entsprechenden Kursgewinn. Diese Papiere sind im Markt attraktiv und somit mit niedrigeren Renditen versehen als andere Formen festverzinslicher Anleihen.

Konkret versteht man unter „Zero Bonds" beziehungsweise „Null-Kupon-Anleihen" Schuldverschreibungen, bei denen die Zinsen nicht periodisch und aufgrund der Vorlage von Zinscoupons ausgezahlt werden. Vielmehr erfolgt die Zinsauszahlung am Ende der Laufzeit des Wertpapieres mit der Rückzahlung des Kapitals.

In der Praxis sind zwei Formen von Zero Bonds bekannt: Bei der einen wird ein bestimmter Rückzahlungsbetrag (in der Regel ein Vielfaches von 100 einer bestimmten Währung) in den Anleihebedingungen genannt und der Ausgabekurs durch eine Abzinsung berechnet (abgezinstes Papier). Bei der anderen Variante wird ein bestimmter Ausgabekurs vorgegeben (in der Regel ein Vielfaches von 100 einer bestimmten Währung) und danach ein Rückzahlungsbetrag errechnet, der sich aus Kapital, Zinsen und Zinseszinsen zusammensetzt (aufgezinstes Papier).

1. Der Ausgabepreis ist der Barwert, der nach Laufzeit und Emissionsrendite abgezinst worden ist. Die Rückzahlung erfolgt dann zum Nominalwert von 100 %.	2. Als Ausgabepreis wird der Nominalwert (also 100 %) zugrundegelegt. Die Rückzahlung erfolgt bei Fälligkeit zu einem Endwert, der nach Laufzeit und Emissionsrendite aufgezinst wurde.	3. Denkbar wäre es auch, Ausgabekurs und Rückzahlungskurs auf 100 % festzulegen und dieser Anleihe einen Zinsschein beizugeben, der den gesamten Anspruch auf Zinsen und Zinseszinsen für die gesamte Laufzeit verbrieft und der erst am Ende der Laufzeit fälliggestellt wird.
Beispiel zu 1: Für einen nominalen Anleihebetrag von DM 10 000,– sind bei einem Ausgabekurs von 51,9 % DM 5 190,– liquiditätsmäßig aufzubringen. Der Rückzahlungsgewinn bei Fälligkeit in Höhe von DM 4 810,– ergibt bei einer 10-jährigen Laufzeit eine Emissionsrendite von 6,8 %.	*Beispiel zu 2:* Der Anleger erwirbt nominal DM 10 000,– zu 100 %. Bei einem festen Zinssatz von 6,5 % für die gesamte Laufzeit von 5 Jahren errechnet sich ein Endwert aufgrund der angesammelten Zinsen und Zinseszinsen in Höhe von DM 13 701,–, der bei Fälligkeit zurückgezahlt wird.	

Abbildung 41: Beispiele für die Ausstattung von Null-Kupon-Anleihen[244]

Sowohl beim ab- wie auch aufgezinsten Zero Bond beinhaltet die Berechnung des Rückzahlungswertes eine Verzinsung der aufgelaufenen Zinsguthaben während der gesamten Laufzeit, und zwar zum Satz der Emissionsrendite. Während dieser Zeit repräsentiert der Kurs des Zero Bond (zumindest theoretisch) den Barwert einer mit der augenblicklichen Kapitalmarktrendite für laufzeitgleiche Titel ab- oder aufgezinsten Anlage[245].

Die Laufzeiten derartiger Anleihen betragen bis zu 30 Jahre. Von den Kreditinstituten werden auch Kapitalforderungen begeben, die dieselben Merkmale wir Null-Kupon-Anleihen aufweisen, sich von diesen aber dadurch unterscheiden, daß sie nicht in Form von Teilschuldverschreibungen begeben werden.

---

[244] Nach dem Textbeispiel von *Harter/Franke/Hogrefe/Seger,* Wertpapiere in Theorie und Praxis, Stuttgart 1988, S. 177 f.
[245] *Harter/Franke/Hogrefe/Seger* (a.a.O.), S. 178.

Für den Emittenten liegt der Reiz der Zero Bonds darin, daß sich mit diesem Instrument leichter lange Laufzeiten durchsetzen lassen und keine Zinsverpflichtungen während der Laufzeit bestehen. Der Anleger ist vom Wiederanlagerisiko entbunden und hat durch die Fortschreibung der Zinseszinserträge die Sicherheit, daß die angestrebte Endlaufrendite tatsächlich erreicht wird. Allerdings ist der Anleger einem erhöhten Kursrisiko ausgesetzt. Da die Zero Bonds mit einem deutlich unter dem Nennwert liegenden Kurs gehandelt werden, macht sich eine Veränderung der Kapitalmarktzinsen überproportional bemerkbar. Die aus dieser Hebelwirkung resultierenden Kursgewinn- und -verlustmöglichkeiten geben einer Anlage in Zero Bonds spekulativen Charakter.

Die Weiterentwicklung *Serial Zero Bond* ermöglicht dem Schuldner eine Schuldenbedienung ähnlich einem Eurobond. Für jedes oder für bestimmte Jahre der Gesamtlaufzeit der Emission wird eine Serie der Bonds fällig. Der Emissionspreis der Anleihe kann für jede Serie einzeln oder einheitlich festgelegt werden. Die neue Form der nachfolgend etwas ausführlicher dargestellten *Stripped Bonds* als Alternative der Kapitalanlage für private und institutionelle Anleger ist von Investmentbanken in den USA entwickelt worden. Auf ein Portfolio von Festzinsanleihen werden von der Bank die Zinszahlungen einbehalten. Die Anleger erhalten bei Fälligkeit eine einmalige Auszahlung von Zins, Zinseszins und Kapital. Die Investment Bank trägt somit das Wiederanlagerisiko. Der Anleger investiert in eine sichere Anleihe, da die zugrundeliegenden Festsatz-Portfolios meist auf Staatsschuldverschreibungen aufbauen[246].

2.4.1.4 Stripped Bonds

Die Anlageform der Stripped Bonds ist in den USA entwickelt worden[247]. Zunächst erwarb ein Broker verzinsliche Titel der US-Treasury. Da diese Titel eine hohe Bonität besaßen, jedoch vom US-Schatzamt keine Zero Bonds emittiert wurden, legte der Broker als Emittent eigene Zero-Bonds auf, die hinsichtlich ihres Rückzahlungsbetrages den Stammrechten beziehungsweise den Zinsscheinen der Papiere des Schatzamtes entsprachen und die für die Anleger als Sicherheit dienten[248].

Bei den Stripped Bonds neueren Datums wird eine laufende verzinsliche Anleihe ausgegeben, bei der nach den Emissionsbedingungen die Möglichkeit besteht, Stammrecht und Zinsscheine auf dem Sekundärmarkt getrennt zu veräußern. Letzteres wird dadurch begünstigt, daß Stammrecht und Zinsscheine eigene Wertpapier-Kennummern besitzen und daher sowohl an der Börse gehandelt werden können als auch depotfähig sind. Auf dem

---

[246] Diese Anlageformen sind unter den Begriffen Treasury Investment Growth Receipts (TIGRs) und Certificates on Accrual on Treasury Securities (CATS) bekannt geworden.
[247] Darstellung nach *Dahm/Hamacher,* Neues Einkommenssteuerrecht für moderne Finanzinstrumente, WM Sonderbeilage 3/1994, S. 7 f.
[248] Diese Papiere sind einkommenssteuerrechtlich wie Zero-Bonds zu behandeln, *Dahm/Hamacher* a.a.O. (Fußnote 247), S. 8, BMF-Schreiben vom 1.3.1991, BStBl.I 1991, S. 422; *Scheurle,* DB 1994, 445, 448; *Pöllath,* Kapitalanlagen in Schuldverschreibungen unter Trennung von Stammrecht und Zinsschein, BB 1983, S. 1271.

Sekundärmarkt werden dann Stammrechte und Zinsscheine abgezinst und wie Zero Bonds gehandelt[249].

2.4.2 Sonderformen

Unter den hier anzusprechenden Sonderformen sind die Wandelanleihen *(convertible bonds)* und Anleihen mit Optionsrechten *(bonds with warrants)* zu nennen.

2.4.2.1 Wandelanleihen

Wandelanleihen (auch: *Wandelschuldverschreibungen)* sind Anleihen mit Festzins unter Marktniveau und einem Wandelrecht in Aktien (equity linked issue) als Ausgleich für die Unterverzinsung. Bei der Wandlung geht die Aktie unter. Der Wandlungspreis der Aktie liegt bei der Emission um die Wandlungsprämie über dem herrschenden Aktienkurs.

Wandelanleihen sind von der Ausstattung her mit Inhaberschuldverschreibungen vergleichbar, doch räumen sie dem Anleger zusätzlich das Wahlrecht ein, innerhalb vorgegebener Fristen und Bedingungen die Schuldverschreibungen in Aktien des in der Rechtsform einer Aktiengesellschaft geführten Unternehmens, das die Anleihen begeben hat, umzuwandeln. Mit dem Umtausch erlischt das Forderungsrecht, also der Rückzahlungs- und der Zinsanspruch. Zur Ausgabe der Wandelanleihe ist seitens des Emittenten eine bedingte Kapitalerhöhung erforderlich. Bei Ausgabe sind das Umtauschverhältnis (Wandlungsverhältnis), die Umtauschfristen (Wandlungsfristen) und unter Umständen eine erforderliche Zuzahlung festzulegen. Nicht gewandelte Schuldverschreibungen werden am Ende der Laufzeit getilgt. Oft sind es auch Niederlassungen von Konzernen, die als Emittent von Wandelanleihen mit einem Wandlungsrecht auf Aktien der Konzernmutter im Markt auftreten.

In den USA und den anderen anglo-amerikanischen Staaten sind Wandelanleihen (convertible bonds) ein oft genutztes Instrument der Investitionsfinanzierung von Aktiengesellschaften. Für den Emittenten ist es dabei vorteilhaft, daß die Finanzierung über Convertible Bonds vorteilhaft dargestellt werden kann. Die Zinsbelastung bei dieser Anleihe liegt in der Regel unter derjenigen von traditionellen Festzinsanleihen. Außerdem braucht das Fremdkapital nicht getilgt zu werden, wenn die Gläubiger wandeln, so daß aus dem befristet verfügbaren Fremdkapital unbefristet verfügbares Eigenkapital wird.

Der Anleger, dem als Gläubiger ein Kapitalrückzahlungsrecht und eine feste Verzinsung zustehen, kann die Vorteile eines Eigentümers in Form von Wertzuwächsen nutzen. Kurssteigerungen der Wandelanleihe infolge eines steigenden Börsenkurses der Aktie bedeuten für den Anleger Kursgewinne, die die Gesamtrendite der Anlage erhöhen. Dagegen

---

[249] *Dahm/Hamacher* a.a.O. (Fußnote 248), S. 8, mit Hinweis auf die materielle Einkommenssteuerpflicht, wenn Stammrechte und Zinsscheine nicht getrennt werden (§ 20 Abs. 1 Nr. 7 EStG bzw. § 20 Abs. 2 Nr. 3 EStG) oder wenn eine Trennung erfolgt ((§ 20 Abs. 2 Nr. 2 b Satz 1 EStG bzw. § 20 Abs. 2 Nr. 4 b EStG).

bleibt der Anleger von den Risiken eines erheblichen Kursverfalls in Baissezeiten verschont. Zu beachten ist jedoch, daß die Wandelanleihe nicht vor dem Risiko einer Bonitätsverschlechterung des emittierenden Unternehmens schützt.

Definition	Eine Inhaberschuldverschreibung, die dem Anleger das Wahlrecht einräumt, innerhalb vorgegebener Fristen und unter genau festgelegten Einzelbedingungen die Schuldverschreibung in Aktien des die Schuldverschreibung begebenden Unternehmens umzuwandeln.			
Vorteile	– feste Verzinsung – Rückzahlung des Kapitals bei Fälligkeit (sofern bis dahin nicht vom Umwandlungsrecht Gebrauch gemacht wurde) – Limitiertes Kursrisiko im Falle vorzeitigen Verkaufs – Teilnahme an zukünftigen Kurssteigerungen			
Ausstattungsmerkmale	*Wandlungsverhältnis:* Es sagt aus, welchen Nominalbetrag von Schuldverschreibungen der Gläubiger für den Umtausch in eine Aktie aufzuwenden hat.	*Wandlungsfrist:* Sie ist in der Regel nicht identisch mit der Laufzeit der Anleihe. Der Wandlungsfrist ist ein Zeitraum vorgeschaltet, in der ein Umtausch (aus besonderen Gründen) ausgeschlossen ist.	*Zuzahlung:* Neben der Umwandlung des nominalen Betrages der Schuldverschreibung ist ein weiterer Betrag in bar zu entrichten. Damit versucht der Emittent den Anleger dahingehend zu beeinflussen, den Wandlungstermin früher oder später zu wählen.	

Abbildung 42: Wandelanleihen / Convertible Bonds

Hinsichtlich der *Ausstattungsmerkmale* der Wandelanleihe ist noch folgendes anzumerken.

Das sogenannte *Wandlungsverhältnis* definiert, welchen Nominalbetrag von Schuldverschreibungen der Gläubiger für den Umtausch in eine Aktie aufzuwenden hat. Ein Wandlungsverhältnis von 5 : 1 in Aktien des Emittenten bedeutet, daß je DM 500,– Wandelschuldverschreibungen in je eine Aktie über nominal[250] DM 100,– gewandelt werden kann. Der Wandlungspreis wird häufig durch eine Zuzahlung, eine zusätzlich geforderte Barzahlung, erhöht. Die sogenannte Wandlungsfrist ist nicht identisch mit der Laufzeit der Wandelanleihe, sondern sie bezeichnet einen Zeitraum, in dem ein Umtausch ausgeschlossen ist. Solch ein Wandlungsausschluß ist häufig vorgesehen, wenn die Jahreshauptversammlung der Aktiengesellschaft stattfindet, einige Tage um den Jahresultimo herum sowie dann, wenn Bezugsrechtsangebote erteilt werden.

Die Vertragsbedingungen bei Kauf der Wandelanleihen können Klauseln enthalten, die den Investor vor einer Wertminderung der Wandelanleihe schützen, die dadurch auftreten könnte, daß es Veränderungen in der Kapitalstruktur der Aktiengesellschaft gibt (Kapitalerhöhung oder -berichtigungen, hohe Ausschüttungen und so weiter) oder gesellschaftsrechtliche Änderungen (Fusion, Umwandlung und so weiter) auftreten.

---

250 Die Kursnotiz bezieht sich in Prozent auf nominal DM 100,–.

2.4.2.2 Anleihen mit Optionsrechten

Anleihen mit Optionsrechten beinhalten das Recht (die Option), aber nicht die Verpflichtung, Aktien während einer bestimmten Laufzeit zu einem festgelegten Kurs zu kaufen. Die Optionen müssen getrennt als Optionsscheine gehandelt werden. Die eigentliche Anleihe wird dann als ein normales festverzinsliches Wertpapier gehandelt.[251] Dies wird im nächsten Abschnitt vertieft.

2.4.3 Optionsanleihen

Bei Optionsanleihen, die wie Schuldverschreibungen ausgestaltet sind, handelt es sich um *selbständig handelbare* Papiere, die dem Käufer unterschiedliche Bezugsrechte (Optionen) verbriefen, und für die der Käufer eine Optionsprämie oder einen Aufschlag *(spread* beziehungsweise *margin)* zahlt. Die unterschiedlich ausgestalteten Optionsrechte werden auch mit dem englischen Begriff *warrant* (also „Berechtigungsschein, Optionsrecht") bezeichnet, womit eine klarere Abgrenzung zum üblichen Optionshandel als einer Variante des Börsentermingeschäfts erreicht wird.

In ihrer Grundform besteht die Optionsanleihe aus einer traditionellen festverzinslichen Anleihe mit einem Zins unter Marktniveau und einem Bezugsrecht auf Aktien der ausgebenden Gesellschaft zu einem festgelegten Kurs (Option). Da dieses Optionsrecht in einem separaten und von der Anleihe getrennten Optionsschein verbrieft wird, ist für diesen Vorgang die Bezeichnung „warrant" üblich geworden.

Optionsanleihen sind Teilschuldverschreibungen, bei denen dem Anleger zum einen eine feste Verzinsung für die Überlassung des Kapitals gewährt wird. Darüber hinaus hat der Anleger nach den Anleihebedingungen bei den Anleihen mit Bezugsrecht auf Aktien (nachstehend noch gesondert beschrieben) das Recht, unter im Einzelfall festgelegten Voraussetzungen Aktien oder Anleihen des Emittenten zu beziehen. Die Ausübung des Optionsrechtes hat dabei keinen Einfluß auf den Bestand der Anleihe. Regelmäßig sehen die Anleihebedingungen vor, daß Optionsrecht und Anleihe voneinander getrennt und isoliert gehandelt werden können. Soweit eine Trennung erfolgt ist, werden die Anleihen mit dem Zusatz „ex" gekennzeichnet. Nicht getrennte Anleihen werden „cum" gehandelt.

Ein selbständiger Handel des Optionsrechts, getrennt von der Anleihe, ist möglich, aber erst ab dem Termin, an dem das Optionsrecht erstmalig ausgeübt werden kann. Die Börsennotierung lautet dann: „Anleihe *mit* Optionsscheinen oder -rechten (cum)", „Anleihe *ohne* Optionsscheine oder -rechte (ex)" oder schließlich auch „Optionsschein beziehungsweise -recht". Unter den Warrants unterscheidet man solche auf Aktien, auf bonds, Zins- und Währungswarrants. Dies wird nachfolgend kurz dargestellt.

---

251 Zu Sonderfragestellungen wie etwa steuerliche Behandlung, Bilanzierung usw. vgl. *Holzheimer,* Die steuerliche Behandlung von Optionsanleihen, insbesondere beim Erwerber, WM 1986, S. 1169 ff.; *Koch/Vogel,* BB 1986, Beil. 10, S. 15; *Pöllath/Rudin,* DB 1986, S. 2094; *Dahm/Hamacher,* Neues Einkommenssteuerrecht für moderne Finanzinstrumente, WM 1994, Beil. 3, S. 7.

Definition	Warrants sind Teilschuldverschreibungen, bei denen dem Anleger eine feste Verzinsung für die Überlassung des Kapitals gewährt wird. Außerdem hat der Anleger das Recht, unter bestimmten festgelegten Voraussetzungen Aktien oder Anleihen des Emittenten zu erwerben.		
Optionsrecht	*Ausübung:* Die Ausübung hat keinen Einfluß auf den Bestand der Anleihe.	*Handel:* Optionsrecht und Anleihe dürfen voneinander getrennt gehandelt werden.	*Ex/Cum:* *Ex:* Optionsrecht und Anleihe werden getrennt gehandelt. *Cum:* Optionsrecht und Anleihe werden gemeinsam gehandelt.

Abbildung 43: Optionsanleihen (Warrants)

Die Ausübung des Optionsrechts läßt – im Gegensatz zur zuvor besprochenen Wandelanleihe – die Anleihe selbst nicht untergehen. Wirkt sich für den Emittenten die vergleichsweise niedrige Zinsausstattung der Anleihe günstig aus, so sind für den Anleger Kurssteigerungen der Aktien attraktiv, die den Wert seines Optionsscheines überproportional erhöhen.

2.4.3.1 Warrants auf Aktien

Warrants auf Aktien sind schon seit Mitte der 80er Jahre bekannt. Es handelt sich hier um ein Bezugsrecht auf Aktien (sogenannte *„equity linked issues"*) des Emittenten oder einer anderen Aktiengesellschaft. In den Optionsbedingungen wird festgelegt, welche Anzahl von Aktien je Optionsschein zu welchem Preis (Optionspreis) und innerhalb welcher Fristen bezogen werden kann.

Die Ausübungsfristen decken sich nicht immer mit den Laufzeiten der Anleihe, und sie werden zu den Hauptversammlungsterminen und zum Ende des Geschäftsjahres, wo es traditionell heftigere Kursschwankungen geben kann, unterbrochen.

Eine Besonderheit der Warrants auf Aktien besteht darin, daß der Verkäufer weniger Kapital als der Aktienerwerber einsetzt und dadurch ein geringeres Verlustrisiko trägt. Außerdem kann er an Kurssteigerungen der Aktien teilhaben und die Möglichkeit nutzen, Aktien zum vorher festgelegten Kurs zu erwerben, falls er die Warrants nicht verkaufen will. Andererseits trägt der Verkäufer aber das Risiko, daß er den Optionspreis bei Nichtausübung seiner Option verliert, da die Optionsprämie immer bei Abschluß des Geschäfts zu bezahlen ist und nicht zurückerstattet wird.

Aktiengesellschaften können sich durch die Begebung einer Optionsanleihe – wie auch schon für die Wandelanleihe festgestellt – Fremdkapital zu günstigeren Konditionen beschaffen, als es mit einer Emission einer normalen Anleihe der Fall wäre.

Definition	Das Optionsrecht beinhaltet ein Bezugsrecht auf Aktien des Emittenten oder einer anderen Aktiengesellschaft (z. B. bei verbundenen Unternehmen, wenn der Emittent zum Konzern der AG gehört).	
Optionsbedingungen	Hier wird geregelt, welche Anzahl von Aktien je Optionsschein zu welchem Preis je Aktie und innerhalb welcher Ausübungsfrist bezogen werden kann.	Die Ausübungsfrist deckt sich nicht mit der Laufzeit der Anleihe, da sie zu bestimmten Terminen (Jahresultimo, Jahreshauptversammlung usw.) unterbrochen wird, um Störungen bei der Stimmrechtsvergabe zu vermeiden.
Optionsschein	Das Recht aus dem Optionsschein kann nur für die gesamte Anzahl von Aktien ausgeübt werden, die damit verbunden sind.	Mit den Optionsscheinen sind durchnumerierte Legitimationsscheine verbunden, die als Berechtigungsnachweis (vergleichbar dem aufgerufenen Dividendenschein der Aktie) dienen.
Vorteile der Warrants auf Aktien	*Aktiengesellschaften* können sich Fremdkapital zu günstigeren Konditionen beschaffen als mit herkömmlichen Finanzierungen oder Anleihen. Der *Anleger* verfügt über die Trennbarkeit des Optionsrechts über eine größere Flexibilität: Er kann auf Kursausschläge der Aktie reagieren, ohne den Anleihebetrag mitzubewegen, oder er kann sich von der Anleihe trennen, um einen Teil seines Kapitaleinsatzes zurückzuerhalten.	

Abbildung 44: Warrants auf Aktien (Equity Linked Issues)

2.4.3.2 Bond Warrants

Bond Warrants liegen vor, wenn eine Anleihe mit Optionsrechten für den späteren Bezug einer weiteren Anleihe *(Baby Bonds)* zu bestimmten Konditionen ermöglicht werden soll. Die Markterwartung des Käufers beziehungsweise Anlegers richtet sich auf sinkende Zinsen im Kapitalmarkt (und damit auf steigende Rentenkurse während der Optionsfrist).

Eine Reihe von Varianten sind denkbar und in der Praxis beliebt, wie etwa Festsatz-Anleihen mit Optionen auf Festsatz- (oder variable verzinsliche-) Anleihen oder auch Nullkupon-Anleihen (Zero Bonds) mit Optionen auf Festsatz- (oder Nullkupon-) Anleihen.

2.4.3.3 Zinsoptionsscheine

Zinsoptionsscheine (oder auch „Zinswarrants" oder „naked warrants") sind börsennotierte Options- oder Bezugsrechte, die dem Inhaber die Möglichkeit einräumen, innerhalb eines vorgegebenen Zeitraums (der sogenannten „Ausübungsfrist") einen festen Nominalbetrag einer Anleihe mit festgelegten Bedingungen zu kaufen. Der Investor hat dabei die Erwartung, daß er sich mit Zahlung des Warrant-Kaufpreises das Bezugsrecht auf eine Anleihe sichert, die künftig – in Zeiten fallender Kapitalmarktzinsen – vergleichsweise rentabler ist. Der Investor partizipiert dann mit einem verhältnismäßig kleinen Kapitaleinsatz von der Kurssteigerung des Zinswarrant. Steigt der Zins – und fällt der Kurs der Anleihe – kann das Optionsrecht an Wert verlieren. Im ungünstigsten Fall verliert der Anleger seine bezahlte Kaufsumme.

Definition	Börsennotierte, selbständige Options- beziehungsweise Bezugsrechte, die ihrem Inhaber die Möglichkeit einräumen, innerhalb einer vorgegebenen Zeitspanne (Ausübungsfrist) einen festen Nominalbetrag einer in allen Einzelheiten fest konditionierten Anleihe zu erwerben.	
Vor- und Nachteil	*Vorteil:* Der Erwerber des Zinsoptionsscheines geht davon aus, daß er sich für die Zahlung des Warrant-Kaufpreises ein Bezugsrecht auf eine Anleihe sichert. Diese Anleihe, so erwartet er, wird in Zukunft wegen fallender Kapitalmarktzinsen vergleichsweise höher rentabel sein. Entspricht der Zinsverlauf tatsächlich der Erwartung, partizipiert der Inhaber des Zinsoptionscheins (mit geringem Einsatz = Kaufpreis) von der Kurssteigerungen der Anleihe.	*Nachteil:* Steigt allerdings – wider Erwarten – der Kapitalmarktzins in der Zukunft an und fällt dadurch der Kurs der Anleihe, wird das Recht aus dem Warrant immer weniger wert und im schlimmsten Fall wertlos. In diesem Fall hat der Anleger nach Ablauf der Ausübungsfrist seinen gezahlten Kaufpreis für den Zinsoptionsschein verloren.
Strategien	Je länger die *Ausübungsfrist* des Zinsoptionsscheins, desto größer ist die Chance, daß die erwartete Kapitalmarktsituation eintritt.	Je länger die *Laufzeit* der zugrundegelegten Anleihe ist, desto größer ist die Kursbewegung bei Veränderung der Kapitalmarktrendite.

Abbildung 45: Zinsoptionsscheine

Alternativen zu Zinsoptionsscheinen stellen die oben angesprochenen OTC-Zinsoptionen[252] sowie börsengehandelte Optionen dar.

Dabei unterscheiden sich *OTC-Optionen* wie folgt von Zinsoptionsscheinen: OTC-Optionen sind maßgeschneidert für den Einzelkunden handelbar, gehen aber von einem größeren Mindestvolumen aus. Mangels Börsennotierung gibt es wenig Markttransparenz und Marktnähe für den privaten Investor.

Börsengehandelte Optionen (zum Beispiel an der LIFFE) unterscheiden sich von Zinsoptionsscheinen dadurch, daß es für private Marktteilnehmer eine kompliziertere Handels- und Abwicklungsmodalität gibt, bei kurzer Laufzeit eine hohe Standardisierung bezüglich Laufzeit, Basispreis und Kontraktgröße und Höhe der Mindestvolumina.

---

252 OTC = over the counter, also nicht börsengehandelte Finanztitel.

2.4.3.4 Währungsoptionsscheine

Währungsoptionsscheine (oder auch *„Währungswarrants"*) sind eine weitere Variante des Optionsscheins[253]. Bis 1987 gab es in Deutschland keine Möglichkeit für den privaten Investor, an volatilen Devisenmärkten – mit begrenztem Einsatz und Risiko – zu spekulieren und zu verdienen. Durch die Ausgabe börsennotierter Währungsoptionsscheine wurde diese Möglichkeit geschaffen. Ein Währungsoptionsschein ist ein Instrument, das wie eine verbriefte Devisenoption anzusehen ist. Die ersten Währungsoptionsscheine wurden – bei maximaler Laufzeit von einem Jahr – auf USD/DEM begeben, bevor später eine Ausdehnung des Angebots auf andere Eurowährungen folgte.

Mit dem Währungsoptionsschein lassen sich Vorteile aus der Volatilität der Fremdwährungen ziehen. Im Ergebnis hat dieses Instrument – wie auch alle anderen vorgenannten Warrants – folgende Auswirkungen: Grundsätzlich muß der Anleger für den Kauf des Optionsrechts nur wenige Mittel einsetzen. Im Fremdwährungsbereich hat der Privatinvestor mit dem Warrant die Chance, auch mit kleinen Beträgen am Devisenoptionsgeschäft teilzunehmen, und er kann die beim Warrant längeren Laufzeiten, die länger sind als beim normalen Devisenoptionsgeschäft, nutzen. Geht die Erwartung steigender Kurse nicht auf, verliert also das optierte Gut an Wert, dann wird der Anleger Mühe haben, seine Optionsscheine zu verkaufen. Im ungünstigsten Fall verliert er sein für die Bezahlung der Optionsprämie eingesetztes Kapital.

Der Währungsoptionsschein hat einige neuere Ausgestaltungen erfahren, die kurz angesprochen werden sollen[254]: Bei einem *Range Warrant* wird eine Bandbreite festgelegt, innerhalb derer der Wechselkurs bleiben muß. Beim *Boost- Optionsschein* (Boost = Verstärker) wird der Ertrag umso höher, je länger sich das Basisinstrument innerhalb einer festgelegten Bandbreite bewegt. Mit diesem Instrument geht es darum, von einem stabilen Markt zu profitieren. Der Inhaber einer *one touch binary currency option* erhält einen vorher vereinbarten Cash-Betrag, wenn während der Laufzeit ein bestimmtes Kassakursniveau erreicht wird. Der Inhaber einer *at expiry option* erhält nur dann einen vorab festgelegten Geldbetrag, wenn der Kassakurs bei Fälligkeit einen bestimmten Kurs erreicht oder überschritten hat. Der Ideenfindung neuer Typen sind – wie so oft im Optionsgeschäft – keine Grenzen gesetzt.

Zusammenfassend läßt sich zu allen vorgenannten Instrumenten der Warrants sagen, daß mangels eines breit entwickelten Sekundärmarktes[255] in Deutschland diese Instrumente noch zu wenig genutzt werden.

---

253 Zu den Anwendungsmöglichkeiten, Rechtsfragen, Marktentwicklung usw. vgl. sehr ausführlich *Demuth* (Hrsg.), Geldanlage mit Optionsscheinen, 2. Auflage, Wiesbaden 1994.

254 Nach *Pfundt*, Die Entwicklung des Währungs-Optionsschein-Marktes in Deutschland, in Demuth (Hrsg.) a.a.O. (Fußnote 253), S. 149 ff., 160 f.

255 Zum Begriff des „Primär-" und „Sekundärmarktes" ist aus Sicht der Anleihen folgendes zu erläutern. Der *Primärmarkt* grenzt die Periode während der Emission einer Anleihe ab, innerhalb derer die Zusammenstellung des Konsortiums, bestehend aus dem Führungskonsortium und den Underwritern (Konsorten), erfolgt. Der Primärmarkt besteht bis zur endgültigen Zuteilung der Quoten durch den Leadmanager (Konsortialführer) an die Konsorten. Der *Sekundärmarkt* schließt sich unmittelbar an diese Erstdistribution an und hat den Handel von emittierten Wertpapieren zum Gegenstand. Beide Märkte sind in unmittelbarem Zusammenhang zu sehen, da der Sekundärmarkt immer wichtige Signale für die Preisgestaltung liefert.

2.4.4 Weitere Anlageformen, die sich an verzinsliche Wertpapiere anlegen

Zu besprechen sind an dieser Stelle die Index-Anleihen, die Full-Index-Link-Anleihen, die Gleitzins-Anleihen und die Kombizins-Anleihen[256].

Anlageinstrumente, die sich an verzinsliche Wertpapiere anlehnen	Anlageinstrumente mit Gestaltungselementen
– Zero Bonds – Stripped Bonds – Optionsanleihen – Doppelwährungsanleihen – Floater – Index-Anleihen – Full-Index-Link-Anleihen – Gleitzinsanleihen – Kombizinsanleihen	– Index-Optionen – Grois, Saros usw. – Range Warrants – Capped Warrants – Wandelanleihen – Cap, Floor, Collar, Corridor

Abbildung 46: Anlageinstrumente[257]

2.4.4.1 Index-Anleihen

Index-Anleihen haben ihr charakteristisches Merkmal darin, daß dem Emittenten ein bestimmter Kapitalbetrag überlassen und damit vereinbart wird, daß der Rückzahlungsbetrag / Zins der Höhe nach von dem Vorliegen bestimmter Faktoren an einem von vornherein festgelegten Tag abhängig ist (Indexierung).

Die Praxis kennt zwei unterschiedliche Formen dieses Instruments: Bei der einen ist die Rückzahlung des überlassenen Kapitals garantiert und es erfolgt nur bei günstiger Entwicklung eine Verzinsung. In der anderen Form ist es möglich, daß auch Teile des Kapitals verloren gehen.

2.4.4.2 Full-Index-Link-Anleihen

Bei diesem Instrument handelt es sich um Index-Anleihen, bei denen nicht nur der Ertrag indexiert ist, sondern auch (in negativer Hinsicht) die Rückzahlung des Kapitals. Je nach Entwicklung des Index erzielt der Anleger entweder einen positiven Ertrag oder aber er verliert im Fall einer gegenteiligen Entwicklung unter Umständen das gesamte eingesetzte Kapital.

---

[256] Die Darstellung folgt inhaltlich *Damm/Hamacher*, Neues Einkommenssteuerrecht für moderne Finanzinstrumente, WM Sonderbeilage Nr. 3/1994, S. 12 ff., dort mit ausführlicher Darstellung der materiellen Einkommenssteuerpflicht aus der Anwendung der Instrumente sowie der Behandlung der Zinsabschlagsteuer.

[257] Auflistung nach der Gliederung von *Damm/Hamacher* a.a.O. (Fußnote 256), S. 2. Die in der Übersicht genannten Instrumente sind entweder unter den nachfolgenden Gliederungspunkten 2.4.4. oder bereits zuvor (2.2.2. Währungsanleihe, Zero Bonds, Stripped Bond, Wandelanleihe, 2.4.3. Optionsanleihe, Range Warrant) behandelt.

2.4.4.3 Gleitzinsanleihen

Bei Gleitzinsanleihen geht es darum, daß festverzinsliche und mit Coupons ausgestattete Anleihen dadurch gekennzeichnet sind, daß der Anleihezins mit zunehmender Laufzeit steigt oder fällt.

2.4.4.4 Kombizins-Anleihen

Kombizins-Anleihen sind festverzinsliche Anleihen, die zwar mit Zinscoupons ausgestattet sind, sich jedoch von herkömmlichen Festzinsanleihen dadurch unterscheiden, daß während bestimmter Perioden keine Zinszahlungen erfolgen. Während der übrigen Zeiträume erfolgen über den jeweiligen Marktzinssätzen liegende Zinszahlungen. Über die gesamte Laufzeit wird eine Verzinsung erreicht, die dem Marktzins entspricht.

2.4.5 Anlageinstrumente mit Gestaltungsrechten

In diesen Bereich zählen Index-Optionen, Grois, Saros und so weiter sowie die bereits oben[258] beschriebenen Range Warrants, Capped Warrants und Wandelanleihen. Zu behandeln sind hier nur noch der Vollständigkeit halber die Index-Optionen sowie Grois und Saros beziehungsweise artverwandte Instrumente[259].

2.4.5.1 Index-Optionen

Bei Index-Optionen erhält der Erwerber gegen Zahlung eines Entgelts ein wertpapiermäßig verbrieftes Optionsrecht. Das Optionsrecht ist so ausgestaltet, daß je nach Entwicklung eines Index eine Zahlung vom Emittenten verlangt werden kann. Das Entgelt verbleibt beim Stillhalter, wenn das Optionsrecht nicht ausgeübt wird.

2.4.5.2 GROI, SARO und so weiter

Diese Produkte mit unterschiedlichen Abkürzungen *(GROI, GIRO, IGLU, CLOU, MEGA, SARO, PIP, PEP)*[260] zeichnen sich dadurch aus, daß dem Erwerber am Verfallstag die

---

258 Vgl. oben Warrants und Wandelanleihen.
259 Die Darstellung folgt *Dahm/Hamacher*, Neues Einkommensteuerrecht für moderne Finanzinstrumente, WM Sonderbeilage Nr. 3/1994, S. 14 ff., dort mit ausführlicher Behandlung der materiellen Einkommensteuerpflicht und des Zinsabschlags.
260 Die Abkürzungen stehen für: GROI = „Guaranteed Return on Investment"; GIRO = „Guaranteed Investment Return Option"; IGLU = „Investment Growth Linked Unit"; CLOU = „Currency Linked Outperformance Unit"; MEGA = „Marktabhängiger Ertrag mit Garantie des Anlagebetrages"; SARO = „Safe Return-Optionsschein"; PIP = „Protected Index Participation"; PEP = „Protected Equity Participation"), *Hamm/Damacher* a.a.O. (Fußnote 259), S. 14.

Rückzahlung eines Garantiebetrages gegebenenfalls zuzüglich einer Mindestverzinsung zugesagt wird. Daneben wird ihm durch Einräumung eines Optionsrechtes die Möglichkeit gegeben, an Kursgewinnen eines Basisproduktes teilzuhaben.

Die einzelnen Produkte unterscheiden sich dadurch, daß die jeweiligen Möglichkeiten, Vermögenszuwächse zu erzielen, in unterschiedlicher Form miteinander kombiniert werden.

2.4.6 Variabel verzinsliche Anleihen

Bei den vorgenannten Instrumenten ging es im Kern um Anleihen, deren Nominalzins für die gesamte Laufzeit fest, also unveränderlich bleibt. Dagegen ist es das Wesen einer „variabel verzinslichen" Anleihe *(floating rate note)*[261], daß der Zinssatz in regelmäßigen Zeitabständen an die jeweilige aktuelle Zinssituation angepaßt wird. Den üblichen Zeiträumen des Euromarktes entsprechend erfolgt eine Zinsanpassung typischerweise alle sechs Monate, wobei natürlich andere roll over-Termine denkbar und darstellbar sind. Der Referenzzins ist üblicherweise der LIBOR- oder – für deutsche Floater auch – der FIBOR-Satz.

2.4.6.1 Definition

Bei Floating Rate Notes handelt es sich also um *langfristige* Schuldverschreibungen mit variabler Verzinsung von Industrieunternehmen, öffentlichen und supranationalen Schuldnern sowie Banken. Hauptanleger in Floating Rate Notes sind Banken, was zu einer hohen Marktliquidität und zu einem lebhaften Sekundärmarkt führt. Die Laufzeit dieser Notes beträgt zwischen fünf und 25 Jahren, während die Zinsanpassung kurzfristig alle drei oder sechs Monate auf der Grundlage einer Referenzrate (zum Beispiel LIBOR) erfolgt.

Wegen der regelmäßigen Zinsanpassung schwanken die Kurse nur wenig um den Rückzahlungskurs. Vorteilhaft für den Emittenten ist, daß langfristiges Kapital über die Emission der Floating Rate Notes vor allem dann verfügbar ist, wenn der Kapitalmarkt ansonsten nicht sehr liquide ist. Für Banken erweitern sich mit Floating Rate Notes die Möglichkeiten einer kongruenten Refinanzierung zinsvariabler Aktiva. Dem Anleger wird die Möglichkeit eröffnet, Renditen über dem Geldmarktzins zu erhalten, während er das Kursrisiko vernachlässigen kann, weil er die Papiere jederzeit verkaufen kann.

---

261 Floating Rate Notes wurden erstmals in Europa emittiert und im amerikanischen Kapitalmarkt verkauft. Den Anfang machte eine US$ 15 Mio. Emission der „Mortgage Investors of Washington Floating Rate (8-12 %) Senior Subordinated Notes" am 1.11.1973. Die spätere US$ 650 Mio. Emission der Citicorp gab schließlich das Signal für eine erfolgreiche Weiterentwicklung des Instruments.

2.4.6.2 Grundtyp Floating Rate Note

So wie es Finanzierungen mit festem oder variablem Zinssatz gibt, kennt man also auch Festsatzanleihen und seit Anfang der 70er Jahre auch Anleihen mit variabler Verzinsung. Floating Rate Notes stellen praktisch das Gegenstück zum Roll Over-Kredit beim mittel- oder langfristigen Eurokredit dar, da es bei den Notes ebenfalls eine Zinsanpassung mehrmals im Jahr (meist alle sechs Monate) der aktuellen Marktlage entsprechend gibt. Eine Floating Rate Note ist besonders vorteilhaft in Zinssteigerungsphasen, selbst wenn die Anleihe nicht bis zum Laufzeitende gehalten werden soll. Ein vorzeitiger Verkauf führt allenfalls zu geringen Verlusten, da die variable Verzinsung dazu führt, daß der Anleihekurs stets bei etwa 100 % liegt. Die erhältliche kleine Stückelung ermöglicht es, auch Investoren zu finden, die nur geringe Beträge einsetzen wollen. Zudem bieten Anleihen in Fremdwährung die Chance, vom steigenden Wechselkurs der Fremdwährung zu profitieren, bergen aber im umgekehrten Fall des sinkenden Wechselkurses ein Währungsrisiko.

Die Ausstattungsmerkmale von Floating Rate Notes (Laufzeit, Tilgungsmodalitäten und so weiter) bieten einige Möglichkeiten, die unterschiedliche Bonität einzelner Schuldner zu berücksichtigen. Was bei festverzinslichen Anleihen nicht möglich ist, nämlich die Vereinbarung von Mindestzinssätzen, ist bei variabel verzinslichen Instrumenten einsetzbar. Eine Mindestverzinsung trägt dazu bei, das Risiko einer Minderverzinsung von Investments zu verringern.

Die Bandbreite möglicher Mindestkupons zeigt im Floating Rate Notes-Markt auch gleichzeitig einiges auf über die jeweilige Schuldnerbonität, denn je weiter unterhalb des geltenden Marktzinses sich eine Mindestverzinsung der Emission findet, desto höher ist die Bonität des Emittenten anzusehen. Die Möglichkeit, unterschiedliche Schuldnerbonität in der Marge zu berücksichtigen, sind bei Floating Rate Notes begrenzt. Ist im Kapitalmarkt hohe Liquidität vorhanden, dann geraten Margen bei Anleihen mit variabler Verzinsung unter Druck.

Definition	Eine Floating Rate Note ist eine variabel verzinsliche Anleihe, die lange Laufzeiten (5 bis 25 Jahre) hat und deren Verzinsung kurzfristig (meist alle 6 Monate) an die aktuelle Marktsituation angepaßt wird.	
Marktteilnehmer	*Emittenten:* Industrieunternehmen, öffentliche und supranationale Schuldner sowie Banken.	*Anleger:* Hauptsächlich Banken, was zu einem liquiden Sekundärmarkt führt.
Sonderformen	*Zinssatzorientiert* (Begrenzung): – Cap Floater – Floater mit Mindestzinssatz – Mini-Max Floater	*Zinssatzorientiert* (Umwandlung): – Drop-Lock Floater – Convertible Note – Flip-Flop Floater – Mismatch Floater

Abbildung 47: Floating Rate Note

Floating Rate Notes bieten für das emittierende Kreditinstitut sowie für den Investor bestimmte Vorteile.

Für das emittierende *Kreditinstitut* sind Floating Rate Notes vorteilhaft, weil die Bank langfristige Mittel zu Geldmarktkonditionen erhalten, welche nicht der Mindestreserve unterliegen. Der Anleger kann sehr gut diversifizieren, da die gehandelten Papiere in kleinen Stückelungen (auch schon ab DM 5 000 möglich) abgegeben werden und weil sich ein internationaler, gut funktionierender Sekundärmarkt gebildet hat.

Für den *Investor* sind Floating Rate Notes interessant, wenn er mit steigenden Zinsen rechnet und das Wertpapier nicht bis zum Ende der Laufzeit halten will. Die durchweg marktgerechte Verzinsung hält den Kurs der Anleihe um 100 %, so daß bei vorzeitigem Verkauf kaum Verluste entstehen. Diese positive Lage entfällt in Zeiten sinkender Zinsen, da dann festverzinsliche Anleihen höhere Renditen erbringen.

Ein echter *Nachteil* der Floating Rate Notes ist die geringe Flexibilität der Ausstattungsmerkmale. Für den Anleger ergibt sich die Notwendigkeit, jede neue Emission mit im Markt befindlichen Anleihen gleicher Ausstattung zu vergleichen und eine Einordnung in die richtige Risikokategorie vorzunehmen.

2.4.6.4 Weiterentwicklung der Floating Rate Note

Die Floating Rate Note eignet sich besonders zu innovativen Weiterentwicklungen des Instruments.

Mit dem sogenannten *„Cap Floater"*, also einer Floating Rate Note mit Zinscap, wird zwischen Investor und Emittent ein Zinscap vereinbart, der die Obergrenze für den zu zahlenden Zins darstellt. Der Emittent zahlt für diese Begrenzung seiner maximalen Zinsverpflichtung einen erhöhten Aufschlag auf den Basiszinssatz.

Drop-Lock Floater sind Floating Rate Notes, die sich automatisch in eine Festzinsanleihe mit bereits festgelegtem Coupon verwandeln, wenn der Referenzzinssatz einen vorher vereinbarten Zinssatz (trigger rate) unterschreitet.

Convertible Notes geben dem Anleger ein Recht auf Umwandlung der Floating Rate Notes in eine festverzinsliche Anleihe. Dieses Recht kann der Anleger nach seinem Belieben ausüben. Die Akzeptanz von drop lock bonds und convertible bonds ist allerdings im Markt nur gering, da in der Regel die Rendite der Festzinsanleihe geringer ist als bei traditionellen Anleihen.

Perpetual Floating Rate Notes sind variable verzinsliche Anleihen ohne Endfälligkeit, die damit eine Mischung aus Eigen- und Geldmarktmitteln darstellen.

Flip-Flop Notes räumen dem Inhaber das Recht ein, einen längerlaufenden Titel (mit einem erhöhten Aufschlag auf den Basiszins) in ein kurzfristiges Papier mit niedrigerem Zins zu einem festgelegten Zeitpunkt zu tauschen (flip), und zusätzlich die Möglichkeit zu haben, zu einem späteren Zeitpunkt zurückzutauschen (flop).

Floater mit Mindestzinssatz sind Anleihen, bei denen der Zinssatz nicht unter einen Mindestzins fallen kann, so daß dem Anleger eine Mindestrendite sicher ist.

Mini-Max Floater sind Anleihen, bei denen mit Bezug auf den Satz für festverzinsliche Anleihen ein Höchst- und ein Mindestzinssatz festgelegt werden. Je kleiner die Bandbreite ist, desto größer ist die Ähnlichkeit zu einer festverzinslichen Anleihe.

Mismatch Floater schließlich sind Anleihen, bei denen die Zinsanpassung jeden Monat stattfindet, wobei als Basissatz meist der Geldmarktsatz für sechsmonatige Anlagen (LIBOR) verwendet wird. Sind Monatsgelder während der Laufzeit billiger, so kann der Investor mit den niedriger verzinsten Monatsgeldern den höher verzinsten Mismatch Floater finanzieren. Das Risiko liegt darin, daß bei einer inversen Zinsstruktur die Finanzierungskosten die Rendite der Anlage übersteigen. Zum Schutz des Gläubigers kann eine sogenannte „Schutzklausel" („protective-clause") vereinbart werden, die eine Zinsanpassung entweder nach einem Sechs-Monatszinssatz oder einem Ein-Monats-Zinssatz erlaubt und damit das Risiko, das bei einer inversen Zinsstruktur auftreten könnte, vermeidet.

Floating Rate Note mit monatlicher Adjustierung und Ausschüttung	Sie wurden seit Ende 1985 begeben, als es eine inverse Zinsstruktur im US-amerikanischen Markt gab. Die Anleihen wurden mit einem für die Investoren günstigeren monatlichen Coupon ausgestattet.
Mismatch Floating Rate Note	Eine Floating Rate Note ist „mismatched", wenn die Adjustierung des Coupons (viertel- oder halbjährlich) nicht mit der Referenzrate und der äquivalenten Frequenz der Couponzahlung parallel läuft.
Perpetual Floating Rate Note	Seit 1984 im Markt. Variabel verzinsliche Anleihe ohne Endfälligkeit.
Mini-Max Floating Rate Note	Mit Bezug auf den Satz für festverzinsliche Anleihen wird ein Höchst- und ein Niedrigstzins angegeben.
Cap-Floating Rate Note	Floating Rate Note mit Zinscap.

Abbildung 48: Sonderformen der Floating Rate Notes

3 Der Euro-Aktienmarkt

Der Euro-Aktienmarkt findet sich dort, wo Aktien und andere verbriefte Beteiligungswerte eines Unternehmens außerhalb des Heimatlandes des Unternehmens notiert und aktiv gehandelt werden. Der Begriff der „Euro-Aktie" ist erst seit Beginn der 80er Jahre in der Terminologie aufgetaucht. Für Unternehmen bringt die Ausgabe von Euro-Aktien Vorteile mit sich. Euro-Aktien dienen der Verbreiterung der Kapitalbasis, fördern den Bekanntheitsgrad des Unternehmens international und können durch die breite, internationale Streuung sogar leichter Schutz vor „hostile takeovers" bieten, also vor Konzentration der Emission in einer oder wenigen Händen.

Wird für eine größere Investition eine große finanzielle Mittelbeschaffung aufgebaut, dann kann eine breite internationale Aktienplazierung helfen. „Größere" Beträge sind dabei die in diesem Markt durchaus nicht unüblichen Volumina von DM 500 Mio. an aufwärts, und auch Volumina von über 1 Mrd. DM (oder Fremdwährung) sind nicht unüblich. Die Plazierung derart gewaltiger Mengen von Aktien, Vorzugsaktien ohne Stimmrecht oder auch Genußscheinen erfolgt meist über Bankenkonsortien und nur selten über die Privatplazierung.

Weitere Ausführungen zu diesem Thema sollen an dieser Stelle unterbleiben, da das typische internationale Firmenkundengeschäft sich in diesem Markt noch recht wenig bewegt.

4 Weitere innovative Produkte des Euromarktes

Der Euromarkt hat seit den 70er Jahren weitere Produkte hervorgebracht, die sich im internationalen Firmenkundengeschäft einsetzen lassen. In den meisten Fällen handelt es sich dabei um Emissionen mit unterschiedlicher Ausgestaltung.

Grundlagen der hier zu besprechenden Instrumente sind immer die sogenannten *Euronotes,* die seit dem Jahre 1978 im Markt bekannt sind, seit von der Citicorp. als sole agent erstmals ein solches Instrument im Volumen von 30 Mio. US-Dollar arrangiert wurde[262]. Unter dem Begriff der Euronote werden viele Varianten des Instruments erfaßt, die innerhalb dieses Abschnitts weiter unten angesprochen werden. Nachfolgend sollen nun die Grundzüge der Euronotes besprochen werden.

Nach Aussagen der BIZ[263] expandierte der Euromarkt in 1995 mit über 74,4 Mrd. US$ an angekündigten neuen Programmen und einem Rekord-Nettoabsatz von Titeln im Rahmen bestehender Programme (US$ 57,8 Mrd.) im dritten Quartal 1995 erneut kräftig.

---

262 Hierbei handelte es sich um eine Euronote für die New Zealand Shipping Corp. über USD 30 Mio., welche von der Citicorp. arrangiert wurde.
263 Mitteilung der BIZ, Basel 1995, zur „Entwicklung des internationalen Bankgeschäfts und der internationalen Finanzmärkte", vom November 1995, S. 4 f.

Dank des nachhaltigen raschen Wachstums konnte der Euronote-Markt den internationalen Anleihemarkt volumensmäßig einholen. Inzwischen machen Euronotes über ein Fünftel des Gesamtumlaufs internationaler Wertpapiere aus, verglichen mit nur 7 % Anfang der 90er Jahre! Die mittelfristigen Euronotes (Euro Medium Term Notes) zeigten erneut die größte Dynamik, aber auch die kurzfristigen Notes zogen weiter an. Wie schon in den letzten Jahren war die Zunahme außerhalb des US-Dollar-Sektors am ausgeprägtesten, und die Banken und anderen Finanzinstitute bauten ihre Vorrangstellung aus.

Instrument, Währung und Sektor des Emittenten	Jahr 1993	Jahr 1994	Jahr 1995 (1.–3. Quartal)
Neuankündigungen	109,8	194,0	197,4
– kurzfristige Euronotes – mittelfristige Euronotes	21,2 88,6	46,7 147,4	24,8 172,3
Nettoabsatz	72,1	140,2	146,4
davon in folgenden Währungen: – US-Dollar – Yen – Sonstige Währungen	23,2 17,9 31,0	36,3 61,5 42,3	33,2 53,4 60,0

Abbildung 49: Hauptmerkmale des Euronote-Marktes[264]
Quelle: BIZ

Auch der Absatz durch Schuldner aus Entwicklungsländern erholte sich weiter. Es war in 1995 vor allem wieder eine Netto-Mittelaufnahme von seiten mexikanischer Schuldner zu verzeichnen.

Die geringere Regulierung am Euromarkt und die niedrigeren Dokumentations- und Handelskosten von Euronote-Programmen haben den Markt für Euronotes verglichen mit inländischen Finanzierungsinstrumenten den Angaben der BIZ zufolge in eine immer bessere Wettbewerbsposition gebracht. Durch die Konzentration des Euro Medium Term Notes-Geschäftes auf einfache, nicht strukturierte Titel und die große Zahl miteinander konkurrierender Institute wurden die Margen der Händler in 1995 allerdings weiter komprimiert, und einige Händler mußten feststellen, daß es zu einem ähnlichen Verdrängungsprozeß kommen könnte, wie er schon vor einigen Jahren für den Euro Commercial Paper-Markt stattfand.

---

264 Nach BIZ a.a.O. (Fußnote 263), S. 5.

4.1 Euronotes

Unter dem Oberbegriff der „Euronote-Fazilität" lassen sich unterschiedliche Varianten wie etwa die *RUF* (Revolving Underwriting Facility) oder *NIF* (Note Issuance Facility) gliedern, deren Struktur jedoch vergleichbar ist. Die herausragende Eigenschaft dieser Finanzinnovationen ist die Verknüpfung von Elementen des Konsortialkredits (das heißt, feste, langfristige Zusage) mit denen einer Anleihefinanzierung (wertpapiermäßige Unterlegung). Dabei gewinnen zwei Aspekte bei den Euronotes an Bedeutung: derjenige der Mittelbereitstellung und derjenige der Mittelzusage.

4.1.1 Definition

Bei Euronotes handelt es sich um eine mittel- bis langfristige Vereinbarung mit einer markttypischen Durchschnittslaufzeit von fünf bis sieben Jahren zwischen einem Kapitalnehmer und Banken, welche es dem Kapitalnehmer ermöglicht, sich durch die revolvierende Plazierung von Geldmarktpapieren am Euromarkt bis zu einem Höchstvolumen zu finanzieren. Euronotes sind *kurzfristige* Schuldverschreibungen mit Laufzeiten von einem, zwei, drei oder sechs Monaten, welche nicht an der Börse notiert werden. Eine Back-Up-Zusage der die Euronotes plazierenden Bank ist hilfreich, um sicherzustellen, daß im Markt nicht absetzbare Euronotes von der Bank übernommen werden, so daß der Kapitalnehmer auf jeden Fall die benötigte Liquidität erhält.

4.1.2 Emittenten

Emittenten von Euronotes sind meist große Unternehmen, Banken oder auch Staaten. Das Volumen liegt überlicherweise nicht unter 100 Mio. US-Dollar. Die Stückelung der Papiere beginnt bei 250 000 US-Dollar, und die Papiere sind, wenn nicht auf der Basis des US-Dollar emittiert wird, in den typischen Eurowährungen ausgestellt. Die Laufzeiten der Euronotes betragen 30, 60, 90 und bis zu 180 Tage. Die Papiere gibt es verzinst oder diskontiert.

4.1.3 Mittelbereitstellung

Die Mittelbereitstellung, also die Mobilisierung der gewünschten Finanzmittel, geschieht durch die Emission von Euronotes. Euronotes sind in der Regel nicht-börsennotierte kurzfristige Papiere, die – je nach Finanzierungsbedarf – revolvierend am Euromarkt plaziert werden. Praktisch sind solche unbesicherten Papiere mit gängigen Laufzeiten zwischen einem und sechs Monaten mit umlauffähigen Eigenwechseln des Kreditnehmers gleichzusetzen.

Der Zinssatz orientiert sich am Euro-Interbanken-Geldmarktsatz (LIBOR) für die entsprechende Zinsperiode und schwankt je nach Marktvolatilität und Bonität des Emittenten.

4.1.4 Plazierung

Der Hauptunterschied der Euronotes und ihrer verschiedenen Unterformen liegt in der Art und Weise der Plazierung. Hierbei unterscheidet man den *sole placing agent*, den *multiple placing agent* und das *tender panel*-Verfahren. Während Konditionenfindung und Plazierung anfänglich allein plazierenden Banken (sole placing agent) überlassen wurden, ist heute bei der überwiegenden Zahl der Finanzierungen eine kleine Gruppe ausgesuchter Banken in einem sogenannten Tender Panel (Bietungskonsortium) mit der Plazierung befaßt.

Definition	Euronotes sind eine mittel- bis langfristige Vereinbarung (mit einer durchschnittlichen Laufzeit von 5 bis 7 Jahren) zwischen einem Kapitalnehmer und den Banken, die es dem Kapitalnehmer ermöglicht, sich durch revolvierende Plazierung von kurzfristigen Schuldverschreibungen am Euromarkt bis zu einem festgelegten Höchstbetrag zu finanzieren.					
Merkmale	*Emittent:* Unternehmen, Staatsschuldner, Finanzinstitute	*Volumen:* Zwischen 100 und 500 Mio.	*Stückelung:* mind. USD 250 000 od. ein Vielfaches davon	*Währungen:* alle gängigen Eurowährungen	*Laufzeiten:* zwischen 30 und 180 Tagen	*Angebot:* verzinst oder diskontiert
Mittelbereitstellung	Die Mittelbereitstellung erfolgt durch die Emission der Euronotes.			Die Plazierung und Distribution der Papiere erfolgt revolvierend.		
Mittelzusage	Verpflichtung einer Bank (oder einer Bankengruppe, die nicht plazierten Papiere zu einem vereinbarten Höchstzinssatz zu übernehmen (Back-up-Zusage).					

Abbildung 50: Euronotes

4.1.4.1 Sole Placing Agent

Beim ursprünglichen, aber inzwischen seltener genutzten Plazierungsverfahren mittels *sole placing agent* übernimmt der Vermittler die notes allesamt und sorgt für den Verkauf. Nur bei Plazierung aller Papiere hat er seine Gebühren verdient, so daß es einen Leistungsanreiz zum raschen Verkauf der Notes gibt.

4.1.4.2 Multiple Placing Agent

Bei der Plazierung mittels *multiple placing agent* erhalten Arranger und Manager notes zum Plazieren. Hierdurch haben die Beteiligten einen besseren Einblick über die Risiken. Der Nachteil dieses (seltener genutzten) Verfahrens ist, daß sich die Beteiligten hier gegenseitig Konkurrenz machen.

4.1.4.3 Tender Panel

Jedes um sein Gebot gefragte Mitglied des Tender Panel (Bietungskonsortiums) kann einige Tage vor dem Emissionstag bieten. Bei Zuschlag hat der günstigste Bieter die Möglichkeit, die notes zum Plazieren bei Investoren zu erhalten. Der im Tender Panel institutionalisierte Wettbewerb in Form eines Versteigerungsverfahrens stellt für den Schuldner eine Plazierung der Notes zu den für ihn günstigsten Zinssätzen sicher.

Die Besonderheit der Mittelbereitstellung besteht somit darin, daß die Eurobanken nicht wie beim klassischen Eurokredit als Kreditgeber auftreten, sondern Investor und Schuldner unmittelbar zusammenführen und den geldaufnehmenden Stellen die benötigten langfristigen Mittel über den kurzfristig ausgerichteten Geldmarkt beschaffen.

Sole Placing Agent	Ursprüngliches Verfahren; nur eine Bank übernimmt die Euronotes und sorgt für den Verkauf.
Multiple Placing Agent	Alle Beteiligten (Arranger und Manager) erhalten Euronotes zum Plazieren im Markt.
Tender Panel	Bietungskonsortium; der preisgünstigste Bieter erhält den Zuschlag und kann die Euronotes bei Investoren zum Verkauf anbieten.

Abbildung 51: Art der Plazierung

4.1.5 Mittelzusage

Die Mittelzusage für den Schuldner resultiert aus der Verpflichtung einer Gruppe von Banken, die nicht plazierten Papiere zu einem vereinbarten Höchstzinssatz zu übernehmen beziehungsweise im Rahmen einer mittel- bis langfristigen Zusage anstelle der Übernahme der Euronotes vorübergehend mit kurzfristigen Kreditmitteln zur Verfügung zu stehen. Diese *Standby*- oder *Back-up*-Zusage wird vom Schuldner immer dann in Anspruch genommen, wenn eine Plazierung der Euronotes nicht gelingt.

4.1.6 Rolle der Banken

Die Banken können als Arranger, Underwriter, Tender Panel Agents oder als Mitglieder des Tender Panel an einer Euronote-Fazilität beteiligt sein.

4.1.6.1 Arranger

Als Arranger, der mit dem Konsortialführer eines syndizierten Eurokredits vergleichbar ist, hat die Bank im Rahmen der Mittelzusage die Aufgabe, die für die Euronote-Fazilität notwendige Dokumentation zu erstellen sowie die unterbeteiligten Underwriter zu finden.

4.1.6.2 Underwriter

Bei der Gruppe der Underwriter, in etwa vergleichbar mit dem Übernahmekonsortium einer Anleiheemission, handelt es sich üblicherweise um internationale Geschäftsbanken, die im Rahmen ihrer Übernahmezusage die nicht plazierbaren Papiere gegebenenfalls zu einem zuvor fest vereinbarten Aufschlag über LIBOR in die eigenen Bücher nehmen.

4.1.6.3 Tender Panel Agent

Der Tender Panel Agent, der häufig mit dem Arranger identisch und dem Federführer einer Anleihe vergleichbar ist, hat die Aufgabe, im Rahmen der Mittelbereitstellung die Auktion der Notes zu organisieren. Die Mitglieder des Tender Panel können die Notes ersteigern, um sie anschließend bei den Investoren zu plazieren.

Die Banken erhalten je nach Art ihrer Beteiligung an der Euronote-Fazilität als Vergütung entsprechende Provisionen. Sofern es im Rahmen der Mittelzusage zu einer Finanzierung des Schuldners kommt, können darüberhinaus Zinserträge erwirtschaftet werden.

4.1.7 Risiken der Euronote-Fazilität

Im Euronotes-Geschäft gibt es auch einige Risiken zu beachten, die je nach Tätigkeit des Marktteilnehmers wie folgt ausgestaltet sein können.

4.1.7.1 Commitment

Mit der Euronote-Fazilität sind unterschiedliche Risiken verbunden. Der Arranger übernimmt, sofern er nicht selbst auch als Underwriter tätig wird, keinerlei Risiken. In der Regel ist aber die Arranger-Funktion auch mit einem *Commitment,* also der Verpflichtung zur Mittelzusage verbunden, so daß hieraus ein Kreditrisiko entstehen kann.

4.1.7.2 Plazierungsrisiko

Die Tender Panel-Bank geht ein Plazierungsrisiko ein, da etwa die aufgrund ungünstiger Marktbedingungen nicht plazierbaren Notes in das eigene Portefeuille übernommen werden müssen.

4.1.7.3 Bonitätsrisiko

Das Risiko der Verschlechterung der Schuldnerbonität während der Laufzeit bereits plazierter Notes tragen die Anleger. Dagegen sind die Underwriter im Rahmen ihrer langfristigen Mittelzusage für die gesamte Laufzeit der Fazilität mit dem Bonitätsrisiko konfrontiert, so daß zwischen einem traditionellen Kredit und einer Euronote-Fazilität insoweit kein Unterschied besteht.

4.1.7.4 Rentabilitätsrisiko

Sowohl Underwriterbanken als auch Tender Panel-Banken tragen darüber hinaus das Rentabilitätsrisiko, da sie der Gefahr ausgesetzt sind, daß der erwartete wirtschaftliche Nutzen aufgrund einer Verschlechterung des Marktklimas sowohl im Rahmen der Mittelbereitstellung wie auch der Mittelzusage aufgrund von Refinanzierungsproblemen nicht eintritt.

4.1.7.5 Liquiditätsrisiko

Sofern massive Marktstörungen die Liquidität des Geldmarktes beeinträchtigen, können sich die Banken infolge einer gleichzeitigen unvorhersehbaren Inanspruchnahme aller Fazilitäten einem Liquiditätsrisiko gegenüber sehen.

4.1.8 Vorteile der Euronotes

4.1.8.1 Vorteile für den Anleger

Für den Anleger oder Investor bieten die Euronotes den Vorteil, daß sie in diesem Instrument eine kurzfristige Anlagemöglichkeit finden, die häufig eine höhere Rendite erbringt als herkömmliche Termineinlagen. Da Emittenten von Euronotes Staaten und große international tätige Unternehmen sind, bietet sich dem Anleger zudem die Möglichkeit der Diversifizierung. Dagegen wird nicht jeder Anleger Zugriff auf die Euronotes erhalten können, da deren Stückelung üblicherweise mindestens US-Dollar 250 000 oder ein Vielfaches davon beträgt.

4.1.8.2 Vorteile des Emittenten

Der Emittent kann Euronotes vorteilhaft nutzen, weil er angesichts der kurzen Laufzeiten auch nur entsprechend kurze Zinsverpflichtungen hat, obwohl die Kreditzusage eine Gesamtlaufzeit von bis zu sieben Jahren hat. Die beteiligten Banken nutzen Euronotes gerne wegen der zu erzielenden Provisionseinnahmen. Hierzu gehören die pauschalen Provisionen für das Arrangieren der Emission sowie eine Bereitstellungsprovision, welche auf das Gesamtvolumen der zugesagten Fazilität gerechnet werden. Erklären sich die Banken bereit, nicht plazierbare Papiere zu übernehmen (back up), dann wird auch hierfür eine Provision fällig.

4.1.9 Weiterentwicklung der Euronotes

Ein Ausdruck der Weiterentwicklung der Euronotes ist der Trend zur Abkoppelung von Mittelzusage und Mittelbereitstellung. Häufig werden die Back-Up-Linien relativ zum Volumen der Notes gekürzt, so daß die Fazilität nicht mehr durch ein gleich hohes Underwriting der Banken gedeckt ist. Die Banken kommen damit verstärkt zu einer reinen Maklerfunktion, die dann zwar weniger Risiken birgt, dafür dann aber auch nur weniger Erträge erbringt. Die Weiterentwicklung der Euronotes erfolgt im übrigen in den nachfolgend beschriebenen Instrumenten, die für den Markt interessante Varianten darstellen.

4.2 Revolving Underwriting Facilities

Revolving Underwriting Facilities (RUF) wurden im Euromarkt zu Anfang der 80er Jahre interessant, weil durch die Emission dieser Papiere günstigere Konditionen als bei normaler Eurokreditaufnahme erzielt werden konnten. Bei Revolving Underwriting Facilities liegt folgendes zugrunde: Ein Bankenkonsortium steht einem Kreditnehmer für eine Gesamtlaufzeit von zwischen fünf bis zu zehn Jahren mit einer Kreditlinie zur Verfügung. Innerhalb dieser Linie darf der Kreditnehmer nicht börsennotierte Euronotes mit einer Laufzeit von jeweils ein bis sechs Monaten im Markt plazieren. Je nach Finanzbedarf des Schuldners werden diese Papiere immer wieder erneut (revolving ...) emittiert, bis die Gesamtlaufzeit der Kreditzusage abgelaufen ist. Das Besondere an diesem Verfahren ist, daß die Banken mit einer sogenannten „Back Up"-Zusage dafür garantieren, daß der Schuldner immer bis zum zugesagten Gesamtbetrag Gelder aufnehmen kann. Die „back up facility" der Banken besteht dann darin, daß die „Underwriters", also die Banken, die vom Markt nicht aufgenommenen Papiere ins eigene Portefeuille nehmen und somit unter Inkaufnahme eines steigenden Wertpapierbestandes dem Kreditnehmer gegenüber Barvorschüsse leisten.

Die Plazierung der RUFs im Markt erfolgte meist durch eine Bank als „Alleinplazierungsagenten" *(sole placing agent)*. Diese Bank trägt die Verantwortung für die Preisgestaltung der Emission und erhält auch die Provisionserträge aus der Plazierung. Der Erfolg der Plazierung ist abhängig vom Standing des sole placing agent, vom Verteilsystem im Markt und natürlich von der Verzinsung.

4.3 Note Issuance Facilities

Die RUFs wurden durch die *Note Issuance Facilities* (NIF) weiterentwickelt. Bei diesem Produkt sind die Banken nicht direkt als Kreditgeber tätig, sondern die vom Schuldner benötigte Liquidität wird dadurch beschafft, daß die nifs von den Banken im Markt untergebracht werden, so daß Schuldner und Investoren direkt zusammengebracht werden. Es wird mit dem Kreditnehmer eine Obergrenze für den Zinssatz vereinbart, bis zu dem Gebote für die Übernahme von Notes akzeptiert werden. Ob Notes plazierbar sind oder nicht spielt keine Rolle. Der Schuldner erhält in jedem Fall Liquidität zu geldmarktnahen Konditionen, verbunden mit einer langfristigen Finanzierungszusage der Banken.

Die Kondition variiert je nach Bonität des Schuldners und Laufzeit der Fazilität. Eine Gruppe von Banken als sogenanntes *tender panel* fordern zur Abgabe von Angeboten auf, damit die notes plaziert werden können. Werden keine hinreichenden Gebote abgegeben oder wurden die Voraussetzungen für eine Zuteilung nicht erfüllt, müssen die Underwriters die notes zum vereinbarten Maximalzins übernehmen. Statt der Übernahme können auch normale Kreditmittel gegeben werden.

Wenn die nifs plazierbar sind, haben die Banken Provisionseinnahmen aus der Ankaufszusage (back up facility) sowie je nach Konsortialanteil Anteile an sonstigen Gebühren.

4.4 Weitere Facilities

Es entstanden noch weitere Produkte, die nur kurz angedeutet werden sollen. Die sogenannten *multiple component facilities* oder auch *multiple option facilities* sind Paketfinanzierungen, die bezüglich Laufzeit, Instrumentarium und Währung flexibel eingesetzt werden können und dadurch die Plazierungsmöglichkeiten im Euromarkt verbessern. Eine besondere Ausgestaltung fand sich seit Mitte der 80er Jahre in dem sogenannten *multiple instrument financing program,* welches als Finanzierungspaket aus unterschiedlichen Euro-Fazilitäten besteht. Diese unterschiedlichen Komponenten beinhalten klassische Eurokreditmittel sowie Mittel aus Euro Note- oder Euro Commercial Paper-Finanzierungen.

Die *multiple instrument financing program*-Finanzierung ermöglicht eine große Flexibilität bei der Auswahl der Währung, der Laufzeit und der Finanzierungskosten und eignet sich für Unternehmen, die häufig Finanzierungsbedarf in wechselnden Eurowährungen haben und maßgeschneiderte Instrumente des Marktes nutzen wollen.

5 Die Wertpapierleihe

Auch die Wertpapierleihe hat sich erst in neuerer Zeit als weitere Finanzdienstleistung entwickelt[265]. Nachdem die US-amerikanischen Banken seit Beginn der 90er Jahre ihr Produkt „Securities Lending" vermehrt im deutschen Markt anboten, hat sich der deutsche Markt verstärkt mit der „Wertpapierleihe" beschäftigt. Hinzu kommt, daß die Deutsche Kassenverein AG seit 1990 ein Wertpapier-Leihsystem installiert hat.

Die Wertpapierleihe ist schon seit langem eine gängige Geschäftsart auf ausländischen Kapitalmärkten. In Deutschland wird dieses Instrument zunehmend beachtet, doch hat es bislang wohl am stärksten Einzug bei den Großbanken gehalten. Im internationalen Vergleich wird die Wertpapierleihe in Deutschland noch recht zaghaft betrieben.

5.1 Definition

Bei der Wertpapierleihe „leiht" der Verleiher dem Entleiher Wertpapiere mit *Zins*risiko (Bonds oder ähnliches) oder mit *Aktien*- oder sonstigem *Kurs*- oder *Preis*risiko. Der Verleiher *überträgt* dem Entleiher die Wertpapiere, und der Entleiher tritt in alle Rechte (Zins-, Dividenden, Stimmrechte und so weiter) aus den empfangenen Wertpapieren ein. Der Entleiher ist berechtigt, die Wertpapiere weiterzuverleihen, zu verkaufen oder zu verpfänden. Teilweise muß der Entleiher Sicherheiten stellen.

Der Ausdruck *Leihe* ist auf den ersten Blick problematisch. Er entspricht schon seit längerem der Sprachgewohnheit des Effektenterminhandels[266], obwohl er aus juristischer Sicht fehlerhaft ist. Es werden keine Leihverträge im Sinne des § 598 BGB abgeschlossen[267], da das Eigentum nicht beim Wertpapierverleiher verbleibt, sondern der Entleiher nach Belieben mit den Wertpapieren verfahren kann. Die entliehenen Wertpapiere werden regelmäßig zur Erfüllung eigener Lieferverpflichtungen des Entleihers benötigt, so daß sie im Grunde vom Verleiher nicht ausgeliehen, sondern weiterveräußert werden.

---

265 Hierzu grundlegend u.a. *Kümpel,* Die Grundstruktur der Wertpapierleihe und ihre rechtlichen Aspekte, WM 1990, S. 909 ff.; *Oechler,* Wertpapierleihe und Repo-Geschäfte in bankaufsichtsrechtlicher Perspektive, Die Bank 1992, S. 567 ff.

266 Nach der Rechtsprechung soll mit dem Begriff der Wertpapierleihe nur gesagt sein, daß „nicht notwendigerweise die hingegebenen Effekten, aber doch Effekten derselben Art und Menge zurückzugeben sind", RGZ 153, 386, *Kümpel,* WM 1990, S. 910. Für die Verwendung des Begriffs „Wertpapierleihe" spricht nach *Kümpel* (a.a.O., S. 910 mwN) auch, daß der Verleiher vertraglich so gestellt wird, als ob er über die Wertpapiere keinen Darlehensvertrag, sondern einen Leihvertrag abgeschlossen hat und daher Eigentümer der entliehenen Wertpapiere geblieben ist. Der Entleiher hat während der Verleihdauer fällig werdende Zinsen, Dividenden und Bezugsrechte dem Verleiher zur Verfügung zu stellen.

267 Bei der „Leihe" muß der Entleiher die entliehene Sache an den Verleiher zurückgeben. Der Verleiher bleibt Eigentümer. Dem steht die tatsächliche Verfahrensweise der Wertpapierleihe gegenüber, wonach die Wertpapiere praktisch weiterveräußert werden.

5.2 Hintergrund der Wertpapierleihe

Es gibt verschiedene Gründe für die Nutzung der Wertpapierleihe im Tagesgeschäft der Banken. Von Bedeutung ist der Gedanke, Kassageschäfte rechtzeitig erfüllen zu können, also rechtzeitig innerhalb von zwei Werktagen die verkauften Papiere beim Investor anzuschaffen. Dasselbe gilt aber auch für Termingeschäfte, wenn die Papiere nicht rechtzeitig beschaffbar sind. Der Gedanke der *rechtzeitigen Lieferung* ist daher einer der Ausgangspunkte für die Entwicklung der Wertpapierleihe. Daneben ermöglicht die Wertpapierleihe auch die *Eingrenzung von Risiken* aus Börsentermingeschäften, und schließlich wird auch die Möglichkeit der *Arbitrage* eröffnet.

5.2.1 Rechtzeitige Lieferung

Die Wertpapierleihe nahm ihren Ursprung in dem Gedanken, daß Kreditinstitute (zum Beispiel in den USA) oft nicht rechtzeitig in der Lage sind, den Investoren (zum Beispiel in den USA) die gewünschten Wertpapiere (zum Beispiel deutsche Aktien oder Staatspapiere) in gewünschtem (meist sehr hohem) Umfang zur Verfügung zu stellen, weil die Papiere nicht in erforderlichem Umfang im Markt erhältlich sind oder erst mit großer Verspätung geliefert werden können. Um die Nachfrage *rechtzeitig* zu befriedigen, wenden sich – nach dem gegebenen Beispiel – die US-Banken an deutsche Kreditinstitute, um für die Tage oder Wochen bis zur generellen Verfügbarkeit der benötigten Papiere am Markt von den deutschen Banken die nötigen Papiere schon vorab entgeltlich „auszuleihen". Die deutschen Kreditinstitute verwenden bei diesen Geschäften Wertpapiere aus dem Eigenbestand (Depot-A), der durch dieses Leihgeschäft (neben der Wertpapierverzinsung) eine zusätzliche Marge aus dem Wertpapierleihgeschäft erwirtschaften kann. Für den Verleiher der Wertpapiere ist wegen des Entgelts das Geschäft wirtschaftlich sinnvoll; die Risiken beschränken sich auf die Bonität des Entleihers (einer Bank).

Heute wird das Wertpapierleihsystem vor allem eingesetzt, um einen Lieferverzug zu vermeiden, wenn die Wertpapiere aus Kassageschäften innerhalb von zwei Werktagen angeschafft werden müssen, aber nicht rechtzeitig beschafft werden können.

5.2.2 Risikobegrenzung

Außerdem kann mit der Wertpapierleihe das Risiko der Börsentermingeschäfte begrenzt werden. Ein Terminkontrahent, der die zugrundeliegenden Wertpapiere bei Fälligkeit des Kontraktes abnehmen muß, kann sich mit Hilfe der Wertpapierleihe vor fallenden Kursen schützen. Die erst später zu übernehmenden Wertpapiere können schon vor Fälligkeit des Terminkontraktes im Kassamarkt verkauft werden, um einen noch größeren Verlust durch weiter fallende Kurse zu vermeiden. Hierzu wird für die sofortige Belieferung des Kassaverkaufs eine dem Terminkontrakt entsprechende Anzahl von Wertpapieren entliehen. Die Verpflichtung zur Rückgewähr der entliehenen Wertpapiere kann später mit den Wertpapieren erfüllt werden, die der Entleiher bei Fälligkeit des Terminkontraktes abzunehmen hat[268].

5.2.3 Wertpapierleihe und Arbitrage

Schließlich kann die Wertpapierleihe eingesetzt werden, um Kursdifferenzen zwischen Termin- und Kassamarkt auszunutzen. Die Leihe erfolgt dann, wenn Wertpapiere per *Termin* gekauft und mit derselben Valuta im *Kassa*markt weiterverkauft werden sollen. Die für die sofortige Belieferung des Kassaverkaufs benötigten Wertpapiere werden bis zur späteren Lieferung durch den Terminverkäufer entliehen. Die Wertpapierleihe hilft also, unterschiedliche Lieferfristen von Termin- und Kassamarkt zu überbrücken[269].

5.3 Abwicklung der Wertpapierleihe

Die Wertpapierleihe kann auf zweifache Weise durchgeführt werden. Entweder geschieht dies durch internationalen Leihvertrag zwischen den beteiligten Banken, oder aber es wird eine Wertpapierleihe über die Deutsche Kassenverein AG als Trägerorganisation durchgeführt.

5.3.1 Internationale Wertpapierleihe

Im internationalen Bankgeschäft spielt die Wertpapierleihe, wie bereits eingangs erwähnt, eine wichtige Rolle. Sind deutsche Kreditinstitute beteiligt, wird üblicherweise zwischen der Auslandsbank und dem deutschen Kreditinstitut ein Leihvertrag über das Einzelgeschäft geschlossen, der alle wesentlichen Merkmale der Wertpapierleihe berücksichtigt. Wie bei allen internationalen Verträgen stellt sich jedoch hier die Problematik der gegebenenfalls unterschiedlichen Interpretation von Vertragsklauseln, des anzuwendenden Rechts, der Vollstreckungsmöglichkeiten bei Nichtrückgabe und so weiter[270].

Ein nicht zu unterschätzendes Risiko stellt stets auch die Bonität des ausländischen Kreditinstituts dar, sowie ferner die Problematik der „Länderrisiken", wenn die Auslandsbank an sich zwar zahlungswillig ist, aber das Ausland aufgrund politischer Vorgaben die Zahlung (beziehungsweise Rückgabe der entliehenen Wertpapiere) verzögert oder unmöglich macht.

---

268 So *Kümpel* a.a.O. (Fußnote 267), S. 909.
269 *Kümpel* a.a.O., S. 909.
270 Zu den Grundproblemen internationaler Verträge vgl. ausführlich *Graf von Bernstorff*, Vertragsgestaltung im Auslandsgeschäft, 3. Auflage, Frankfurt 1994.

5.3.2 Abwicklung über den Kassenverein

Die Wertpapierleihe in Deutschland wird über die Deutsche Kassenverein AG (abgekürzt nachfolgend: „Kassenverein") abgewickelt. Die Geschäfte müssen aus Kosten- und Zeitgründen im Rahmen des vom Kassenverein betriebenen rationellen, sicheren und schnellen Effektengiroverkehrs abgewickelt werden, wodurch ein körperlicher Transport der Wertpapierurkunden beim Ausleihen und bei der späteren Rückgabe vermieden werden kann.

Aus diesem Grund werden auch die Wertpapierleihsysteme des benachbarten Auslands (Euroclear, Brüssel und Cedel, Luxemburg) eingebunden, da sie einen Effektengiroverkehr für die Abwicklung grenzüberschreitenden Wertpapiergeschäfte ermöglichen[271]. Der Kassenverein bestimmt auch die für die Wertpapierleihe zugelassenen Wertpapiergattungen[272] und setzt einen Höchstbetrag für das Gesamtvolumen der Ausleihungen in einer Wertpapiergattung fest.

5.4 Rechtsbeziehungen der Beteiligten

Der Kassenverein übernimmt nach seinen Regularien die Vermittlung und Abwicklung der Wertpapierleihe zwischen den ihm kontenmäßig angeschlossenen Kreditinstituten. Vier Gruppen von Rechtsbeziehungen der Abwicklung über den Kassenverein können unterschieden werden[273].

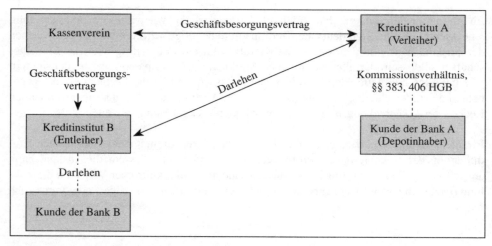

Abbildung 52: Ablauf einer Wertpapierleihe

---

271 *Kümpel* a.a.O., S. 910.
272 Nicht verwendbar für das Leihsystem sind Wertpapiere, die festverzinslich sind und deren Restlaufzeit weniger als sechs Monate beträgt, *Kümpel* a.a.O., S. 911.
273 Hierzu ausführlich *Kümpel* a.a.O., S. 911 ff.

Die Vertragsbeziehung zwischen dem Kassenverein und den ihm angeschlossenen Kontoinhabern (Banken) ist ein Geschäftsbesorgungsvertrag, § 675 BGB, wonach der Kassenverein die Vermittlung von Geschäftsabschlüssen und die Abwicklung der Leihgeschäfte vornimmt. Bei Stellung von Sicherheiten durch Verpfändung von Guthaben oder Wertpapierdepots übernimmt der Kassenverein eine Treuhandfunktion.

Zwischen den an der Leihe teilhabenden Banken besteht ein Darlehensvertrag, wobei der Entleiher nur verpflichtet ist, die empfangenen Wertpapiere in gleicher Art und Menge zurückzuerstatten und im übrigen ein nach der Laufzeit der Leihe zu berechnendes Entgelt zu zahlen hat.

Anders sieht es nur aus, wenn nicht die Banken selber, sondern deren Kunden, die nicht direkt am System des Kassenvereins teilhaben können, Wertpapierleihgeschäfte initiieren (in der Graphik gestrichelt gekennzeichnet).

Stellt also die Bank A die Wertpapierleihe nicht aus Eigenbeständen dar, sondern ist im Grunde der Depotkunde als Ausleiher von Wertpapieren aus seinem Depot zu sehen[274], dann ist das Vertragsverhältnis des verleihenden Depotkunden zu seiner Bank (A) als Kommissionsverhältnis im Sinne der §§ 383 und 406 HGB zu werten. Die Bank A ist dann nicht selbst Verleiher, sondern vom Kunden beauftragt, die Aufgabe des Kommissionärs zu übernehmen. Der Kunde der Bank A nimmt über sein Institut an der Wertpapierleihe des Kassenverein teil und sorgt so für eine Optimierung seiner Wertpapiererträge. Folglich trägt die Bank aber auch kein Risiko hinsichtlich der Bonität des Entleihers (vgl. § 667 BGB).

Denkbar wäre noch eine vierte Konstellation. Wenn auf Seiten der Bank B deren Kunde die entliehenen Wertpapiere leihen will, also den Anstoß zum Wertpapierleihgeschäft gegeben hat, dann ist dies – anders als bei Bank A und deren Kunden – nicht als Kommissionsgeschäft, sondern als Darlehen zu werten[275].

5.5 Verbuchung der Wertpapierleihgeschäfte

Der *Verleiher* muß die übertragenen Wertpapiere ausbuchen. An ihrer Stelle erhält er eine Terminforderung auf Rückübertragung von Wertpapieren gleicher Art, Zahl und Qualität, ohne Rücksicht darauf, ob der Preis sich (bei Kursschwankungen) geändert hat. Diese Terminforderung ist unter „Sonstige Forderungen" auszuweisen.

---

274 Abbildung 52 ist also in diesem Punkt nur als fakultative Möglichkeit zu sehen, wenn die Bank A nicht selbst Verleiher ist, sondern im Kundenauftrag die Wertpapierleihe über den Kassenverein initiiert.
275 *Kümpel* a.a.O., S. 915 (dort auch Fußnote 36). Hiernach steht es auch nicht entgegen, daß der entleihende Bankkunde der Bank B das Wertpapiereigentum in der Regel nicht selber erwerben will, sondern zugleich seine Bank damit beauftragt, die entliehenen Wertpapiere unmittelbar zur Erfüllung seiner entsprechenden Lieferverpflichtung gegenüber Dritten zu verwenden.

Der *Entleiher* nimmt die übertragenen Wertpapiere buchungsmäßig in seinen Bestand und geht eine Sachdarlehensverbindlichkeit per Termin ein, die er unter „Sonstige Verbindlichkeiten" auszuweisen hat.

Definition	Bei der Wertpapierleihe *überträgt* der Verleiher dem Entleiher Wertpapiere gegen Entgelt und auf Zeit. Er hat das Recht, nach Ende der Leihperiode gleichartige Wertpapiere in gleicher Art und Menge zurückzufordern. Der Entleiher kann über die Papiere nach Belieben verfügen. Der Begriff „Leihe" ist üblich, aber unkorrekt, da sich das Geschäft als Darlehen im Sinne des § 607 BGB darstellt.
Sinn der Wertpapierleihe	– Vermeidung von Lieferverzug – Erwirtschaften einer zusätzlichen Rendite auf Depotpapiere – Begrenzung von Risiken aus Börsentermingeschäften – Möglichkeit der Arbitrage zwischen Termin- und Kassamarkt

Abbildung 53: Wertpapierleihe

6 Asset Backed Securities

Die Entstehung der Finanzinnovationen wird unter anderem auf den Begriff der Securitisation zurückgeführt (dazu oben). Securitisation ist die Verbriefung von Forderungen, die Umformung von nichtmarktfähigen in marktfähige Obligationen, wodurch die Liquidität erhöht und ein neues Finanzmarktinstrument geschaffen wird. Die Securitisation hat den Vorteil der Übertragung der Bonitätsrisiken und der Liquiditätserweiterung geschaffen.

Der US-amerikanische Markt hat in diesem Zusammenhang die Securitisation verwendet, um ein neues Produkt zu schaffen. Die Bündelung von Bilanzaktiva von Finanzinstituten, aber auch von Unternehmen, die in umfangreichem Maße Darlehen vergeben, hat zu einem neuen Marktsegment geführt, das unter dem Oberbegriff des Asset Backed Securities zusammengefaßt wird.

6.1 Begriffsbestimmung

Das entscheidende Merkmal der Asset Backed Securities besteht darin, daß die Bedienung dieser Produkte aus besonderen Vermögensgegenständen dargestellt wird, gelegentlich auch verbunden mit einer Garantie für den Fall, daß aus diesen besonderen Vermögensgegenständen nicht genügend Erträge für die Bedienung der Finanzinstrumente erzielt werden. Entwickelt wurden die Instrumente, wie bereits gesagt, in den USA; doch sind sie inzwischen auch in Großbritannien eingesetzt. In Deutschland ist die Bedeutung der ABS-Programme noch sehr gering; es sind zudem nur sehr wenige einer ABS-Finanzierung zuzuordnende Fälle publik geworden[276].

Das ursprüngliche Grundbeispiel für eine Asset Backed Security war eine Hypothek. Daraus entwickelten sich später Anleihepapiere, die durch Hypotheken abgesichert wurden (mortgage backed bonds), und heute werden Asset Backed Securities in den USA durch Kraftfahrzeuge, Zahlungsansprüche aus Computer-Leasingverträgen oder auch durch Zahlungsansprüche aus Kreditkartensystemen abgesichert.

6.2 Voraussetzungen

Grundlage der heutigen Asset Backed Securities ist, daß Unternehmen mit umfangreichen Finanzaktiva eine kostengünstige Finanzierung ihrer Finanzaktiva über den Kapitalmarkt erhalten können. Dies geschieht durch Verselbständigung von Pools geeigneter Finanzak-

---

[276] Grund für die Zurückhaltung in Deutschland ist der ungewohnte Umgang mit dem Forderungsverkauf („Seht, denen geht es so schlecht, daß sie ihre Forderungen schon verkaufen müssen…!"). Im Jahre 1986 wurde ein Schuldschein des Landes Niedersachsen als Anleihe entwickelt, der am ehesten mit einem ABS-Programm vergleichbar ist. Der Schuldschein wurde damals in eine eigens auf den Cayman Islands neu gegründete Finanzgesellschaft eingebracht; vgl. hierzu *Franken,* Die steuerliche Behandlung von Finanzinnovationen, in: Burger (Hrsg.), Finanzinnovationen, Stuttgart 1989, S. 139 ff. (154).

tiva in Treuhandvermögen (Trusts) und Schaffung wertpapiermäßig verbriefter, am Markt wandelbarer Zahlungsansprüche gegen die verselbständigten Pools mit den Aktiva[277].

6.2.1 Geeignete Aktiva

Geeignete Finanzaktiva (Assets) müssen eine durchschnittliche Laufzeit von mehr als einem Jahr aufweisen und sind durch hohe Kreditqualität und entsprechend niedriges Kreditrisiko gekennzeichnet. Schließlich handelt es sich um eine konstant niedrige Quote von nicht termingenau eingehenden Zahlungen, eine vollständige Amortisation des Kreditbetrages bis zur Fälligkeit und um eine breite Streuung der Schuldner.

6.2.2 Rating

Das Anleihe-Rating aller bisher in den USA emittierten ABS-Papiere war grundsätzlich in der besten Ratingstufe (AAA) eingeordnet. Die Ratingagenturen überprüfen, ob die verkauften Finanzaktiva völlig frei von irgendwelchen Belastungen oder anderen Rechtstiteln sind. Es muß außerdem sichergestellt sein, daß die erwarteten Cash Flows aus den verkauften Finanzaktiva ohne jeden Abzug und ohne zeitliche Verzögerung zur Bedienung der emittierten Papiere verwendet werden können. Dabei ist entscheidend, daß es sich bei dem Transfer um einen echten Verkauf handelt[278].

6.3 Vorteile der Asset Backed Securities

Durch die Verbriefung von Finanzaktiva wird das Risiko zukünftiger Zinsschwankungen ausgeschlossen, welches sich etwa bei einer fristenkongruenten Refinanzierung der Finanzaktiva über revolvierende Bankkredite oder ein Commercial Paper-Programm zu variablen Zinssätzen ergeben würde.

Zudem werden neue Finanzierungsquellen erschlossen, und die ABS-Refinanzierung erfolgt üblicherweise außerhalb der Bilanz. Die Aktiva und Passiva vermindern sich um den Betrag des im Treuhandvermögen verselbständigten Bestandes der Finanzaktiva, wenn die Erlöse aus der Emission der Wertpapiere vollständig zur Schuldentilgung verwendet werden.

---

277 Hierzu ausführlich *Lerbinger,* Asset Backed Securities am US-Kapitalmarkt, Die Bank 1987, S. 310 ff.
278 *Lerbinger* a.a.O., Die Bank 1987, S. 310 ff.; weiterhin zu diesem Themenkomplex Benner, Asset Backed Securities – eine Finanzinnovation mit Wachstumschancen, BFuP 5/88, S. 403 ff.; *Vogel,* Asset Backed Securities, Bank Archiv (ÖBA), Jg. 36 (1988) S. 485.

6.4 Kosten

Die Kosten für die ABS-Emission sind abhängig vom allgemeinen Zinsniveau und den Zinserwartungen, von der Zahlungsfrequenz der Anleihe, der erwarteten durchschnittlichen Laufzeit, dem Rating und der Wahrscheinlichkeit einer vorzeitigen Tilgung wegen des Auftretens unvorhergesehener Ereignisse[279].

Die Kosten sind deshalb hoch, weil der technische Ablauf eines ABS-Programms schwierig darstellbar ist. Benötigt werden drei Grundbausteine: ein Unternehmen als Asset-Verkäufer, eine Gesellschaft, die die Forderungen erwirbt und durch die Emission von Wertpapieren refinanziert sowie schließlich einen Käufer dieser Zertifikate.

Definition	Verbriefung von Finanzaktiva; Verselbständigung in Treuhandvermögen und Schaffung wertpapiermäßig verbriefter, am Markt handelbarer Zahlungsansprüche.		
Eignung der ABS-Programme	Geeignet sind ABS-Programme für Zweckgesellschaften (meist von Banken gegründet), die Forderungen von mehreren Unternehmen ankaufen und dann durch eine einzige eigene Emission eines Commercial Paper refinanzieren.		
Forderung	Das ausstehende Forderungsvolumen sollte mindestens DM 100 Mio. betragen (wobei die ausstehenden Forderungen möglichst gleichartig sein sollten). Die Forderungen sollten auf möglichst viele Abnehmer gestreut sein, ohne dadurch klein zu werden. Die Forderungen müssen übertragbar sein (kein Abtretungsverbot).		
Vorteile des ABS-Programms	– Umwandlung von Forderungen in Barvermögen – Erschließen einer neuen Finanzierungsquelle – Indirekter Zugriff auf den Commercial Paper-Markt für Unternehmen, die sonst mangels Größe oder Rating keinen Zugang hätten – Zugang zu neuen Investoren		
Vorteile für die Beteiligten	*Banken:* – Verbesserung des Eigenkapitalmanagement, da die EK-Relation von Krediten hier nicht anwendbar ist; ABS erfolgt außerhalb der Bilanz – Erzielung einer höheren Provision – Risiko ist niedriger als bei Krediten	*Asset-Verkäufer:* – Liquidität statt eines Forderungsbestands – Kein Zinsänderungsrisiko	*Investor:* – Anlagemöglichkeit bei sonst nicht kapitalmarktfähigen Unternehmen – bessere Rendite – niedrigere Risiken

Abbildung 54: Asset Backed Securities

---

279 So *Lerbinger* a.a.O., S. 313 und 315. Als ungefähre Richtgröße werden dort etwa 40 bis 100 base points über den US-Staatspapieren entsprechender Laufzeit angegeben.

7 Asset Securitisation

Ein weiteres Produkt des US-amerikanischen Marktes bildet die sogenannte Asset Securitisation. Bilden Unternehmen in erheblichem Umfang Eigen- und Fremdkapital in Forderungen des Umlaufvermögens, und handelt es sich bei diesen Forderungsbeständen um Vermögenspositionen, die große Finanzierungskosten verursachen, gleichzeitig aber keinen oder nur einen geringen Kapitalverzinsungsbeitrag leisten, dann kann das Modell der Asset Securitisation zur Anwendung gelangen.

7.1 Definition

Bei der Asset Securitisation handelt es sich um einen echten Verkauf von Forderungen an eine Forderungsankaufsgesellschaft. Die Verbriefung der Forderungen (securitisation) wird dadurch erreicht, daß kurzfristige Schuldtitel (commercial papers) im internationalen Kapitalmarkt begeben werden und dadurch eine Refinanzierung des Forderungskaufs ermöglichen. Die Unternehmen erschließen sich mit diesem Verfahren eine Finanzierungsquelle, die das traditionelle Finanzierungsinstrumentarium ergänzt.

7.2 Anwendungsbereich

Unternehmen erhalten mit diesem Produkt die Möglichkeit, ein weiteres flexibles Instrument zur Finanzierung einzusetzen. Sie haben zudem die Möglichkeit des indirekten Zugriffs auf den internationalen Kapitalmarkt, können sich Kapital beschaffen, ohne bestehende Kreditlinien weiter beanspruchen zu müssen, und sie setzen damit letztlich Liquidität frei.

Es handelt sich ausdrücklich um einen Verkauf, dem eine *stille* Zession zugrunde liegt. Für Unternehmen – wie auch für Banken, die sich dieses Instrumentariums bedienen wollen – ergibt sich schließlich noch ein großer Vorteil dadurch, daß die Bilanz verkürzt werden kann. Für Banken bedeutet dies, daß die Anwendung der Asset Securitisation (angesichts der EG-Eigenkapital-Richtlinie von großer Bedeutung) zu einer Verbesserung der Eigenkapitalquote führt.

Das Instrument wird dadurch teuer, daß ein Trust für die Abwicklung eingeschaltet werden muß, so daß die Kosten steigen.

Definition	Eine Asset Securisation ist ein echter Verkauf von Forderungen an eine Forderungsankaufsgesellschaft. Die Verbriefung erreicht man dadurch, daß kurzfristige Schuldtitel (Commercial Papers) im internationalen Kapitalmarkt begeben werden, so daß eine Refinanzierung des Forderungskaufs ermöglicht wird.
Vorteile	– Flexibles Finanzierungsinstrument – Indirekter Zugriff auf den Kapitalmarkt (Commercial Papers) – Stille Zession – Bilanzverkürzug, Verbesserung der Eigenkapitalquote

Abbildung 55: Asset Securitisation

8 American Depositary Receipts (ADR)

8.1 Entwicklung

Der Ursprung der American Depositary Receipts läßt sich bis zu den 20er Jahren dieses Jahrhunderts zurückführen. Schon vor etwa 90 Jahren zeigten US-amerikanische Kapitalanleger Interesse an ausländischen Aktien, doch waren die damals bestehenden Möglichkeiten, Transaktionen auch tatsächlich duchzuführen, aufgrund technischer Unzulänglichkeiten noch recht beschränkt. Hinzu kam die mangelhafte Transparenz der ausländischen Kapitalmärkte, die Unterschiede der US-amerikanischen und der ausländischen Kapitalmarktordnungen sowie verschiedene gesellschafts- und finanzrechtliche Rahmenbedingungen.

Um amerikanischen Investoren einen kostengünstigen und einfachen Erwerb ausländischer Inhaberaktien[280] zu ermöglichen, wurden in den 20er Jahren „ADR" installiert, bei denen die jeweiligen ausländischen Aktien durch einen übertragbaren Hinterlegungsschein substituiert wurden[281]. Die amerikanische Securities and Exchange Commission trug der zunehmenden Bedeutung von ADR-Programmen im Jahre 1955 dadurch Rechnung, daß sie ein besonderes Formblatt für die Registrierung schuf und damit einen sprunghaften Anstieg des ADR-Handels auslöste. Die ADR-Programme spielen heute eine sehr wichtige Rolle in den USA; aber auch in Japan, Australien und England, während der ADR-Markt in Deutschland noch unbedeutend ist.

---

280 *Hecht*, American Depositary Receipts, Euromoney Corp.Fin, 11/1995, S. 16; Inhaberaktien sind in den USA nicht zum Börsenhandel zugelassen; vgl. im übrigen grundlegend *Böckenhoff/Ross*, America Depositary Receipts (ADR) – Strukturen und rechtliche Aspekte, WM 1993, S. 1781 ff. und 1825 ff.
281 *Böckenhoff/Ross* a.a.O. (Fußnote 280), S. 1782 mit Hinweis darauf, daß ein ADR-Programm erstmals von der Guaranty Trust Company of New York im Jahre 1927 für die US-Notierung des englischen Kaufhauses Selfridges aufgelegt wurde.

8.2 Definition

American Depositary Receipts sind in US-Dollar notierte Hinterlegungsscheine über eine Vielzahl oder einen Anteil von Aktien eines ausländischen Unternehmens, die von einer Depotbank (Depositary Bank) ausgegeben werden, wobei der Wert eines ADR weitgehend dem in US-Dollar umgerechneten Marktwert der verkörperten Aktien an der Heimatbörse entspricht. Daneben können ADR auch zur Ausgabe und zum Handel von Schuldverschreibungen verwendet werden[282].

Der jeweilige Inhaber des ADR-Zertifikats kann jederzeit die Herausgabe der bei einer ausländischen Hinterlegungsbank (Custodian Bank) deponierten Aktien beziehungsweise deren Verkauf an der ausländischen Börse verlangen, wobei er im Gegenzug das ADR-Zertifikat der Depotbank zurückzuübertragen hat[283].

8.3 Übertragung

Die ADR-Zertifikate werden im Namen des jeweiligen Inhabers registriert und über die Bücher einer US-Depotbank übertragen. Die Eigentumsübertragung an ADR (und damit zugleich an den hinterlegten Aktien) erfolgt durch Indossament und Übergabe. ADR können mittels „book entry settlement" durch die DTC (Depositary Trust Company), die an die europäischen Verrechnungssysteme Euroclear und Cedel angeschlossen ist, verrechnet werden[284].

8.4 Anwendbarkeit der ADR

Es werden vor allem zwei Haupt-Programmvarianten unterschieden, die angewandt werden können.

8.4.1 Sponsored ADR-Programm

ADR-Programme werden von ausländischen Unternehmen initiiert, deren Aktien bereits an der Heimatbörse notiert sind. Hierzu schließt das ausländische Unternehmen mit einer amerikanischen Bank einen Depotvertrag, der die Rechte und Pflichten der beteiligten Parteien festlegt. Die Depotbank übernimmt hiermit die Aufgabe, das Programm zu pflegen, Stimmrechte auszuüben, Dividenden weiterzuleiten und so weiter. Außerdem wird die Verwaltung der Aktien bei einer ausländischen Hinterlegungsbank wie auch ein et-

---

282 *Böckenhoff/Ross* a.a.O., S. 1783; *Küting/Hayn,* Börseneinführungsmodalitäten in den USA; Wpg 1993, S. 410.
283 *Böckenhoff/Ross* a.a.O., S. 1783 mit Hinweis darauf, daß dieses Recht des ADR-Inhabers durch Formblatt F-6 des Securities Act 1933 zwingend vorgeschrieben ist.
284 *Böckenhoff/Ross* a.a.O., S. 1783.

waiger späterer Verkauf der Aktien an der Heimatbörse übernommen. Die Aufgaben der Depotbank bestehen damit in einer Übernahme der Aufgaben, die ein US-Anleger beim Kauf ausländischer Aktien selbst wahrzunehmen hätte[285].

8.4.2 Unsponsored ADR

Auch ohne Beteiligung oder sogar gegen den Willen des ausländischen Unternehmens können US-Depotbanken oder Brokerfirmen „Unsponsored"-Programme auflegen. Hier tragen dann die ADR-Inhaber die bei der Durchführung des Programmes entstehenden Kosten.

8.5 Bedeutung für Marktteilnehmer

Die Einführung in den OTC-Markt oder die Zulassung an einer Börse mittels ADR sind nicht nur aus kostenmäßigen Erwägungen für einen deutschen Unternehmer wesentlich interessanter als eine direkte Aktiennotierung. Gerade der den US-Anlegern erleichterte mittelbare Zugang zu Aktien deutscher Unternehmen dürfte die Akzeptanz der Wertpapiere in den US-Kapitalmärkten sehr stärken. Außerdem verhilft eine derartige Präsenz im US-Markt, den internationalen Bekanntheitsgrad des betroffenen Unternehmens zu stärken[286].

---

285 *Böckenhoff/Ross* a.a.O., S. 1784 f.
286 *Böckenhoff/Ross*, a.a.O., S. 1829, des weiteren mit Hinweis darauf (auf S. 1782), daß derzeit knapp unter 1 000 Programme in den USA aufgelegt sind, wovon etwa 140 an der New Yorker Börse notiert sind. Der Anteil deutscher Aktien beträgt nach dieser Fundstelle nur 2,7 % (Verweis auf Bank of New York, Global Offerings of Depositary Receipts, 1992, S. 3).

Literaturhinweise:

Bolk, Euronotes gewinnen im Wettbewerb der Finanzierungsinstrumente, Die Bank 1986, S. 513 ff.
Böckenhoff/Ross, American Depositary Receipts (ADR), Strukturen und rechtliche Aspekte, WM 1993, S. 1781 ff. und 1825 ff.
Brandt/Meineke, Neue Instrumente an den internationalen Finanzmärkten, RIW 1987, Beilage 4
Breuer, Risikomanagement im Wertpapiergeschäft, Die Bank 1992, S. 564 ff.
Damm, Eurokapitalmärkte im Umbruch, Die Bank 1986, S. 225 ff.
Dombret, Die Verbriefung als innovative Finanzierungstechnik, Frankfurt 1986
Kollmann, Der US-Kapitalmarkt, Instrumente, Finanzinnovationen, in: Doralt/Hascheck (Hrsg.), Schriftenreihe Recht, Wirtschaft, Aussenhandel, Wien 1988
Kümpel, Die Grundstruktur der Wertpapierleihe und ihre rechtlichen Aspekte, WM 1990, S. 909 ff.
Lerbinger, Asset Backed Securities am US-Kapitalmarkt, Die Bank 1987, S. 310 ff.
Michels, DM-CP-Markt bleibt attraktiv, Die Bank 1993, S. 87 ff.
Noller, Der Zugang zum US-Kapitalmarkt für ausländische Emittenten, Die Bank 1992, S. 420 ff.
Oechsler, Wertpapierleihe und Repo-Geschäfte in bankaufsichtsrechtlicher Perspektive, Die Bank 1992, S. 567 ff.
Peters/Bernau, Asset-Backed Securities – eine Umfrage unter Banken, Die Bank 1995, S. 714 ff
Remsperger, Folgen der Verbriefung für das Bankgeschäft, Die Bank 1987, S. 475 ff.
Rittinghaus/Scheel, Das neue Instrument der Asset Backed Transaktionen, Sparkasse 1993, S. 475 ff.
Rittinghaus/Verleger, Asset Backed-Transaktionen: Ein Mehrwertprodukt, Treasury Log 2/96, S. 7 f.
Schäfer, Verbriefung nimmt weiter zu, Die Bank 1990, S. 604 ff.
Storck, Neue Instrumente im Euromarkt, Die Bank 1984, S. 504 ff.
ders., Der Euromarkt 1989 und die Perspektiven, Die Bank 1990, S. 15 ff.
ders., Durchweg kräftiges Wachstum an den Euromärkten, Die Bank 1994, S. 15 ff.
Wulkzen/Weller, Securitisation als neue Finanzierungsform, Die Bank 1992, S. 644 ff.

Anhang

Ausgewählte Fachbegriffe der Finanzinnovationen

Amerikanische Option	Option, bei der die Ausübung im Gegensatz zur „Europäischen Option" während der gesamten Laufzeit möglich ist.
Amortizing Swap	Swap mit fallender Tendenz
Asset Securitisation	Verbriefung von Forderungen
Asset Swap	Tausch von Aktiva
At the Money	Eine Option ist „at the money" („am Geld"), wenn der aktuelle Kurs des Basiswertes dem Basispreis entspricht.
Basispreis	Der Preis, zu dem der Käufer einer Option den Basispreis kaufen (Call) beziehungsweise verkaufen (Put) kann. Auch als „Ausübungspreis" beziehungsweise „Strike Price" bezeichnet.
Basis Point	Ein Hundertstel eines Prozents. 100 base points ergeben 1%.
Bond	Anleihe
Cap	Festlegung einer Zinsobergrenze
Call	Kaufoption
Certificate of Deposit	Bankschuldverschreibungen
Collar	Verknüpfung von Cap und Floor
Commercial Paper	Kurzfristige Geldmarktpapiere erstklassiger Emittenten
Currency Swap	Währungsswap
Derivate	Von Standardinnovationen abgeleitete beziehungsweise weiterentwickelte (wie etwa der Option) Finanzinnovationen
Duration	Bezeichnet die (gewichtige) durchschnittliche Fälligkeit der Zahlungsströme eines Investment.
Europäische Option	Optionsart, die nur am Verfalltag ausgeübt werden kann.
Euronote	Kurzfristige Wertpapiere auf dem Euromarkt im Rahmen einer mindestens mittelfristigen Fazilität (meist mit Ankaufszusage = Back up-Zusage der Bank).
Eurozinsmethode	Zinsberechnung auf der Basis 365 / 360 (Kalendertage zu Tagen des Zinsjahres)
Fair Value	Der rechnerische Preis einer Option
FIBOR	Frankfurter Geldmarktsatz unter Banken
Floor	Zinsuntergrenzenvereinbarung
Forward	Unbedingtes Termingeschäft, das im Freiverkehr gehandelt wird
Future	Unbedingtes, börsengehandeltes und standardisiertes Termingeschäft
Hedging	Absicherung von Kurs- beziehungsweise Zinsrisiken
Innerer Wert	Wert einer Option bei der Ausübung. Der innere Wert ergibt sich aus der Differenz zwischen aktuellem Kurs des Basiswertes und dem Basispreis der Option.
Kassageschäfte	Geschäftsabschlüsse mit sofortiger Lieferung und Bezahlung (im Devisenhandel mit zweitägiger Valuta kompensiert)

LIBOR	London Interbank Offered Rate; dies ist der in London festgestellte Zinssatz für kurzfristige Einlagen unter Banken (der typische Referenzsatz bei Finanzinnovationen)
LIFFE	London International Financial Futures Exchange
Long Position	Position des Käufers
Option	Bedingtes Termingeschäft
Out of the Money	„Aus dem Geld". Die Option ist out of the money, wenn der Basispreis beim Call über beziehungsweise beim Put unter dem aktuellen Kurs des Basiswertes liegt.
Plain Vanilla	Finanzinstrument in einfachster Ausstattung
Put	Verkaufsrecht
Ruf	Revolving underwriting facility
Securitisation	Verbriefung von Forderungen, das heißt Unterlegung von Finanztransaktionen durch begebbare Wertpapiere
Short Position	Position des Verkäufers eines Termingeschäftes
Spread Option	Exotische Option auf den Spread (Differenz) zwischen zwei (oder mehreren) Basiswerten.
Strike	Basiswert

Sachregister

Agent 189
American Depositary Receipt (ARD) 205 ff.
Amerikanische Option 19, 20
Amortizing Swap 69
Anleihe mit Optionsrechten 175
Anleihen mit Teileinzahlung 170
Arbitrage 75 f., 95 f.
Asset Backed Security 201 ff.
Asset Securisation 204 f.
Asset Swap 74
At the money 22
Aufgeld 23
Average Rate Option 138

Baby Bond 177
Back to back Finanzierung 7
Bandbreitenoption 134
Basispreis 21
Basisswap 67 f.
BBAIRS-Terms 50
Betriebsrisiko 48
Black Scholes Formel 23 f.
Börsen 36
Börsenhandel 130
Börsennotierte Option 31
Bond Warrant 177
Bonitätsrisiko 44, 46
Break Forward Option 133
Butterfly 29

Call Option 19
Cap, s. Zinscap
Capoption 118
Carry Basis 100
CBT 33
Clearing 38
Clearing House 131
Compound Option 138
Computerisierung 9
Convertible Bond 174 f.
Corridor 117
Debt Equity Swap 74 f.
Derivat 12 f.
Desintermediation 150
Devisenkassageschäft 129
Devisenoption 130 ff., 136 f.
Devisenswap 141
Devisentermingeschäft 130

DM Commercial Paper 161 ff.
Doppelwährungsanleihe 167

Emissionsgebundener Swap 144
Erfüllungsrisiko 128
Euroanleihe 165 f.
Euro-Aktienmarkt 186
Euro Certificate of Deposit 156 ff.
Euro Commercial Paper 159
Euro DM Kapitalmarkt 168 ff.
Euro Kapitalmarkt 165 ff., 168 ff.
Euronotes 154 ff., 188 ff.
Europäische Option 20
Exportfactoring 7

Fairer Preis 85
Festverzinsliche Anleihen 169 f.
Financial Future 14 f., 33 ff.
Finanzinnovationen
– Generationen 6 f., 8 f.
– Grundtypen 19 ff.
– neue Finanzdienstleistungen 147 ff.
– im Währungsbereich 125 ff.
– im Zinsbereich 55 ff.
Floating Rate CD 159
Floating Rate Note 183 ff.
Forfaitierung 6 f.
Forward Rate Agreement 106 ff.
Forward Swap 68 f.
Freiverkehrshandel 132
Future-Kontrakt 93
Futuresmarkt 34 f., 91 ff.

Globalisierung 9

Hedger 36
Hedging 25, 75, 95

Indexanleihe 180
Indexoption 181
In den money 22
Innerer Wert 22
ISDA-Code 49 f., 61

Kassamarkt 33, 34
Knock Out Cap 118 f.
Knock Out Option 138 f.
Komparativer Kostenvorteil 41 f.
Kuponswap 64
Kursfeststellung 129

Leasing 6
Leverage 23
LIFFE 93
Liquiditätsrisiko 46 f.
Loan Swap 74

Markterwartung 57 f.
Marktzinsmethode 78 f.
Margin 38 f.
Mismatchrisiko 47
Musterrahmenvertrag 50 f.

Netting 45 f.
Note Issuance Facility (NIF) 193 f.
Null Kupon Anleihen 170 ff.

Option 14, 19 ff.,
Optionsanleihen 175 f.
Optionspreis 21
Optionsstrategien 24 ff.
OTC-Option 30, 132 f.
Out of the money 22

Parallelkredit 7 f.
Participating Cap 118
Participating Forward 142
Plain vanilla 40, 64
Put Option 19

Range Forward 142
Range Forward Option 137
Rating 153
Ratingagenturen 150 ff.
Rembourskredit 5
Repurchase Agreement 164
Reverse Range Forward Option 138
Reverse Repo 164
Revolving Underwriting Facility (RUF) 193
Ricardo 42
Roller Coaster Swap 70

Securitisation 149 ff.
Settlement 101 f.
Settlement Price 38
Sicherheitenrisiko 48
Spread 25 f., 52
Spread Swaption 73
Standardisierung 9, 31, 131

Standardswap 143
Stillhalter 83
Straddle 26 f.
Strangle 27
Strip 97, 98
Stripped Bonds 172 f.
Stripped Cap 117
Stufen Swap 70
Swap 14, 40 ff.
Swapderivate 68 ff.
Swap Portfolios 79 f.
Swapsatzrisiko 127 f.
Swaption 72 f.
Synthetischer Devisenswap 141

Terminmarkt 34
Trader 36
Trading 94 f.
Transferrisiko 47, 128
Treasury Bill 163 f.
Trennbankensystem 10

Volatilität 9 f., 85 f.
Vorleistungsrisiko 45

Währungsanleihe 166 f.
Währungsoptionsschein 179
Währungsswap 139 ff.
Wandelanleihen 173 ff.
Warrant 175 f.
Warrant auf Aktien 176
Wechsel 5
Wechselkursrisiko 127
Wertpapierleihe 195 ff.
Wiedereindeckungsrisiko 45

Yankee CD 158

Zeitwert 22
Zero Coupon Swap 71
Zero Cost Collar 116
Zinscap 113, 120 ff.
Zinscollar 115 f.
Zinsfloor 114
Zinsfuture 91 ff.
Zinsoption 83 ff.
Zinsoptionsschein 177
Zinswarrant 177 f.
Zinsswap 58 ff.